Chronique
de l'année 1997

« Chronique de l'année 1997 »
a été conçu et réalisé sous la direction
de Jacques Legrand

Rédacteur en chef: Pierre-Yves Grasset
Comité de rédaction: Philippe Dourcy (« La Voix du Nord »),
Roxane Hodès, Michèle Michiels, François Nida
Chronologies: Antoine Marquaire
Secrétariat de rédaction: Raphaël Devoisins
Iconographie: Simon Danger
et système « Online » (Editions Chronique)
Index: Doriane Bautista
Direction technique: Catherine Legrand
Fabrication: Marithé Chautard
Informatique: Sandrine Stefanelli
Cartes: Olivier Gourvat

Photogravure: Image Photogravure, Toulouse
Impression: Maury Imprimeur, Malesherbes
Reliure: SIRC, Marigny le Châtel

ISBN: 2-84355-005-X

Dépôt légal: janvier 1998

Distribution en France
Hachette Distribution

Distribution en Belgique
Chronique Diffusion
Route de Strivay, 134
4122 Plainevaux
Tél.: (04) 380 07 59

Jacques Legrand sa
Editions Chronique
Aéroport de Périgueux
BP1 – 24330 – Bassillac
Tél.: 05 53 35 91 21
Internet: www.chroniques.com

Chronique
de l'année 1997

Chronique

Janvier

1997

Lu	Ma	Me	Je	Ve	Sa	Di
		1	2	3	4	5
6	7	8	9	10	11	12
13	14	15	16	17	18	19
20	21	22	23	24	25	26
27	28	29	30	31		

Europe, mercredi 1er
Sur l'ensemble du continent européen, le froid a déjà tué 160 personnes. (→ 3)

Hébron, mercredi 1er
Un soldat israélien, proche des colons extrémistes, ouvre le feu sur la foule arabe. Il est vite maîtrisé par d'autres soldats, mais six Palestiniens ont été blessés. Il avoue aux journalistes qu'il souhaitait faire un massacre. (→ 5)

Lima, mercredi 1er
Le commando du Mouvement révolutionnaire Tupac Amaru libère sept personnes mais retient toujours 74 otages dans la résidence de l'ambassadeur du Japon. (→ 13)

New York, jeudi 2
Le Ghanéen Kofi Annan, successeur de Boutros Boutros-Ghali, prend officiellement ses fonctions de secrétaire général de l'ONU.

Singapour, jeudi 2
Le Parti d'action populaire (PAP), au pouvoir depuis 1959, remporte les élections générales avec 65 % des suffrages.

Prague, samedi 4
A peine remis d'une opération au poumon, le président tchèque Vaclav Havel, 60 ans, épouse en secondes noces une actrice de 43 ans, Dasa Veskrnova.

Sénégal, samedi 4
Départ du Dakar-Dakar. Comme son nom l'indique, le rallye, comportant quinze étapes sur 8 518 km dont 6 513 de spéciales, ne passe plus par la France. Le nouveau règlement devrait favoriser les petites écuries. (→ 19)

Bangui, dimanche 5
Dans la nuit, une opération de représailles des parachutistes français contre un quartier tenu par les rebelles fait au moins dix morts parmi ces derniers. La veille, deux soldats français, tombés dans un guet-apens, avaient été abattus. (→ 23.3)

Chamonix, dimanche 5
Première édition du Big Mountain Contest, une compétition de surf extrême et hors piste. Les participants sont montés jusqu'à 3 050 m pour une descente vertigineuse, longue de 2 km.

Présidence de l'UE par les Pays-Bas

La Haye, mercredi 1er
A la suite de l'Irlande, c'est au tour des Néerlandais de se retrouver à la présidence semestrielle de l'Union européenne. Ce mandat ne manque pas d'inquiéter les partisans les plus actifs de la construction européenne car la dernière présidence de La Haye n'avait pas laissé de très bons souvenirs. Les Pays-Bas devront en effet arbitrer entre la poursuite des réformes institutionnelles, qui passe par le renforcement de l'axe Paris-Bonn, et leur méfiance atavique à l'égard du binôme franco-allemand. A la différence des « grands pays », La Haye semble encore hésiter alors que les échéances approchent. (→ 14)

Pour être boulanger, il faut faire son pain

France, mercredi 1er
L'arrêté du ministère du Commerce et de l'Artisanat est des plus clairs : seuls ceux des professionnels qui maîtrisent les cinq grandes étapes de la fabrication – choix des farines, pétrissage, façonnage, fermentation et cuisson sur le lieu de vente – ont le droit d'appeler leur boutique une « boulangerie ». Cette décision, qui a ravi les artisans du pain au levain et de la baguette croustillante, vise directement les rayons pain et les terminaux de cuisson des grandes surfaces et des hypermarchés. Sus aux pâtons surgelés, mais ce n'est pas une argutie sémantique qui va sauver les boulangers de quartier.

Un nouveau code pénal en Russie

Moscou, mercredi 1er
Signe que la rupture avec le passé totalitaire du pays est un fait acquis, le nouveau code pénal, qui entre en vigueur ce jour, n'a plus rien à voir avec les précédents. La loi se fixe désormais comme priorité non plus la défense de l'Etat, mais celle des droits de l'individu et de la propriété privée. Certes, la peine de mort est maintenue mais uniquement dans cinq cas contre cent dans l'ancien code pénal. L'appartenance à une minorité sexuelle ou la possession et l'achat de devises ne sont plus des délits. Signe des temps, les crimes de la « sphère économique » forment le plus gros chapitre de ce code.

Agé de 32 ans, Indurain prend sa retraite

Pampelune, jeudi 2
Sans faire de bruit, Miguel Indurain, le quintuple vainqueur du Tour de France de 1991 à 1995, a décidé de quitter le peloton professionnel. A 32 ans, le leader emblématique de l'équipe espagnole Banesto veut profiter de l'existence avec Marisa et Miguel junior (2 ans). C'est ainsi qu'il a justifié avec des mots simples devant les journalistes la décision de raccrocher son vélo. Après douze années d'une carrière au plus haut niveau, le roi Miguel cède le trône à ses héritiers : Abraham Olano, son compatriote, Laurent Jalabert ou l'Allemand Jan Ullrich. (→ 27.7)

Son palmarès : cinq Tours de France.

Libéré, Van der Biest reste inculpé

Liège, jeudi 2
L'ancien ministre socialiste, Alain Van der Biest est libéré après quatre mois de détention préventive dans le cadre de l'affaire Cools. On se souvient en effet de l'assassinat à Cointe, près de Liège, du président du Parti socialiste, le 18 juillet 1991. Cette enquête, toujours en cours, avait permis l'ouverture de dossiers qui ont déstabilisé le parti – Inusop, Agusta, Dassault... – et provoqué une « épuration » en son sein. Cette remise en liberté semble indiquer la faiblesse des accusations. (→ 6)

Les voies de communication coupées dans la vallée du Rhône

France, vendredi 3
A chaque offensive du froid et de la neige, les usagers des transports et les automobilistes vérifient contre leur gré que la sécurité des voies de communication est assez illusoire. Il a suffi de deux jours de gel et de neige pour que la vallée du Rhône se retrouve bloquée. Les trains sont immobilisés, car les caténaires et les aiguillages sont gelés. Sur les routes, le verglas et la neige ont obligé les automobilistes à abandonner leurs voitures sur place. Ce sont 10 000 voyageurs en perdition que Valence et d'autres villes ont dû héberger à la hâte. Le plan Orsec a été déclenché dans la Drôme. Sur toute la France, le froid a déjà tué sept personnes.

La glace et la neige ont bloqué 5 000 véhicules entre Valence et Montélimar.

Enfin un Tour des onze villes en Hollande

Pays-Bas, samedi 4
Elfstedentocht : ce nom, pour qui n'est pas hollandais, est quasiment imprononçable. Au plat pays des polders, c'est le Tour des onze villes. Cette épreuve extraordinaire a lieu au moment où le froid extrême gèle les canaux sur une profondeur d'au moins quinze centimètres. C'est en 1986 qu'a eu lieu la dernière course. A Amsterdam et dans toutes les villes hollandaises, le patinage sur les canaux gelés a le rang de sport national. Ce marathon des glaces (200 kilomètres à patins) peut alors commencer sous les yeux de millions de spectateurs. Cette année, c'est Henk Agenent qui s'est finalement imposé. Une victoire qui fait de lui un héros dans tout le pays.

La dernière de cette course à patins à glace s'était déroulée en 1986.

Franquin nous laisse des héros immortels

Saint-Laurent-du-Var, dimanche 5
André Franquin, né le 3.1.1924, est mort à l'âge de 73 ans en France. Créateur de Spirou et de Fantasio, de l'espiègle Marsupilami avec sa longue queue, etc., Franquin était un auteur belge plus qu'inventif. Il est difficile d'être exhaustif pour évoquer son réel talent. C'est avec la fameuse « Bande de Waterloo », composée de Franquin, Jigé, Morris et Will, qu'est née la BD belge, peu après la Seconde Guerre mondiale. Outre sa collaboration à *Spirou*, on retient ses nombreux personnages loufoques, son *Trombone*, ses *Idées noires*, son anarchie et sa grande sensibilité. Il y a quelques semaines, il avait publié *Gaffe à Lagaffe !*, le 15e album des aventures de Gaston.

André Franquin avait offert ce dessin original aux Editions Chronique.

L'opposition serbe ne lâche pas la rue

Accusés de gêner la libre circulation, ils manifestent en voiture...

Belgrade, dimanche 5
Vuk Draskovic, un des trois leaders de l'opposition, avait annoncé il y a deux jours que ses partisans avaient trouvé le moyen de déjouer de façon pacifique et surprenante le dispositif antimanifestation mis en place par le pouvoir. Ce dimanche, Slobodan Milosevic a donc pu voir sa capitale envahie par des manifestants en voiture. Le président de la Serbie s'en était pris à eux en les accusant de gêner « la libre circulation » des voitures. Ils l'ont pris au mot. C'est ainsi que Belgrade a connu le plus gros bouchon de son histoire dans un concert de klaxons et de cornes de brume. Les forces antiémeutes ne se sont pas montrées. (→ 8)

Arafat et Netanyahou se rencontrent en secret... sans résultat

Israël, dimanche 5
La nouvelle a été divulguée ce matin par la radio nationale Kol Israël : la nuit dernière a eu lieu un sommet impromptu entre Yasser Arafat, le chef de l'Autorité palestinienne, et Benyamin Netanyahou, le Premier ministre israélien. L'entrevue s'est déroulée au poste frontière d'Erez, de 2 à 6 heures du matin en présence de l'émissaire américain, Dennis Ross. Si le fait que cette rencontre ait eu lieu est déjà un progrès, cela n'a rien donné. Arafat a continué d'exiger un calendrier pour le retrait des territoires, ce que les Israéliens se refusent à faire. (→ 15)

La tension reste vive à Hébron après le carnage évité de justesse le 1er.

Deux nouveaux concurrents en difficulté dans le Vendée Globe

Thierry Dubois sur la coque de son bateau retourné, à 2 600 km de l'Australie.

Océan Indien, dimanche 5
Les avions de reconnaissance de la marine australienne ont pu repérer Thierry Dubois (parti sur *Amnesty International*) mais n'ont toujours pas localisé l'autre concurrent en difficulté : Tony Bullimore (*Exide-Challenger*). Les deux marins ont chaviré au sud du 50e parallèle, soit à 2 600 kilomètres des côtes les plus proches. Si le sauvetage du Français Thierry Dubois n'est plus qu'une question d'heures, malgré une mer démontée, avec des creux de sept à huit mètres, l'inquiétude grandit pour le vétéran Bullimore (57 ans). Le Britannique a bien déclenché sa balise de détresse, mais son bateau de 18 mètres reste introuvable. (→ 8)

Janvier

1997

Lu	Ma	Me	Je	Ve	Sa	Di
		1	2	3	4	5
6	7	8	9	10	11	12
13	14	15	16	17	18	19
20	21	22	23	24	25	26
27	28	29	30	31		

Bruxelles, lundi 6
Le ministère belge de la Justice dénonce publiquement les lenteurs de son homologue français et son absence de coopération dans l'affaire des pots-de-vin versés par la société Dassault à des hommes politiques belges. (→ 7.2)

Belgrade, mercredi 8
Dans le bras de fer qui l'oppose aux manifestants, Slobodan Milosevic lâche du lest. Son gouvernement demande à la commission électorale de reconnaître la victoire de l'opposition dans la deuxième ville du pays, Nis. (→ 13)

Miami, mercredi 8
Un fourgon blindé transportant 3,7 millions de dollars se renverse. Les portes ouvertes, les sacs éventrés, les billets s'envolent : 400 000 dollars ont ainsi été ramassés par les habitants des alentours, l'un des quartiers noirs les plus pauvres de la ville. La police a renoncé à engager des poursuites.

Allemagne, jeudi 9
L'Office fédéral des statistiques présente ses résultats chiffrés pour 1996. L'année s'est achevée sur une croissance très faible et 4,1 millions de chômeurs. (→ 6.2)

Bulgarie, vendredi 10
A Sofia, de violents affrontements opposent la police aux manifestants de l'opposition devant le Parlement. Ceux-ci demandent aux ex-communistes au pouvoir des élections législatives anticipées. (→ 19)

Burundi, vendredi 10
L'armée reconnaît le massacre de 126 réfugiés hutus. (→ 19.2)

France, vendredi 10
L'inflation en 1996 s'est élevée à 2,1 %. (→ 25.2)

Moscou, dimanche 12
Boris Eltsine est toujours hospitalisé. Six jours de soins n'ont pas réussi à le remettre d'aplomb et à soigner son gros « rhume ». (→ 7.3)

Chypre, dimanche 12
Un émissaire américain arrive dans l'île pour tenter de résoudre la crise entre les Turcs et les Grecs, provoquée par l'achat de missiles russes par les Chypriotes grecs. (→ 25.2)

Un rapport accablant sur la « vache folle »

Bruxelles, lundi 6
L'édition de ce jour du *Soir* publie des extraits d'un rapport d'enquête explosif dilligenté par le Parlement européen sur l'affaire de la « vache folle » et la gestion de cette crise par les instances communautaires. C'est accablant pour la Commission car elle est censée défendre les intérêts des citoyens-consommateurs. Si les manœuvres britanniques – lobbying, désinformation – ne sont pas une surprise, il apparaît que certains membres de la Commission ont été plus soucieux de protéger le marché de la viande et les producteurs que la santé publique. (→ 18.2)

700ᵉ anniversaire des Grimaldi à Monaco

Le spectacle commémoratif est une leçon d'histoire pour 700 enfants.

Monaco, mercredi 8
Il y a 700 ans, le 8 janvier 1297, un Gênois, François Grimaldi, déguisé en moine, s'emparait du rocher de Monaco. Cet anniversaire a été fêté dans la sobriété par un *Te Deum* et une messe solennelle à laquelle ont participé le prince Rainier III et ses trois enfants, Albert, Caroline et Stéphanie. Après les années fastes et les frasques dont tous les journaux à sensation se délectaient, il s'agit pour les Grimaldi de se montrer unis. La principauté, avec ses 29 972 habitants, dont 6 617 Monégasques et 12 047 Français, doit sa richesse au boom de l'immobilier, terminé, et à l'indéniable entregent et sens des affaires de sa dynastie.

Bilan en Algérie : 80 000 morts après six ans de guerre civile

Alger, mardi 7
Il était 14 h 10 lorsqu'une voiture piégée a explosé dans l'artère la plus fréquentée de la capitale algérienne, la rue Didouche-Mourad (l'ex-rue Michelet). Cet attentat aveugle est survenu après plusieurs massacres dans des villages proches qui ont fait 43 morts en trois jours. Toutes ces actions sont attribuées aux groupes islamistes. Après six ans de guerre civile, le nombre des victimes s'élève à 80 000 morts, selon les estimations de l'opposition. La population est partagée entre le désespoir et la peur. Le GIA semble avoir choisi la politique de la terreur pour ébranler un pouvoir déjà discrédité. (→ 24)

Un attentat fait 13 morts à Alger. Hier, 23 civils ont été massacrés à Douaouda.

Une marée noire sur les côtes nippones

Japon, mardi 7
A Mikuni, à 400 km de Tokyo, sur la côte ouest de l'archipel, la marée noire pourrait être l'une des plus graves qu'ait connues ce pays. Lors d'une tempête, un pétrolier russe a fait naufrage le 2 janvier. Sa coque s'est brisée en deux. Près de 3 700 tonnes de brut se sont répandues et ont déjà souillé plusieurs kilomètres de côtes. La proue du navire, qui contient toujours 2 800 tonnes de pétrole, flotte encore à la surface et laisse s'échapper ces hydrocarbures. La catastrophe pourrait s'aggraver pour les pêcheurs, car le mauvais temps gêne le nettoyage.

Le 7 à Londres, c'est l'architecte français Antoine Grumbach qui gagne le concours – parmi 7 candidats – pour la construction d'un pont habité sur la Tamise. Son *Garden Bridge* doit évoluer avec les structures végétales.

Débat télévisé sur la monarchie anglaise

Londres, mardi 7
La chaîne commerciale ITV avait organisé un débat sur l'image et l'avenir de la plus vieille monarchie européenne, plutôt malmenée ces derniers temps. Entourés de 3 000 personnes, des hommes politiques, des historiens, des adversaires et des partisans de la royauté ont échangé, parfois durement, leurs arguments sur la question. Simultanément, un immense sondage téléphonique a eu lieu à l'échelle de tout le Royaume-Uni : 66 % des Britanniques se sont dits favorables à la monarchie, en oubliant que jamais un souverain n'est choisi par ses sujets. (→ 6.9)

Dubois et Bullimore enfin hélitreuillés

Océan Indien, mercredi 8
Au PC de course du Vendée Globe, les organisateurs ont pu suivre les délicates opérations d'hélitreuillage de Tony Bullimore et de Thierry Dubois, les deux naufragés. Dubois, 29 ans, a attendu trois jours à bord d'un canot de survie, avant d'être secouru. Quant à Bullimore, il a passé cinq jours seul dans le noir et dans un froid glacial, prisonnier d'un réduit de cinq mètres sous son bateau. La polémique s'est engagée sur le coût de ces sauvetages. C'est Gerry Roufs qui suscite désormais l'inquiétude. Il n'a plus donné signe de vie depuis hier soir. (→ 13)

TPS lance trois nouvelles chaînes cinéma

La régie d'exploitation numérique de l'opérateur à Issy-les-Moulineaux.

France, jeudi 9
Le deuxième bouquet satellitaire français par ordre de création, TPS (Télévision par satellite), passe à la contre-offensive face à l'offre de Canal Plus. C'est Patrick Le Lay – TF1 est le partenaire dominant du consortium de chaînes qui soutient le projet – qui annonce le lancement de trois chaînes de cinéma, CinéStar 1 et 2, et Cinétoile. Ces chaînes vont aussi offrir un service de paiement à la séance. CanalSatellite ayant raflé les exclusivités de cinq des sept grandes majors américaines, TPS a dû se contenter des deux dernières et des droits de deuxième diffusion. Reste à alimenter en décodeurs les revendeurs d'abonnements. (→ 1.3)

Après le scandale du sang... les hormones

Paris, jeudi 9
L'affaire est révélée par *l'Express*. Les chercheurs avaient découvert en mai 1985 que les injections d'une hormone de croissance pouvaient transmettre la maladie incurable de Creutzfeldt-Jakob. Aussitôt elle est retirée du marché. Or l'enquête de *l'Express* prouve que la Pharmacie centrale des hôpitaux a continué à écouler des lots très douteux après cette date. Par négligence ou par souci de ne pas perdre d'argent. Nul ne sait encore. Mais la justice s'est emparée du scandale et annonce de prochaines mises en examen.

Violente contestation de la loi sur le travail en Corée du Sud

Les grévistes restent attachés au pluralisme syndical. L'un d'eux s'est immolé.

Séoul, vendredi 10
Pour protester contre les projets du gouvernement en matière de droit du travail, un ouvrier des usines Hyundai a tenté de s'immoler par le feu. Lancé le 6, le pays connaît le plus vaste mouvement de grèves et de manifestations depuis l'arrivée au pouvoir du président Kim Young-sam. Les salariés ont engagé une épreuve de force pour empêcher le vote d'une nouvelle législation du travail qui anéantirait le droit de grève et la liberté syndicale. Les grévistes ont le soutien indirect et inattendu de l'OCDE, qui demande aux autorités de se conformer aux normes qu'elle a édictées. (→ 20)

Le 8 à Lyon, une soixantaine d'avocats du barreau présentent la pièce *Toc en stock* à la Maison de la Danse, une parodie du milieu judiciaire qui évoque avec ironie les affaires qui ont secoué la ville depuis trois ans.

Jean-Edern Hallier ne fera plus le bouffon

Deauville, dimanche 12
Jean-Edern Hallier (*1.3.1936) s'est effondré ce matin sur une plage de Deauville, emporté par une attaque cérébrale, alors qu'il entreprenait sa balade à vélo dominicale. Ecrivain brillant et pamphlétaire redoutable, peintre à ses heures, sa carrière est ponctuée de coups d'éclat qui font de lui le bouffon préféré des médias. En mai 68, il apparaît au volant de sa Ferrari aux côtés des grévistes de Flins. Dès l'année suivante, il fonde *l'Idiot international*, avant de mettre en scène son propre enlèvement en 1982. De provocations saugrenues en accusations grinçantes, il laissera l'image d'un agitateur peu scrupuleux de la vie politique parisienne.

Il a fondé « l'Idiot international ».

Janvier

1997

Lu	Ma	Me	Je	Ve	Sa	Di
		1	2	3	4	5
6	7	8	9	10	11	12
13	14	15	16	17	18	19
20	21	22	23	24	25	26
27	28	29	30	31		

Belgrade, lundi 13
Une manifestation de l'opposition, à l'occasion du nouvel an orthodoxe, réunit entre 200 000 et 300 000 personnes. (→ 19)

Strasbourg, mardi 14
Le Parlement européen désigne son président. En fait, tous les grands partis se sont entendus sur le nom d'un candidat unique, l'Espagnol José Maria Gil-Roblès, logiquement élu.

Europe, mardi 14
Selon le baromètre de confiance créé par Ipsos à l'échelon européen, les consommateurs français sont les plus pessimistes de l'Union : 76 %, alors que 75 % des Néerlandais ont confiance en l'avenir de leur pays.

Belgique, mercredi 15
Le Soulier d'or 1996 est attribué au footballeur Franky Van der Elst du FC Bruges, qui avait déjà été couronné en 1990.

Erez, mercredi 15
Au poste frontière entre Israël et la bande de Gaza, à 2 h 15 du matin, Yasser Arafat et Benyamin Netanyahou signent l'accord sur le partage de la ville d'Hébron et le redéploiement de l'armée israélienne. (→ 19)

Russie, mercredi 15
L'organisation de défense des droits de l'homme Memorial publie un bilan des pertes humaines en Tchétchénie : 50 000 civils tués dont 25 000 à Grozny, 4 379 soldats russes tués, 703 disparus et 705 déserteurs. (→ 28)

Atlanta, jeudi 16
Un centre d'avortement, heureusement vide, est endommagé par une double explosion criminelle, dont une a lieu devant les caméras de télévision. L'attentat fait néanmoins six blessés.

Belgrade, dimanche 19
Les manifestants de l'opposition défilent avec leurs chiens pour se moquer de la police antiémeute. (→ 21)

Albanie, dimanche 19
A Tirana, très violents affrontements entre la police et des épargnants ruinés par la faillite des caisses d'épargne truquées. (→ 26)

Les guérilleros du MRTA retiennent toujours 74 otages à Lima

Pérou, lundi 13
Au 28e jour de la prise d'otages dans la résidence de l'ambassadeur du Japon, le face-à-face entre le pouvoir et le Mouvement révolutionnaire Tupac Amaru semble parti pour s'éterniser. Il y a une semaine, un quotidien japonais révélait que le MRTA avait demandé une rançon de 100 millions de dollars, ce que le gouvernement de Tokyo a aussitôt démenti. D'après les médiateurs, le moral des otages, bien traités, est au plus bas. Tokyo ne cache pas son agacement devant l'intransigeance du président Alberto Fujimori. Le MRTA a gagné une manche : tous les médias se sont penchés sur les travers du régime péruvien. (→ 1.2)

Nestor Cerpa, chef du commando, dans la résidence de l'ambassadeur japonais.

Les Français pour la retraite à 55 ans

France, lundi 13
La question de la retraite à 55 ans illustre à merveille le divorce entre les Français et leurs dirigeants. Si près de 61 % des salariés s'y disent favorables et prêts à se mettre en grève pour l'obtenir, comme les chauffeurs des transports urbains le 24 janvier, le gouvernement Juppé, les socialistes mais aussi presque tous les syndicats y sont opposés. Et cela au nom du réalisme financier. Cette mesure coûterait 117 milliards de francs alors que le gouvernement se démène pour trouver une solution au casse-tête du financement des seules retraites actuelles.

Recettes record de Hollywood hors USA

Hollywood, jeudi 16
Non content de son succès national, le cinéma *Made in California* atteint des sommets hors Etats-Unis. L'an dernier, les studios de Hollywood, avec à leur tête l'empire Buena Vista qui gère la part cinéma de Disney, ont enregistré des chiffres records à l'étranger. En hausse de 5,9 %, selon l'hebdomadaire américain *Variety*, les recettes passeraient en un an de 5,1 à 5,5 milliards de dollars. Tout juste sous la barre des bénéfices du marché intérieur américain, chiffrés pour l'année 1996 à 5,76 milliards de dollars, le géant de l'industrie du rêve vole de succès en triomphe.

Pollution en France : une semaine noire

France, jeudi 16
Un anticyclone hivernal n'est jamais gage d'air pur. Toutes les grandes villes du pays, Lyon et Paris étant les plus touchées, ont connu ces sept derniers jours des pics de pollution atmosphérique qui ont fini par faire réagir les autorités. Corinne Lepage, ministre de l'Environnement, invite les préfets à prendre immédiatement les dispositions sur les industries polluantes et la circulation prévues par la loi sur l'air. La seule mesure coercitive décidée est l'interdiction du transit des poids lourds dans Lyon. Et les préfets font appel au civisme des automobilistes ! (→ 21.8)

Le 13 à Freemantle, Tony Bullimore et Thierry Dubois – les rescapés du Vendée Globe – ont rejoint l'Australie sur la frégate *Adelaide*. (→ 17.2)

Une traversée en solo de l'Antarctique

Pôle Sud, samedi 18
Le Norvégien Borge Ousland réussit en solitaire la première traversée de l'Antarctique sans assistance. Avec son traîneau de cent soixante-quinze kilos et ses deux paires de skis, Borge Ousland, 34 ans, est parvenu à triompher du continent le plus froid de la planète. Ousland s'est surtout nourri de matières grasses. La température descendait, quant à elle, à - 45 degrés ! L'aventurier a parcouru, en soixante-quatre jours, 2 845 kilomètres. L'arrivée a eu lieu à Scott Base, la base néo-zélandaise en Antarctique. (→ 5.5)

Beau début des Français dans le Tournoi

Dublin, samedi 18
Le XV français a balayé 32 à 15 les Irlandais sur leur terrain fétiche de Lansdowne Road. Le large succès des coéquipiers de David Venditti (auteur de trois essais) s'est dessiné en fin de partie. Jusque-là, le match avait été équilibré, parfois musclé : les Irlandais, grâce à la botte de leur ouvreur Ron Elwood, avaient su contenir les assauts des Français. La mi-temps était atteinte sur le score de 12 à 12. En seconde période, les partenaires d'Abdelatif Benazzi ont sonné la charge. La vista de David Venditti et la précision des coups de pied de Thomas Castaignède, le buteur (douze points à lui seul), ont crucifié les « Diables verts ». Dans l'autre rencontre, le Pays de Galles est allé s'imposer à Edimbourg sur le score sans appel de 34 à 19. Les Gallois n'avaient pas gagné chez les Ecossais depuis douze ans. (→ 1.2)

Le Briviste Philippe Carbonneau.

Le musée de la Musique ouvert au public

Paris, samedi 18
Après dix années d'embûches et de tractations, la collection de l'ancien musée de l'Instrument trouve enfin un hôte à la mesure des attentes du public. Abrité au cœur de la Cité de la musique, dernier-né du Parc de la Villette, le nouveau musée propose une promenade dans l'histoire de la musique savante d'Occident entre la Renaissance et nos jours. Découpé en neuf actes, le parcours s'ouvre sur *Orfeo*, la première pièce lyrique créée par Monteverdi vers 1600, et se clôt sur les dernières recherches des studios de l'Ircam. Près de neuf cents instruments, des plus rares aux plus extravagants, illustrent comme autant d'œuvres d'art la beauté des formes élaborées pour servir au plus juste la beauté des sons.

Chaque visiteur est muni d'un casque qui fait vivre la vitrine concernée.

Stoïanov est investi président en Bulgarie

Sofia, dimanche 19
Elu le 17 novembre dernier, Petar Stoïanov est officiellement investi de sa charge au Parlement. Au dehors, des milliers de ses partisans, les mêmes qui manifestent depuis six jours pour réclamer des élections anticipées, s'étaient rassemblés. Ce juriste de 44 ans, du centre droit et connu pour son pragmatisme, a beau reprendre à son compte toutes les revendications de l'opposition, il est presque dépourvu de pouvoirs face à la majorité parlementaire des ex-communistes, discrédités pour avoir ruiné le pays sans engager la moindre réforme depuis trois ans. L'opposition a réclamé un scrutin avant juin prochain. (→ 4.2)

Il veut aussi des élections anticipées.

A Shinozuka le rallye Dakar-Agadès-Dakar

Dakar, dimanche 19
Le Français Stéphane Peterhansel (Yamaha) dans la catégorie motos et le Japonais Kenjiro Shinozuka (Mitsubishi) figurent au palmarès de la dix-neuvième édition du Dakar. L'épreuve, chez les voitures, n'a pas réservé de surprises. La domination des « Mitsu » a été écrasante sur les autres écuries, la firme japonaise se retrouvant effectivement aux trois premières places. En limitant les performances des prototypes et en supprimant les turbo compressés, le règlement n'a pas redonné l'élan voulu à la course. Peterhansel, avec cinq victoires, égale le record de Cyril Neveu.

Le 17 à Paris, arrivée des billets Mickey : une équipe de malfaiteurs réussit à acheter à un grand joaillier de la place Vendôme pour 24 millions de francs de bijoux contre des Deutsche marks... signés par Walt Disney.

L'accord signé, Arafat se rend à Hébron

Le 15 à Erez, avec Netanyahou et au téléphone avec le président Clinton.

Hébron, dimanche 19
C'est par une marée humaine que Yasser Arafat, arrivé en hélicoptère, est accueilli. Devant près de 25 000 personnes, le président de l'Autorité palestinienne a tenu un discours de conciliation et d'apaisement, autant destiné à la foule surchauffée qu'aux colons israéliens. Ces derniers, dont le jusqu'au-boutisme entrave toute avancée du processus de paix, sont toujours sous le choc de l'accord qui a été signé il y a quatre jours au poste frontière d'Erez. Le texte prévoit que 80 % d'Hébron passe sous contrôle Palestinien. Dans les quartiers où Tsahal protège les 400 colons, l'amertume domine. (→ 9.2)

Janvier

1997

Lu	Ma	Me	Je	Ve	Sa	Di
		1	2	3	4	5
6	7	8	9	10	11	12
13	14	15	16	17	18	19
20	21	22	23	24	25	26
27	28	29	30	31		

Washington, lundi 20
Deuxième prestation de serment de Bill Clinton, qui appelle les Américains à consolider et « perfectionner leur union ».

Séoul, lundi 20
Le président Kim Young-sam modère son intransigeance dans la crise qui l'oppose aux syndicats. Il se dit prêt à amender la loi sur le travail mais pas à l'abroger. Les mandats d'arrêt contre les grévistes sont suspendus.

Prague, mardi 21
Vaclav Klaus, le Premier ministre tchèque, et Helmut Kohl signent le traité de réconciliation entre l'Allemagne et la République tchèque.

Zaïre, mardi 21
Le président Mobutu met fin aux fonctions de Ramazani Baya, son ambassadeur en France, qui, en voiture, avait fauché et tué deux enfants sur un passage protégé à Menton en novembre 1996. Il a reconnu sa responsabilité et attend d'être jugé.

Rome, mercredi 22
Le gouvernement de Romano Prodi adopte une réforme complète du service militaire avec l'ouverture aux femmes et la création d'un service civil.

Paris, jeudi 23
La Cour de cassation renvoie Maurice Papon devant les assises pour sa responsabilité dans la déportation de 1 560 Juifs dans les camps nazis. (→ 7.8)

Algérie, vendredi 24
Intervention télévisée du président Liamine Zeroual, promettant d'exterminer les groupes terroristes et dénonçant des « forces étrangères ». (→ 28)

DECES

Paris, lundi 20
Robert Chapatte, coureur cycliste puis journaliste, spécialiste du vélo à la télévision (*4.10.1921).

Paris, mardi 21
Pierre Laroque, conseiller d'Etat, le « père fondateur » de la Sécurité sociale française (*2.11.1907).

Scandale pédophile au pays de Galles

Pays de Galles, lundi 20
Avec les premières auditions de la commission d'enquête publique, éclate enfin au grand jour le plus gros scandale de pédophilie et de mauvais traitements à des enfants qu'ait connu la Grande-Bretagne. Dans une trentaine d'institutions galloises pour enfants, plus de deux mille d'entre eux ont été victimes de sévices répétés. Une centaine de cas de violences graves, sur vingt ans, ont déjà été recensés. L'autre aspect du scandale, ce sont le silence et l'indifférence qui ont régné jusqu'ici malgré les plaintes.

Milosevic tient tête à l'opposition

Belgrade, mardi 21
Le président serbe souffle le froid après le chaud. Alors que la ville est de nouveau envahie par un défilé des étudiants, il propose de faire passer Belgrade sous administration provisoire en attendant de nouvelles élections. Hier, autre signe de son raidissement, Milosevic a fait appel de la décision de la commission électorale qui accordait la victoire à l'opposition dans la capitale et à Nis. Est-ce une ultime maœuvre ou une réelle tentative de compromis ? L'impasse semble totale. (→ 27)

100 000 réfugiés errent toujours au Zaïre

Le camp de Tingui-Tingui reçoit sans cesse de nouveaux arrivants rwandais.

Tingui-Tingui, mardi 21
Dans ce camp, à 150 km au sud-est de Kisangani, s'entassent près de 100 000 réfugiés hutus, rwandais et burundais. Ils avaient fui les camps frontaliers et l'avancée des rebelles et des soldats tutsis en décembre. Les ONG avaient perdu leur trace car ils s'étaient dispersés dans les profondeurs de la forêt équatoriale. Après un mois d'errance, ils ont pu rejoindre, épuisés, cette localité. Ils risquent d'être pris entre deux feux. A Kinshasa, Kengo Wa Dondo, le Premier ministre, a annoncé une contre-offensive imminente. (→ 27)

Eau non potable : la Lyonnaise attaque l'Etat

Guingamp, jeudi 23
Lasses d'être montrées du doigt, les compagnies de distribution d'eau contre-attaquent. La Lyonnaise des eaux décide de ne plus assurer la responsabilité de la distribution d'une eau trop chargée en nitrates. Accusatrice, la Lyonnaise renvoie les plaintes des consommateurs à l'Etat, qui est indirectement, selon elle, coupable de cette pollution en ayant incité les agriculteurs et les éleveurs à l'hyperproductivisme et à l'utilisation intensive d'engrais. En matière d'environnement, la chaîne des responsabilités n'en finit pas.

Défilés haute couture printemps-été 1997

Christian Dior.

Paris, jeudi 23
Les collections printemps-été 1997 feront date dans l'histoire agitée de la haute couture. En donnant carte blanche aux jeunes couturiers John Galliano et Alexander McQueen, Givenchy et Dior ont gagné un pari risqué : mettre une dose de fantaisie dans les collections sans ternir leur blason d'institutions vouées au luxe. Pour leur entrée dans la cour des grands, Jean-Paul Gaultier a choisi de parer ses élégantes en latex chic et sexy tandis que Thierry Mugler les métamorphose en insectes aux tailles de guêpe. Dans ce tourbillon de fraîcheur, la palette de Christian Lacroix et la sobriété sans faille de Karl Lagarfeld pour Chanel ont des allures de grands classiques.

Gianni Versace.

Carton rouge de Bruxelles pour l'appel d'offres du grand stade

Paris, mercredi 22

A la suite d'une plainte de l'un des architectes éliminés lors du choix du projet, la Commission européenne a dû se pencher sur les conditions de l'appel d'offres pour la construction du Stade de France. Son enquête a révélé de nombreuses infractions aux règles de la concurrence : ainsi le consortium Bouygues-Dumez-SGE a été favorisé par rapport à ses concurrents ; il s'agit d'un marché de travaux publics et non pas d'une concession ; le montage financier de l'appel a été modifié. Bruxelles ne réclame pas de sanctions mais veut simplement que Paris reconnaisse ces « dérapages ». (→ 11.9)

Le chantier du Stade de France, dont le contrat de concession est contesté.

Des vols d'organes génitaux au Ghana ?

Accra, jeudi 23

Sur un marché de la capitale, un homme a accusé un étranger de lui avoir dérobé ses organes génitaux en le bousculant. La foule, méfiante, a demandé à voir. Pantalon baissé, l'accusateur a dû exhiber son sexe toujours en place. Il s'en est fallu de peu pour qu'il ne soit battu à mort. Cela fait dix jours que cette rumeur maléfique et paranoïaque court le pays : des sorciers étrangers sont là pour dérober le pénis des hommes et aplatir les seins des femmes. Une dizaine d'innocents ont déjà été tués, victimes de lynchages.

Coupe d'Europe de rugby pour Brive

Cardiff, samedi 25

La Coupe d'Europe réussit bien aux clubs de rugby français. C'est le CA Brive, après Toulouse l'an dernier, qui est devenu à son tour champion d'Europe en dominant largement les Anglais de Leicester par 28 à 9. Le succès des Corréziens ne souffre d'aucune contestation. Menant 8 à 6 à la mi-temps, Alain Penaud et ses partenaires ont pris leur envol en seconde période, pendant laquelle Sébastien Viars, Sébastien Carat et Gérald Fabre ont chacun marqué un essai. Brive exulte. (→ 27.9)

Violentes manifestations des épargnants spoliés en Albanie

A Tirana, la police a de plus en plus de mal à contenir la colère de la foule.

Albanie, dimanche 26

Des troubles très violents se sont étendus à l'ensemble du pays, et la police est débordée : incendies de bâtiments publics, routes bloquées. La colère des manifestants, tout de suite exploitée par l'opposition de gauche au président Sali Berisha, a explosé il y a une semaine après les faillites de caisses d'épargne privées auxquelles le gouvernement avait retiré sa garantie. Promettant des taux d'intérêt de 35 à 100 %, selon un système pyramidal, elles avaient séduit près de 10 % des Albanais. Coupable d'irresponsabilité, l'Etat promet de rembourser. (→ 9.2)

Leicester a été écrasé par 28 à 9.

Le 26 à Vincennes, le pur-sang Abo Volo – mené par le driver belge Jos Verbeeck – remporte le 76e Prix d'Amérique et... 2 millions de francs.

Le 26 à Tokyo, le « Tamagotchi » est devenu introuvable. Ce petit animal virtuel en cristaux liquides a été distribué à un demi-million d'exemplaires en deux mois par la marque de jouets Bandai (100 F).

Janvier

1997

Lu	Ma	Me	Je	Ve	Sa	Di
		1	2	3	4	5
6	7	8	9	10	11	12
13	14	15	16	17	18	19
20	21	22	23	24	25	26
27	28	29	30	31		

Zaïre, lundi 27
De violents combats opposent les rebelles aux forces armées zaïroises. Celles-ci sont appuyées par des avions et des hélicoptères pilotés par des mercenaires blancs. (→ 9.2)

Afrique du Sud, mardi 28
Cinq policiers blancs, qui reconnaissent avoir assassiné le leader noir Steve Biko en 1977, demandent à bénéficier de la loi d'amnistie. Cette demande soulève une tempête de protestations.

Moscou, mercredi 29
Nathan Chtcharanski est de retour en Russie. Cet ancien *refuznik*, condamné puis expulsé en 1978, est devenu ministre du gouvernement israélien. Il est à la tête d'une délégation d'hommes d'affaires.

France, jeudi 30
Un sondage sur l'attitude des Français à l'égard de leur justice témoigne d'une grave crise de confiance : pour 82 %, les juges sont soumis au pouvoir politique. (→ 6.2)

Suisse, vendredi 31
A l'occasion du Forum de Davos, le Premier ministre israélien rencontre le président de la Confédération, qui promet la coopération de son pays sur l'affaire des avoirs juifs détenus par les banques suisses et l'accès aux archives. En France, la Caisse des dépôts et consignations est confrontée au même problème. (→ 5.2)

Madagascar, vendredi 31
A l'issue du scrutin de décembre et après de longues délibérations de la commission électorale, Didier Ratsiraka, ancien dictateur, est officiellement désigné comme président de la République.

DECES

Paris, mardi 28
Louis Pauwels, écrivain et éditorialiste du *Figaro Magazine* (*2.8.1920).

Brésil, mardi 28
Antonio Callado, dramaturge et conteur (*26.1.1917).

Créteil, jeudi 30
Jean Constantin, chansonnier et parolier de Zizi Jeanmaire (*9.2.1923).

Le clergé orthodoxe descend aussi dans les rues de Belgrade

Serbie, lundi 27
Etudiants et partisans de la coalition de l'opposition, Ensemble, ils ont été 300 000 à descendre dans la rue pour se joindre à la procession de la Saint-Sava. Avec la disparition des cordons de police, la fête religieuse qui célèbre le patron de la Serbie a vu se réaliser *de facto* l'alliance de l'opposition et de la haute hiérarchie orthodoxe, alliance explicitement souhaitée par le patriarche Pavle. Celui-ci, longtemps thuriféraire du régime, paraît avoir lâché Slobodan Milosevic. Tout comme plusieurs militaires d'active ou à la retraite qui avaient rejoint en civil les rangs des manifestants. A Nis, la municipalité est prête à laisser la place. (→ 4.2)

Le patriarche Pavle, chantre de la grande Serbie, au défilé de la Saint-Sava.

Le leader de l'UGTA assassiné à Alger

Alger, mardi 28
Abdelhak Benhamouda, président de l'UGTA, l'un des hommes les plus influents dans l'entourage de Liamine Zeroual, a été assassiné. Il sortait du siège de l'Union générale des travailleurs algériens quand un commando de cinq hommes armés l'a abattu. Benhamouda, proche des militaires et anti-islamiste acharné, venait d'annoncer son intention de créer un nouveau parti. S'agit-il d'une vengeance des islamistes ou d'un épisode de la lutte des clans qui se disputent le pouvoir ? (→ 9.2)

Artisan de la paix et élu en Tchétchénie

Grozny, mardi 28
Aslan Maskhadov, l'ancien chef d'état-major des indépendantistes, a été élu président de la Tchétchénie avec 68 % des voix. Partisan de la normalisation avec Moscou, il était opposé au bouillant commandant Shamil Bassaïev qui, lui, appelait à la poursuite de la guerre et recueille 16 % des suffrages. Maskhadov, aux yeux des Tchétchènes, incarne la raison. Pragmatique, c'est lui qui avait négocié l'arrêt du conflit. Il appelle d'autres pays à reconnaître la souveraineté du sien. (→ 12.2)

Dissolution du FLNC-canal habituel

Corse, mercredi 29
Bras armé du MPA, Mouvement pour l'autodétermination, issu lui-même d'une scission du FLNC en 1990, le FLNC-canal habituel a donc annoncé son autodissolution. La conférence de presse se tenait dans le maquis dans les environs d'Ajaccio avec la présence d'une centaine d'hommes encagoulés mais sans armes. Sans oublier Paris au nombre des responsables, le groupe dresse un bilan de la lutte armée, de son échec et des luttes fratricides qui minent le camp nationaliste. (→ 2.2)

Polémique autour de la défense nationale

Paris, jeudi 30
Le débat parlementaire sur le projet de réforme du service national a provoqué un curieux renversement des rôles. Certes, le remplacement du service militaire par le « rendez-vous citoyen » a été voté, mais là n'est pas l'essentiel. Apprenant à l'ouverture des débats, il y a deux jours, que Jacques Chirac et Helmut Kohl avaient signé un accord secret de défense, les députés du PS ont crié au scandale et demandé qu'il soit rendu public. Face à ce texte, très « atlantiste » et entérinant la soumission de la défense française à l'Otan, la gauche s'est découverte plus gaulliste que les gaullistes.

Le 29 à Neuilly, Monoprix teste un appareil, le Mono, qui permet au client d'enregistrer sa facture.

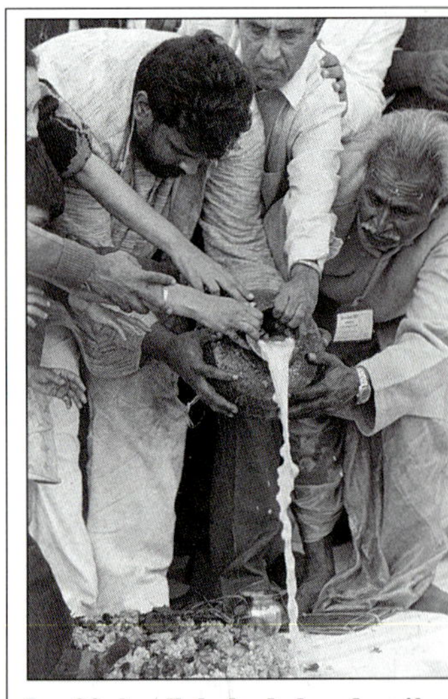

Le 30 à Allahabad, les dernières cendres du mahatma Gandhi sont immergées dans le Gange par son arrière-petit-fils, Tushar Gandhi.

Février

1997

Lu	Ma	Me	Je	Ve	Sa	Di
					1	2
3	4	5	6	7	8	9
10	11	12	13	14	15	16
17	18	19	20	21	22	23
24	25	26	27	28		

Royaume-Uni, samedi 1er
Dans le Tournoi des Cinq Nations, le XV d'Angleterre écrase l'Ecosse 41 à 13 et l'Irlande bat le Pays de Galles 26 à 25. (→ 15)

Sénégal, samedi 1er
Un Hawker Siddeley 748 d'Air Sénégal s'écrase peu après son décollage de Tambacounda : 23 morts parmi les passagers, en majorité des touristes.

Paris, mercredi 5
Le président-fondateur de Microsoft, Bill Gates, est reçu à l'Elysée. Il a emmené avec lui le *Codex Leicester*, un manuscrit de Léonard de Vinci, qu'il prête pour une exposition au palais du Luxembourg.

France, mercredi 5
Première Journée nationale pour la prévention du suicide. C'est la première cause de décès des Français entre 20 et 35 ans.

Paris, jeudi 6
Les trois leaders de la coalition d'opposition serbe, Ensemble, sont reçus par le ministre des Affaires étrangères, Hervé de Charette, qui réitère son soutien à leur combat.

Allemagne, jeudi 6
Le chômage augmente et atteint le taux de 12,2 % de la population active, soit 4,66 millions de personnes.

Israël, dimanche 9
Yasser Arafat et Benyamin Netanyahou, à l'issue de leur huitième face-à-face au poste frontière d'Erez, annoncent la création de huit commissions mixtes de négociations. (→ 18)

Algérie, dimanche 9
Le mois de ramadan qui s'achève a été le plus meurtrier depuis 1993. Les observateurs estiment qu'il y a eu 200 à 300 morts par semaine. (→ 3.4)

DECES

Prague, lundi 3
Bohumil Hrabal, écrivain (*28.3.1914).

Paris, mardi 4
René Huyghe, historien d'art et académicien (*3.5.1906).

Paris, mercredi 5
Pamela Harriman, ex-belle-fille de Churchill et ambassadrice des Etats-Unis en France (*20.3.1920). (→ 18.7)

Une ouverture pour les otages de Lima ?

Toronto, samedi 1er
A l'issue de plusieurs entretiens entre le président péruvien, Alberto Fujimori, et Ryutaro Hashimoto, le Premier ministre japonais, Tokyo a réussi à imposer ses vues : tout faire pour obtenir un règlement pacifique de la prise d'otages. Il semble que les autorités japonaises se soient émues des vaines démonstrations de force de l'armée péruvienne autour de la résidence où sont encore retenus 72 otages par le MRTA. L'ouverture d'un « dialogue préliminaire » est donc annoncée, avant de véritables négociations. (→ 20)

« Nuit bleue » en Corse : 60 attentats

Corse, dimanche 2
Revendiqués en fin de matinée par le FLNC-canal historique, tous ces attentats à la bombe ont été commis entre 4 heures et 5 heures du matin. Cette action est la plus importante commise par l'organisation depuis le 19 août 1982. Comme d'ordinaire étaient d'abord visés des bâtiments administratifs, des banques et une agence d'Air France. Il s'agit, pour le FLNC, de montrer que le très important déploiement policier sur l'île et les récentes et nombreuses arrestations n'ont en aucune façon entravé sa capacité d'action.

La Wallonie marche pour l'emploi

Tubize, dimanche 2
Après l'impressionnante « Marche blanche » de Bruxelles, en octobre 1996, qui fut un événement sans précédent en Belgique, c'est cette fois une marche multicolore qui a rassemblé près de 50 000 personnes en Wallonie. Elle était organisée par la délégation syndicale des Forges de Clabecq. Le sort de cette usine emblématique reste en effet toujours incertain. Et, si les objectifs sont quelque peu différents, ils relèvent néanmoins d'une renaissance claire de la citoyenneté. Même si on craint une poussée sécuritaire. (→ 28.3)

Palmarès consensuel aux 4es Victoires de la musique classique

Paris, mardi 4
Retransmise par France-Musique et France 3, la soirée des Victoires a eu lieu au palais des Congrès. Dans leurs choix, les professionnels de la musique classique ont privilégié les valeurs sûres. Georges Prêtre a été sacré meilleur chef d'orchestre, le ténor Roberto Alagna est le meilleur artiste lyrique. Pour ce qui est du soliste instrumental et du nouveau talent, les deux pianistes François-René Duchable et Claire Desert ont été respectivement récompensés. Le trophée de la meilleure production lyrique va à *Pelléas et Mélisande*, de Debussy, par l'Orchestre de Lille, dirigé par Jean-Claude Casadesus. Gérard Lesne et Véronique Gens sont primés en musique baroque.

Manuel Rosenthal, le doyen des chefs d'orchestre, à la remise des trophées.

Le 3, le Premier ministre israélien Benyamin Netanyahou, en visite au Vatican avec sa femme Sarah, invite Jean-Paul II à se rendre à Jérusalem.

Tapie se constitue prisonnier et le reste

Paris, mardi 4
C'est sous le matricule 265 449G que Bernard Tapie a été enregistré à la prison de la Santé. Il y dispose d'une cellule individuelle de 9 m² dans le quartier des personnalités. L'ancien président de l'OM s'était pourvu en cassation après le verdict de la cour d'appel de Douai dans l'affaire OM-VA, qui le condamnait à huit mois de prison ferme. Comme le veut la règle judiciaire, il avait dû se constituer prisonnier la veille pour que son pourvoi soit examiné par la Cour de cassation. Pourvoi rejeté, il reste en prison. ▷

Après 77 jours de manifestations, Milosevic lâche du lest…

Belgrade, mardi 4
Dans la lettre que le président serbe a adressée à son Premier ministre, Slobodan Milosevic opère un total revirement. Il demande en effet que le Parlement vote une loi spéciale reconnaissant le résultat du scrutin municipal du 17 novembre dernier, depuis lequel l'opposition clame sa victoire dans quatorze grandes villes dont la capitale. Cette concession est conforme aux recommandations de l'Organisation pour la sécurité et la coopération en Europe. Conduite par Felipe Gonzalez, une mission de l'OSCE avait confirmé ces victoires. L'opposition a accueilli cette lettre avec réserve et défilera tant que la loi ne sera pas votée. (→ 6)

La pression internationale fait reculer le pouvoir après les dernières répressions.

Le pouvoir jette l'éponge en Bulgarie

Sofia, mardi 4
Le président Stoïanov a qualifié cette journée d'historique. Le PSB (Parti socialiste bulgare, les anciens communistes) et l'opposition sont enfin parvenus à un accord qui doit régler la gravissime crise politique et sociale qui secoue le pays. Le camp des contestataires a obtenu gain de cause. Majoritaires au Parlement, les socialistes renoncent à présenter un nouveau gouvernement. Surtout, des élections législatives anticipées seront organisées début avril. Dans le pays, bloqué par une grève des transports, une explosion de joie a suivi l'annonce de l'accord. (→ 19.4)

Un fonds pour les avoirs juifs en Suisse

Suisse, mercredi 5
Les trois plus grands établissements bancaires de la Confédération ont annoncé la création d'un fonds de 100 millions de francs suisses (420 millions de francs français) destiné à la seule indemnisation des victimes de l'Holocauste. Cette initiative, qu'il faut associer aux recherches en cours pour retrouver et évaluer les avoirs juifs déposés et en déshérance dans les banques helvétiques, a été saluée comme un signe de bonne volonté. L'Etat de New York avait menacé de supprimer les licences de ces établissements, ce qui les aurait chassés de Wall Street. (→ 5.3)

Et de deux : la Juventus de Turin enlève la Supercoupe d'Europe

Le PSG a été battu par 3 buts à 1, malgré l'égalisation de Rai sur penalty.

Palerme, mercredi 5
La Juventus de Turin inscrit pour la deuxième fois son nom au palmarès de la Supercoupe d'Europe. Cette compétition met aux prises le club vainqueur de la Coupe des Coupes, le PSG, au champion d'Europe en titre (en l'occurrence la Juve). Pour ce match retour, le club de Didier Deschamps s'est imposé 3 à 1 face au Paris-Saint-Germain. Alessandro Del Piero, l'attaquant turinois, a marqué deux des trois buts. Cette rencontre n'offrait que peu d'intérêt puisque les joueurs parisiens, au match aller, avaient été balayés sur leur terrain 6 buts à 1 ! Pour la Juve, la Supercoupe couronne une saison exceptionnelle. (→ 14.5)

Le 4 en Haute-Galilée, deux hélicoptères de l'armée israélienne entrent en collision : 73 morts ; 52 combattants, 13 officiers et 8 hommes d'équipage.

400 magistrats contre la corruption

France, jeudi 6
L'appel de Genève a recueilli 400 signatures chez les professionnels de la justice en France. Lancé il y a quatre mois, ce texte veut dénoncer l'impuissance de la justice face à la délinquance financière. De mieux en mieux organisée, internationale, elle se joue des frontières, usant de la corruption à très grande échelle. L'appel demande donc la création d'un espace judiciaire européen. La Cour de cassation est allée en sens exactement contraire en réduisant dans un arrêt le champ et la portée de la corruption. (→ 25.3)

Fin de l'occupation du Crédit foncier

Paris, jeudi 6
L'intersyndicale du Crédit foncier de France (CFF) annonce, après le vote des salariés, que l'occupation du siège social de la banque va être suspendue. Depuis le 17 janvier, le personnel de cette vieille institution financière campait dans les lieux pour protester contre un plan massif de réduction d'effectifs. La crise du CFF date de 1995 avec des pertes se chiffrant à plus de dix milliards de francs. Cette banque publique a été victime d'une mauvaise gestion et de la fin de son monopole sur certains crédits au logement.

Spitaels « en congé » du Parlement wallon

Namur, vendredi 7
Le Parlement wallon et le Conseil de la Communauté française viennent de voter la levée partielle de l'immunité parlementaire de Guy Spitaels. Celui qui était président du Parlement wallon sera donc entendu dans le cadre de l'affaire Dassault. Mais, très affecté par les critiques émises dans les rangs du PS et du PSC, Spitaels s'est néanmoins mis en congé complet. L'ex-président du PS a en effet quelques soucis à se faire depuis l'arrestation du grand argentier du parti. C'est le libéral Jean-Marie Severin qui va succéder à Spitaels au perchoir. (→ 14)

Ridicule et *Microcosmos* triomphent à la 22e nuit des Césars

« Microcosmos » décroche 5 Césars : musique, photo, son, montage, producteur.

Paris, samedi 8
Les films de Patrice Leconte et de Claude Nuridsany ont emporté à eux seuls près de la moitié des prix décernés lors de cette 22e nuit des Césars. Avec le trophée du meilleur film, de la réalisation, du décor et du costume, ce soir *Ridicule* porte très mal son nom. Si les insectes sont exclus des six récompenses réservées aux acteurs, *Microcosmos* arrive en tête du palmarès avec cinq Césars. Ex æquo pour le prix du meilleur réalisateur, le *Capitaine Conan* de Bertrand Tavernier vaut à Philippe Torreton de décrocher le bronze du meilleur acteur. Fanny Ardant est couronnée meilleure actrice pour son premier rôle comique. (→ 13.5)

Victoire surprise de Kernen aux championnats du monde de ski

Sestrières, dimanche 9
Le Suisse Bruno Kernen a remporté hier la descente, considérée comme l'épreuve reine. Ceux qui avaient parié sur Luc Alphand ont eu une surprise... Bruno Kernen, qui ne comptait que deux victoires, a causé une énorme sensation en devançant nettement des spécialistes tels Lasse Kjus (2e) et Christian Ghedina (3e). Luc Alphand, lui, a chuté après 44 secondes de course, alors qu'il avait réussi un temps intermédiaire très prometteur. Tout va très bien pour l'Italienne Deborah Compagnoni. La skieuse, quatre jours après sa victoire dans le slalom, a récidivé en slalom géant. Leïla Piccard monte sur la troisième marche. (→ 15)

Le Suisse Bruno Kernen remporte la descente hommes le 8 (1 min 51 s 11/100).

Catherine Mégret à la mairie de Vitrolles

Vitrolles, dimanche 9
Cette ville, après Orange, Toulon et Marignane, est la quatrième de la région Provence-Alpes-Côte d'Azur à se donner un maire issu du Front national. Bruno Mégret ne pouvant se représenter, c'est son épouse qui a conduit la liste du FN. Catherine Mégret, qui ne s'est jamais cachée d'être le prête-nom de son mari dans cette élection, l'a emporté au second tour de la municipale partielle avec 52,48 % des suffrages devant Jean-Jacques Anglade, le maire sortant socialiste, accusé par ses détracteurs de dispendieuse et mauvaise gestion. Il obtient 47,52 % des voix. (→ 6.10)

Avancée irrésistible des rebelles au Zaïre

Zaïre, dimanche 9
Composées de rebelles zaïrois et de soldats rwandais et ougandais, les troupes de Laurent-Désiré Kabila sont à une centaine de kilomètres de Kisangani, capitale du Haut-Zaïre. Au lieu d'une contre-offensive trop souvent annoncée comme « massive et foudroyante », l'armée régulière zaïroise est en pleine débandade. Les soldats fuient sans combattre, préférant piller les villages qu'ils traversent dans leur retraite. Dans leur avancée, les rebelles, qui vont atteindre le camp déjà surpeuplé de Tingui-Tingui, poussent devant eux des milliers de réfugiés, abandonnés par les ONG humanitaires. (→ 19)

Des mercenaires serbes entraînent l'armée zaïroise à Kisangani.

Les Albanais ruinés accusent le régime

Albanie, dimanche 9
Pour le cinquième jour consécutif, les manifestations des épargnants ruinés ont dégénéré à Vlora. La foule en colère s'en est prise au commissariat, attaqué à coups de pierres. Les policiers ont riposté en tirant en l'air. Un homme est mort, terrassé par une crise cardiaque au milieu des heurts. La banqueroute de la société Gjallica, une des cinq pyramides financières qui ont dû fermer, touche 400 000 épargnants dans cette région du sud du pays par laquelle l'argent des trafics et celui des émigrés en Italie transite. Les ex-communistes réclament des élections. (→ 28)

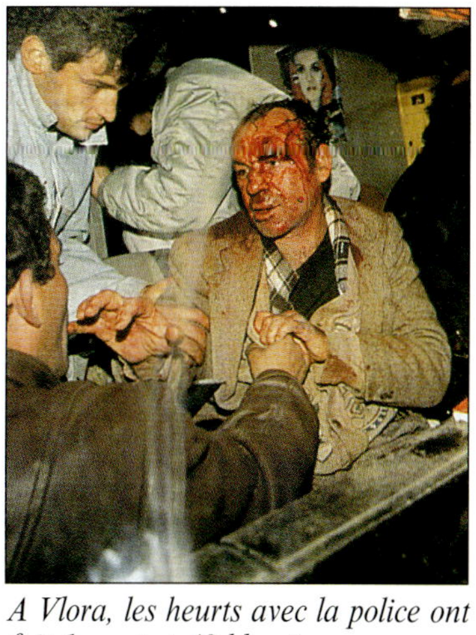
A Vlora, les heurts avec la police ont fait 1 mort et 40 blessés.

Février

1997

Lu	Ma	Me	Je	Ve	Sa	Di
					1	2
3	4	5	6	7	8	9
10	11	12	13	14	15	16
17	18	19	20	21	22	23
24	25	26	27	28		

Paris, mardi 11
Jacques Chirac reçoit le président ougandais Yoweri Museveni. Les deux hommes font le point sur la situation dans la région des Grands Lacs, où le médiateur de l'ONU est arrivé hier. (→ 19)

Bosnie, mardi 11
La Sfor déploie 350 soldats français et espagnols à Mostar pour prévenir de nouveaux affrontements entre Croates et musulmans. (→ 14)

Europe, mercredi 12
Pour cause de toxicité, une directive européenne condamne l'utilisation du thermomètre au mercure. La prise de température buccale devrait s'implanter.

Pékin, mercredi 12
Un diplomate nord-coréen fait défection et se réfugie dans l'ambassade de la Corée du Sud. (→ 8.4)

Paris, vendredi 14
Pour le 8e anniversaire de la fatwa lancée contre lui, Salman Rushdie accuse l'Europe de lâcheté pour sa complaisance envers Téhéran. (→ 10.7)

Paris, samedi 15
Dans le Tournoi des Cinq Nations, la France bat le Pays de Galles 27 à 22, alors qu'à Dublin l'Angleterre a écrasé l'Irlande 46 à 6. (→ 1.3)

Etats-Unis, samedi 15
La grève des pilotes d'American Airlines n'a duré que 24 minutes : à peine déclenchée, elle a été bloquée par le président Clinton, invoquant une loi de 1926. Il demande l'ouverture de négociations.

Genève, samedi 15
Soixante-sept pays signent, dans le cadre de l'OMC, un accord libéralisant le marché international des télécommunications et ouvrant les marchés nationaux à la concurrence étrangère. (→ 21.5)

Birmanie, dimanche 16
Victoire de l'armée gouvernementale sur les rebelles karens. Les troupes de Rangoon ont récupéré tous les territoires tenus par cette guérilla, mais 22 000 réfugiés se pressent à la frontière thaïlandaise.

Nouvelle grève des traminots en France

France, lundi 10
A Toulouse, où la grève dure depuis trois semaines, mais aussi à Cannes, Nice, Clermont-Ferrand, Marseille, Toulon et Lille, le mouvement de grève des traminots est reconduit. Porté par la CGT et FO et soutenu par l'ensemble des syndicats sauf la CFDT, ce conflit réclame la retraite à 55 ans et la semaine de 35 heures. Les négociations, conduites ville par ville, s'enlisent et les grèves se sont étendues à d'autres communes. Ce que dénoncent aussi les chauffeurs : les agressions et la dégradation des conditions de travail. (→ 24.11)

12es Victoires de la musique de variétés

Juliette, révélation variétés de 1997.

Paris, lundi 10
Les quatorze trophées attribués lors de la cérémonie des 12es Victoires de la musique ont salué les plus grands noms de la variété française. Le jury, composé de 3 000 votants issus des métiers de la chanson, a couronné Barbara artiste-interprète féminine de l'année. Aznavour, qui présidait la soirée, s'est vu décerner le prix équivalent dans la catégorie masculine. Le palmarès a désigné d'autre part Les Innocents pour le meilleur groupe tandis que *M. Eddy* d'Eddy Mitchell est déclaré album de l'année. Enfin, la joyeuse *Aïcha* de Khaled décroche la très enviée Victoire de la chanson. (→ 22)

Au civil : 25 millions $ pour O. J. Simpson

Los Angeles, lundi 10
C'est la somme que l'ancienne star du football américain devra payer aux familles de Nicole Brown, son ex-femme, et de Ronald Goldman, un ami de celle-ci, tués le 12 juin 1994. O.J. Simpson, acquitté lors du procès pénal, avait été jugé par un jury civil responsable de ce double assassinat. Ce sont des questions de procédure qui expliquent ce gênant paradoxe. Le jury civil devait, pour déterminer sa responsabilité, établir une « concordance d'indices » qui penchait de manière prépondérante pour sa culpabilité, ce qui est bien insuffisant au pénal. Les dommages et intérêts sont donc fixés à près de 138 millions de francs.

Le 4, l'ex-star du football avait été condamnée à payer 8,5 millions $.

Attentats de l'ETA à Grenade et à Madrid

Espagne, lundi 10
L'organisation séparatiste basque a voulu une nouvelle fois démontrer que son pouvoir de nuisance était intact. A Grenade, dans la matinée, l'explosion d'une voiture piégée au passage d'un fourgon de l'armée a fait un mort et dix blessés parmi les militaires. Plus tard, à Madrid, un juge du Tribunal suprême espagnol a été abattu de deux balles dans la tête par deux inconnus qui ont pris la fuite. Ce regain de violence du terrorisme basque était à craindre après les revers subis par l'ETA, comme l'arrestation de dirigeants en Espagne et en France. (→ 1.7)

Un président sur trois a gagné en Equateur

Quito, mardi 11
Fabian Alarcón est élu président par intérim pour dix-huit mois par le Congrès. Cette nomination met fin à la crise institutionnelle qui, depuis le 6 février, avait doté l'Equateur de trois présidents. Le 6, en effet, le Congrès avait destitué le président en exercice Abdala Bucarám, élu en juillet dernier, pour « incapacité physique et mentale », tellement ses frasques avaient fini par excéder les Equatoriens. Mais il refusait de quitter son poste. Rosalia Arteaga, la vice-présidente, s'était à son tour autoproclamée présidente, en même temps que Fabian Alarcón.

Des diplômés parmi les SDF... 20 %

Paris, mardi 11
Dans les foyers d'hébergement et les centres de réinsertion de la capitale, près de 20 % des sans-domicile fixe sont des bacheliers ou ont fait des études supérieures. Anciens cadres, travailleurs indépendants, tous les profils se côtoient. Un accroc dans la trajectoire professionnelle, un drame familial ou personnel, et c'est le début de la dégringolade, avec des postes de moins en moins stables, la perte du logement, l'expulsion et la rue en ligne de mire. Si ce n'est la famille qui offre un ultime abri, les études, le statut antérieur n'offrent plus de garanties suffisantes.

Aslan Maskhadov, élu président des Tchétchènes le 28 janvier, prête serment le 12. (→ 2.4)

Mobilisation des artistes à Châteauvallon

Gérard Paquet, le directeur du TNDI.

Toulon, jeudi 13
Le train des artistes et des amis de Châteauvallon est arrivé ce matin à Toulon, où devait se tenir l'audience sur l'avenir du Théâtre national de la danse et de l'image. De la gare, leur cortège a rejoint des milliers de manifestants regroupés devant le tribunal de grande instance. Haut lieu de la liberté d'expression dans le Var, le TNDI est devenu la cible privilégiée du maire Front national. A sa demande, le tribunal a choisi de reporter l'audience au mois de mars. La décision de suspendre les subventions le temps des procédures est un nouveau coup dur porté à l'association culturelle. (→ 29.9)

Prost rachète l'écurie Ligier de Formule 1

Un accord est déjà passé avec Peugeot pour équiper ses F1 du moteur V10.

Paris, vendredi 14
Alain Prost est de retour. Mais, cette fois-ci, le quadruple champion du monde de Formule 1 ne s'installe pas derrière un volant mais se place aux commandes d'une écurie de compétition. A trois semaines du début du championnat du monde, « le Professeur » a racheté l'écurie de Guy Ligier, qu'il faudra appeler désormais Prost Grand Prix. Dans sa corbeille de mariage, Prost peut disposer d'un partenaire de choix : la marque Peugeot et son moteur V 10. Mais les pilotes attendront 98 pour en tirer la puissance, Peugeot étant encore lié par contrat avec Jordan. Les Prost Mugen Honda vont donc effectuer leurs premiers tours de roues au Grand Prix d'Australie avec un moteur japonais et Olivier Panis au volant. (→ 9.3)

Affaires autour du PS francophone belge

Bruxelles, vendredi 14
Philippe Busquin, le président du Parti socialiste, était-il au courant de l'existence d'un compte bancaire au Luxembourg ? Il clame en tout cas son innocence, face à la presse et au bureau exécutif du PS. De Spitaels à Busquin ou Moriau, les socialistes ont accepté un héritage maudit. Les zones d'ombre restent nombreuses dans les affaires qui ont défrayé la chronique : de l'assassinat d'André Cools à Dassault et Agusta... Mais paradoxalement, Busquin, acculé à faire la lumière sur un passé difficile, reste l'homme fort du parti. (→ 20)

Statu quo pour la ville de Brcko en Bosnie

Rome, vendredi 14
La cour d'arbitrage internationale chargée de régler le sort de Brcko a tranché. Présidée par un Américain et comprenant un musulman et un Serbe, elle a décidé de laisser cette ville, située dans le mince corridor qui relie les territoires serbes au nord de la Bosnie, aux mains des Serbes. Durant dix-huit mois, Brcko sera sous l'autorité administrative d'un superviseur américain, qui doit veiller au bon retour des réfugiés croates et musulmans. (→ 2.4)

Amiez sauve l'honneur dans le slalom

Sébastien Amiez termine deuxième derrière le Norvégien Tom Stiansen.

Sestrières, samedi 15
Il aura manqué cinq centièmes à Sébastien Amiez pour devenir le champion du monde de slalom ! A 24 ans, il prend pourtant la chose avec le sourire. Après une première manche magnifique, Amiez a donc vu le Norvégien Tom Stiansen lui souffler la victoire. Avec la médaille d'argent de Sébastien Amiez dans le slalom, et le bronze obtenu par Leïla Piccard en géant, le bilan du ski français n'a rien d'exceptionnel. La déception est notamment venue de Luc Alphand, rentré bredouille du Super-G et de la descente. L'équipe de France termine au septième rang mondial. L'Italie et la Norvège ont été les grands vainqueurs, récoltant douze médailles à eux deux. (→ 22)

La grève des routiers se durcit en Espagne

Espagne, vendredi 14
A Madrid, le gouvernement accepte d'ouvrir des négociations sur une baisse du prix du carburant, l'une des principales revendications des grévistes, ainsi que sur la retraite à soixante ans. Mais le syndicat qui a lancé le mouvement refuse, pour le moment, toute discussion. La grève des routiers, qui dure depuis neuf jours, s'est étendue à tout le pays. Hier, près de Burgos, un gréviste a été écrasé par un routier français qui tentait de forcer un barrage. Partout les incidents se multiplient avec les non-grévistes. Et plusieurs secteurs tournent au ralenti, faute de pouvoir écouler leur production ou faute d'approvisionnements.

Mais les négociations commencent...

Février

1997

Lu	Ma	Me	Je	Ve	Sa	Di
					1	2
3	4	5	6	7	8	9
10	11	12	13	14	15	16
17	18	19	20	21	22	23
24	25	26	27	28		

Russie, mardi 18
Selon les statistiques de l'OMS, l'espérance de vie est en baisse dans tous les pays de l'ex-URSS. En Russie, celle des hommes est de 57,7 ans à la naissance contre 75 ans dans les pays les plus avancés.

Ile-de-France, mercredi 19
Dans le cadre de l'enquête sur les écoutes téléphoniques commanditées par l'Elysée, la police met la main sur les archives du préfet Christian Prouteau, qui dirigeait la cellule antiterroriste de la présidence. (→4.4)

France, mercredi 19
Un sondage montre une attitude contrastée des Français à l'égard du projet de loi Debré sur l'immigration : 59 % l'approuvent mais un Français sur deux soutient les artistes pétitionnaires qui réclament la suppression des certificats d'hébergement. (→27)

Lima, jeudi 20
Pour la première fois depuis le début de la prise d'otages, Nestor Cerpa, le chef du commando du MRTA, quitte la résidence pour participer aux négociations. (→3.3)

Floride, vendredi 21
Retour au sol de la navette *Discovery* après dix jours en orbite pour réparer le télescope spatial *Hubble*.

Arles, vendredi 21
Jeanne Calment, la doyenne de l'humanité, a 122 ans. (→4.8)

Dunkerque, vendredi 21
Inauguration de la plus grande centrale éolienne de France à Mardyck. Elle se compose de neuf turbines capables d'alimenter 3 200 foyers en consommation électrique courante.

Garmisch, samedi 22
Le skieur français Luc Alphand remporte la descente après avoir été victorieux la veille dans le Super-Géant. (→2.3)

Etats-Unis, dimanche 23
La chaîne NBC bat un record d'audience en diffusant *Schindler's List* pour 65 millions de téléspectateurs, sans aucune coupure publicitaire. Certaines ligues de vertu puritaines protestent contre les scènes « dénudées » du film. (→25.9)

Christophe Auguin gagne la troisième édition du Vendée Globe

Les Sables-d'Olonne, lundi 17
Christophe Auguin a franchi la ligne d'arrivée du Vendée Globe à 9 h 33 après cent cinq jours de navigation en solitaire. Soit quatre jours de moins que le précédent record de Titouan Lamazou. Auguin et son bateau *Géodis* étaient attendus par une foule immense et des dizaines de journalistes. C'est après avoir embrassé sa compagne Véronique et son jeune fils Erwan (18 mois) que Christophe Auguin a annoncé qu'il se préparait pour son nouveau défi prévu en 1998 : une course autour du monde en équipage. En attendant, il n'a qu'une seule envie : aller raser son épaisse barbe noire... (→26)

Il bat le record de Titouan Lamazou, en 105 jours, 20 h, 31 min et 25 s.

La « vache folle » : pas de coupables...

Strasbourg, mardi 18
Le Parlement européen a décidé de ne pas sanctionner la Commission européenne. Jacques Santer, de son côté, a reconnu pour la première fois que des erreurs avaient été commises et a promis d'en réformer le fonctionnement. Il va créer une direction chargée de la protection des consommateurs et de la santé publique. Difficile de ne pas faire moins après le rapport d'enquête accablant qui identifie clairement les responsabilités. (→4.7)

Le « Bar-On gate » touche Netanyahou

Israël, mardi 18
A peine revenu des Etats-Unis, le Premier ministre a été entendu par trois inspecteurs de police au siège du gouvernement. Ils enquêtent sur l'affaire Roni Bar-On, le « Bar-On gate », révélée le 22 janvier dernier par une journaliste. Bar-On aurait été nommé ministre de la Justice (avant de démissionner à cause du tollé) au terme d'un marchandage avec un parti religieux : abandon des poursuites qui le menaçaient contre son soutien au plan de paix. (→26)

Un plan de paix pour l'Afrique centrale

New York, mercredi 19
Le Conseil de sécurité a adopté le plan de paix proposé par Mohamed Sahnoun, envoyé spécial de l'OUA et de l'ONU dans cette région des Grands Lacs. Ce plan, accueilli avec froideur à Kinshasa parce qu'il ne mentionne pas expressément que le Zaïre est victime d'une agression, demande que la sécurité des réfugiés soit assurée, que toutes les forces extérieures se retirent du Zaïre et qu'une conférence régionale pour la paix soit organisée. (→5.3)

Deng Xiaoping a transformé la Chine

Pékin, mercredi 19
L'homme à qui la Chine doit d'être entrée, avec un succès inattendu et prodigieux, dans le capitalisme le plus acharné s'est éteint à l'âge de 92 ans. Ancien compagnon d'armes de Mao Tsé-toung, révolutionnaire de la première heure, D. Xiaoping (*22.8.1904) a connu l'apogée et l'éclipse avant de retrouver, après la révolution culturelle, le « mandat du ciel », ce blanc-seing qui permet de gouverner l'empire du Milieu. Ce pragmatisme que les plus rigides des maoïstes lui avaient reproché n'en a jamais fait un démocrate. Deng a toujours pensé que cet immense pays, même engagé dans l'économie de marché, devait se gouverner avec une main de fer. Il est derrière la répression de Tian'anmen.

Le patriarche communiste décède alors que son pays est en pleine mutation.

Dehaene est « déçu » par la France...

Bruxelles, jeudi 20
C'est au contrat de modernisation des avions F-16 attribué en 1989 à Dassault que la justice s'intéresse depuis quelque temps. L'entreprise française est soupçonnée d'avoir versé des commissions secrètes pour remporter cet important marché. Or Serge Dassault, qui fait l'objet d'un mandat d'arrêt international, refuse de se présenter à la justice belge. En opposant une fin de non-recevoir aux demandes de Bruxelles qui veut obtenir les documents saisis dans les filiales du groupe, la France déçoit Jean-Luc Dehaene... (→ 16.7)

Scandale autour de l'affiche de *Larry Flynt*

Paris, jeudi 20
L'affiche du film *Larry Flynt* mis en scène par Milos Forman ne sera pas retirée des panneaux publicitaires. Telle est la décision du tribunal de Paris, qui a rejeté la demande de censure déposée par les militants de l'Agrif proches du Front national et par une trentaine de catholiques associés à deux prêtres. L'image de cet homme crucifié sur les cuisses d'une femme en string a été interdite aux Etats-Unis. Le film dresse le portrait dudit Larry Flynt, magnat du porno américain. Il a toutefois été nominé pour sa mise en scène et pour son acteur principal, Woody Harrelson, lors des Oscars. (→ 24.3)

Un médiateur pour les intermittents

Paris, jeudi 20
Réunissant patronat et syndicat, le médiateur Pierre Cabanes leur a présenté son projet de réforme du régime spécifique des intermittents du spectacle. Or, au même moment, l'Insee publie une étude montrant que les employeurs auraient grand intérêt au maintien de ce système d'assurance-chômage. S'il permet aux professionnels non salariés de l'audiovisuel de survivre entre deux contrats d'engagement, il assure aux employeurs une absolue flexibilité de leurs embauches, sans oublier le renouvellement du savoir-faire.

Dutroux veut être entendu en justice

Bruxelles, jeudi 20
Marc Dutroux a demandé à se faire entendre par la commission sur la disparition d'enfants, présidée par Marc Verwilghen. Celle-ci a décidé que cela ne se ferait pas. Alors que l'enquête avance lentement, trop lentement pour certains, Dutroux apparaît comme une personnalité hors normes, un psychopathe aux profils multiples. La commission s'efforce également de découvrir les erreurs commises dans les enquêtes sur la disparition de Julie et Mélissa, mais aussi d'An et Eefje, qui seront très certainement mises en évidence lors de la parution du rapport de la commission. (→ 15.4)

Réussite du show-biz : les *boys bands* fanatisent les enfants

Boyzone, l'un des groupes fabriqués par les producteurs pour lancer des tubes.

Paris, samedi 22
Dix-sept mille pré-adolescents se sont précipités à la dixième soirée Dance Machine de Bercy baptisée *100 % Boys*. Véritable phénomène de société juvénile, les *boys bands* pulvérisent les records des ventes. La recette de la réussite est simple : après avoir mené une vaste série d'auditions, choisir entre trois et cinq beaux garçons. Les vêtir dans le style *streetwear*. Leur enseigner quelques pas de danse, des chansons sobres et le comportement qui va avec. Bien mélanger le tout avant de le faire savoir dans les collèges et les lycées. Ainsi calibrés au centimètre près par les maisons de disques, ces princes modernes ne manqueront pas d'attirer les fans.

Une erreur judiciaire réparée à Londres

Londres, vendredi 21
La justice anglaise, comme toutes les justices du monde, est longue à reconnaître ses erreurs. La Haute Cour décide la libération immédiate des « Quatre de Bridgewater » (mais l'un d'entre eux est mort dans sa cellule en 1981). En 1979, ils avaient été condamnés pour le meurtre d'un adolescent. Depuis, ils n'avaient pas cessé de clamer leur innocence, et leurs avocats, relayés par la presse, avaient mis en pièces les éléments de culpabilité : aveux extorqués, fausses preuves fabriquées par la police. Ils ont passé dix-huit ans en prison.

Première mondiale : le clonage d'un mammifère, la brebis Dolly

Edimbourg, dimanche 23
Deux chercheurs écossais ont réussi une première scientifique qui ouvre des perspectives vertigineuses en matière de sélection des animaux et d'éthique médicale : le clonage d'un mammifère adulte. L'opération a consisté à prélever une cellule dans la glande mammaire d'une brebis (d'où le nom de Dolly, en hommage à Dolly Parton), à l'introduire dans un ovule vidé de ses chromosomes pour l'implanter dans l'utérus d'une brebis porteuse. L'ovule a donc un bagage génétique identique à celui de la brebis « donneuse ». Tous les esprits sont en alarme : allons-nous vers le clonage humain ? (→ 24.7)

Dolly (dr.) a été créée sans l'intervention d'un mâle, ici avec Megan et Morgan.

Février

1997

Lu	Ma	Me	Je	Ve	Sa	Di
					1	2
3	4	5	6	7	8	9
10	11	12	13	14	15	16
17	18	19	20	21	22	23
24	25	26	27	28		

Ardèche, mardi 25
Le ministère de l'Agriculture confirme que le jaguar abattu le 20 janvier après s'être échappé d'un zoo était bien atteint de l'ESB. Il était né en Grande-Bretagne.

Paris, mardi 25
Un génie de l'informatique de 21 ans, qui avait piraté le réseau et les ordinateurs du FBI, est condamné à 18 mois de prison avec sursis.

France, mardi 25
Le commerce extérieur français a dégagé en 1996 un excédent record de 122,3 milliards de francs.

Les Sables-d'Olonne, mer. 26
Arrivée de Marc Thiercelin et d'Hervé Laurent, respectivement deuxième et troisième du Vendée Globe.

Belgique, mercredi 26
La Régie des transports maritimes est dissoute après 150 ans de navette entre la Belgique et l'Angleterre.

Boulogne-sur-Mer, jeudi 27
Obsèques des quatre jeunes filles retrouvées mortes le 21, après avoir disparu lors de la soirée du carnaval. Elles ont été violées et étranglées par deux frères ferrailleurs vivant dans les environs.

Poitiers, jeudi 27
Une jeune femme, jugée pour avoir volé de la viande pour ses enfants, est relaxée au nom d'un « état de nécessité supérieur ».

France, vendredi 28
Les chiffres montrent une première baisse de la mortalité due au sida, - 20 % lors du dernier trimestre de 1996. Ce progrès est le fait des nouveaux traitements, antiprothéases et trithérapies. (→ 5.7)

Albanie, vendredi 28
A Vlora, dans le sud du pays, de violentes émeutes font neuf morts. La caserne de la ville a été attaquée et pillée. (→ 9.3)

DECES

Paris, mardi 25
Andreï Siniavski, écrivain russe, ancien dissident, expulsé d'URSS en 1972 (*8.10.1925).

Turin, mardi 25
Nuccio Bertone, designer automobile (*4.7.1914).

Un début d'incendie sur la station Mir

Espace, lundi 24
La nuit a été plutôt agitée pour les six cosmonautes de Mir, à savoir quatre Russes, un Américain et un Allemand. Dans le module Kvant, celui des expériences scientifiques, une pièce du générateur d'oxygène a surchauffé avant de se consumer, provoquant un début d'incendie vite maîtrisé. Les cosmonautes ont dû faire face à un gros dégagement de fumée et à de petites flammes, qui ont brûlé des éléments d'isolation de cet espace confiné et sensible. Cet incendie souligne la vétusté de Mir, que l'Allemand et deux des Russes doivent quitter dimanche. (→ 25.6)

Athènes menace l'UE à propos de Chypre

Bruxelles, mardi 25
Athènes a fait avorter la réunion des instances communautaires sur une éventuelle adhésion de Chypre à l'Union européenne. La Grèce a menacé de bloquer tout processus d'élargissement à l'Est si la question chypriote n'était pas réglée selon ses souhaits. D'un côté, l'UE estime que le règlement du conflit entre les communautés grecque et turque est le préalable obligé avant d'entrer dans l'Union. De l'autre, Athènes refuse cette condition et voudrait que Nicosie (capitale de la partie grecque depuis 1974) soit reconnu comme seul interlocuteur. (→ 15.8)

Corruption dans la police en Argentine

Buenos Aires, mardi 25
Une marche réunissant des milliers de personnes et la minute de silence respectée dans tout le pays rendent hommage au photographe José Luis Cabezas, exécuté le 25 janvier d'une manière qui rappelait les heures les plus noires de la dictature. Cabezas avait enquêté sur la corruption de la police et les milieux mafieux liés au pouvoir. Les regards se tournent vers le gouverneur de Buenos Aires. Candidat déclaré à la présidence, il avait congédié l'an dernier 4 000 policiers indélicats, liés au trafic de drogue et à des attentats. Il a promis de retrouver les coupables. (→ 31.3)

Netanyahou joue avec le feu à Jérusalem

Jérusalem, mercredi 26
Voulant donner des gages à la droite nationaliste, aux ultra-religieux et aux « faucons » de son cabinet, le Premier ministre israélien a donné son feu vert à la construction d'un nouveau quartier juif dans la partie arabe de Jérusalem. Cette décision explosive a déjà provoqué un mort lors d'affrontements entre l'armée et des Palestiniens. Cette nouvelle implantation a bien sûr provoqué la colère de l'Autorité palestinienne mais aussi la réprobation unanime de la communauté internationale, du roi Hussein à l'administration américaine en passant par l'Union européenne. (→ 10.3)

Une manifestation des « Women in green », un mouvement extrémiste antipalestinien.

Les députés adoptent le projet de loi Debré

Paris, jeudi 27
Le projet de loi relatif au contrôle de l'immigration, présenté par Jean-Louis Debré, ministre de l'Intérieur, est adopté en deuxième lecture par les députés. Seul l'article 1 a donc été modifié, dans l'optique d'une simplification de la délivrance des certificats d'hébergement. Le débat a permis à des élus de la majorité de demander un durcissement du texte. Au même moment, à Bamako, après l'atterrissage d'un vol spécial, une bagarre a opposé des sans-papiers maliens expulsés aux policiers qui les escortaient depuis Paris.

Renault veut fermer son usine de Vilvorde

Les salariés contestent la décision.

Vilvorde, vendredi 28
Brutale annonce que celle faite aux 3 100 travailleurs de l'usine Renault de Vilvorde, dans la banlieue de Bruxelles. La fermeture a un coût social considérable : ce ne sont pas moins de 5 000 familles qui seront touchées par la décision du P-dg de Renault, Louis Schweitzer. Malgré l'intervention directe du Premier ministre, Jean-Luc Dehaene – dont l'épouse siège au conseil communal de Vilvorde –, auprès d'Alain Juppé, il semble y avoir bien peu de chance d'aboutir à une issue favorable. Des manifestations sont déjà organisées en France, à Douai puis à Paris. Et une plainte a été déposée auprès de l'OCDE par la Belgique. (→ 3.3)

Le 28 à Cuba, Castro célèbre les 30 ans du Cohiba, un légendaire cigare créé à son intention.

Mars

1997

Lu	Ma	Me	Je	Ve	Sa	Di
					1	2
3	4	5	6	7	8	9
10	11	12	13	14	15	16
17	18	19	20	21	22	23
24	25	26	27	28	29	30
31						

Norvège, dimanche 2
A l'issue de la descente de ski alpin, interrompue la veille, le Français Luc Alphand, arrivé 5e, décroche son troisième titre en Coupe du monde de la discipline. (→ 16)

Kaboul, dimanche 2
Sur ordre des talibans, deux membres français d'une ONG sont emprisonnés pour avoir organisé un dîner avec des Afghanes travaillant pour leur organisation caritative. (→ 25.5)

Iran, mardi 4
Appel officiel à l'aide internationale après le tremblement de terre du 1er mars, qui a ravagé la région du Baluchistan au nord-est du pays. Bilan provisoire : 965 morts et plus de 2 000 blessés. (→ 10.5)

Kinshasa, mercredi 5
Le gouvernement zaïrois accepte le plan de l'ONU et la résolution votée par le Conseil de sécurité le 19 février. Ce plan prévoit d'abord une cessation immédiate des hostilités. (→ 8)

Paris, jeudi 6
Pour la première fois de son histoire, l'indice CAC40 de la Bourse de Paris franchit la barre des 2 700 points.

Genève, jeudi 6
La ville de Lille présente son dossier de candidature pour l'organisation des Jeux olympiques d'été de 2004. (→ 5.9)

France, samedi 8
Selon l'Observatoire français des drogues et des toxicomanies, celles-ci coûtent à la collectivité 4,7 milliards de francs par an en frais médicaux, de justice et d'emprisonnement.

Pékin, dimanche 9
Après l'attentat d'avant hier, les autorités précisent qu'une bombe avait explosé la veille à un carrefour sans faire de victime. La police multiplie les contrôles chez les ressortissants des minorités nationales.

DECES

Paris, mardi 4
Paul Préboist, comédien (*21.2.1927).

Paris, mercredi 5
Jean Dréville, cinéaste (*20.9.1906).

Miracle pour le XV de France dans le Tournoi des Cinq Nations

Londres, samedi 1er
Les Français ont réussi l'incroyable exploit de s'imposer à Twickenham 23 à 20 face aux Anglais. Première victoire depuis dix ans à Londres, elle a été rendue possible grâce à une solidarité de tous les instants. Et, pourtant, personne ne donnait cher des chances du XV français quand les Anglais menèrent 20 à 6, trente minutes avant le coup de sifflet final. Les deux essais, signés par Laurent Leflamand (62e) et par Christophe Lamaison (70e), relançaient le XV tricolore dans le match. Les toutes dernières minutes s'annonçaient palpitantes. A cinq minutes de la fin, le score était de 20 à 20. C'est à ce moment-là que « Titou » Lamaison passa une pénalité décisive. (→ 15)

Christophe Lamaison (« Titou ») fait basculer le match en inscrivant 18 points.

M6, « la petite chaîne qui monte »... 10 ans

France, samedi 1er
Rarement slogan n'aura été aussi explicite pour comprendre le succès de M6. Cette chaîne a toujours misé sur la contre-programmation, les petits formats. Fonctionnant sur un fonds de séries américaines et sur la musique, elle a peu à peu développé de véritables émissions de reportage et une ligne rédactionnelle jeune et innovante qui a su éviter la coûteuse obsession du *prime-time*. M6 est trois fois plus rentable que TF1.

Asile à Cuba pour le commando du MRTA ?

La Havane, lundi 3
Après Saint-Domingue, le président péruvien, Alberto Fujimori, fait une escale à Cuba pour des entretiens avec Fidel Castro. Le *lider maximo*, comme son homologue dominicain la veille, Leonel Dominguez, a donc annoncé que son pays était prêt à accorder l'asile aux membres du commando du MRTA. Ceux-ci ont aussitôt rétorqué qu'ils étaient loin d'accepter l'exil contre la libération de leurs 72 otages. C'est pourtant la solution pacifique et négociée que les autorités péruviennes se disaient prêtes à envisager sous la pression du Japon et de certains pays sud-américains. Les hommes du MRTA exigent la libération des militants emprisonnés. (→ 19.4)

Mobilisation des salariés de Vilvorde

Bruxelles, lundi 3
Les 3 100 travailleurs de Renault Vilvorde, dont la fermeture a été brutalement annoncée jeudi dernier, ne veulent à présent négocier qu'une réouverture de l'entreprise. Après une marche sur Douai et pas mal de discussions avec leurs collègues français, les hommes de Vilvorde vont prendre le chemin de Paris, où le président Jacques Chirac s'est dit « choqué par la méthode ». Alain Juppé a jugé légitimes les réactions belges et a plaidé pour que soient trouvées des solutions moins rigides. Chacun se démarque ainsi du P-dg de Renault, Louis Schweitzer, très fragilisé. Renault est bien devenu une affaire d'Etats. (→ 11)

Alberto Fujimori essaye de dénouer la crise des otages avec Fidel Castro.

▷

Les écologistes allemands contre le transfert de déchets nucléaires

Basse-Saxe, mercredi 5
L'enjeu de l'affrontement était le suivant : une gare, Dannenberg, et un centre de stockage de déchets nucléaires, à Gorleben. Entre les deux, 20 km de route qu'un convoi de combustible irradié provenant de La Hague devait emprunter. Pour les écologistes, venus très nombreux de toute l'Allemagne, il s'agissait de s'opposer au passage des fûts par tous les moyens connus de la non-violence. Ils se sont couchés sur les voies ferrées, sur les routes, se sont enchaînés aux arbres, aux panneaux routiers. Pour les 20 000 policiers déployés, la « guerre des déchets » a consisté littéralement à dégager le terrain, à bout de bras et à coups de canon à eau. Le convoi est arrivé à Gorleben, mais les Verts ont gagné la bataille médiatique. (→ 11)

8 000 manifestants font face à 20 000 policiers entre Dannenberg et Gorleben.

Le président suisse « clôt » les fonds juifs

Berne, mercredi 5
Fait exceptionnel et jusqu'ici réservé aux occasions dramatiques, Arnold Koller, le président en exercice de la Confédération, s'est adressé aux deux chambres du Parlement. Dans un discours très attendu en Suisse et à l'étranger, censé assumer l'attitude plus qu'équivoque, sinon ambiguë, des autorités helvétiques à l'égard des nazis, il a annoncé la création d'une Fondation de solidarité. Cette structure, dotée de 7 milliards de francs suisses, devrait venir en aide aux survivants de l'Holocauste mais aussi aux victimes de génocides, de violations des droits de l'homme et de la pauvreté dans le monde. Mais ceux qui espéraient un *mea culpa* ont été quelque peu déçus. (→ 7.5)

Erbakan recule face aux militaires en Turquie

Ankara, jeudi 6
Après six jours de manœuvres et d'esquives, le Premier ministre se résoud à signer les mesures prises par le Conseil national de sécurité pour lutter contre les dangers de la « subversion islamiste ». Ce sont les militaires qui ont inspiré ces « vingt-deux recommandations ». Incarnée par l'armée, la défense de la laïcité est une cause qui transcende tous les clivages politiques et qui reçoit le soutien de l'opinion, des syndicats de la gauche à l'extrême droite. Le Refah, le Parti de la prospérité, dont Necmettin Erbakan est également le leader, a beau s'accrocher à la cause islamiste, il ne dispose que d'une majorité relative au Parlement. Or le Parti de la juste voie (DYP), de Tansu Ciller, grâce auquel Erbakan est Premier ministre, hésite de plus en plus à trahir les grands principes kémalistes : principes que la frange radicale du Refah voudrait vite jeter aux oubliettes. (→ 18.6)

Le 4 à Paris, des romans policiers sont mis en vente pour 10 F dans cinq stations du RER, parmi des bonbons, dans des distributeurs.

Attentat au cœur de la capitale chinoise

Pékin, vendredi 7
Sur l'avenue Xidan, une des artères les plus commerçantes de la capitale chinoise, l'explosion d'une bombe dans un bus a fait trois morts et une dizaine de blessés. Cet attentat, sur lequel les médias officiels ne se sont guère étendus, est un fait rarissime dans une ville célèbre pour sa sûreté et son quadrillage policier. L'action terroriste n'a pas été revendiquée, mais elle ressemble aux attentats commis à Urumqi, dans le Xinjiang, par les indépendantistes ouïghours. Cette minorité musulmane d'origine turque supporte mal la sinisation à marche forcée de leur province. Le régime autoritaire de Pékin est peu préparé face au terrorisme. (→ 9)

Eltsine revient et nomme un « régent »

A. Tchoubaïs, n°2 du gouvernement.

Moscou, vendredi 7
Anatoli Tchoubaïs est nommé au poste envié de premier vice-Premier ministre. Le chef de l'administration présidentielle, qui au fil des mois a acquis un pouvoir et une influence lui valant le surnom de « régent », devient ainsi, à 41 ans, le numéro 2 du gouvernement russe. Tchoubaïs est le principal artisan des massives privatisations qui ont été conduites depuis 1992, se mettant à dos une Douma où les nationalistes et les communistes dominent. Une telle nomination est la première grande décision de Boris Eltsine, revenu hier, amaigri mais déterminé, sur le devant de la scène politique. (→ 11)

Kabila accepte le plan de paix... et se bat

Laurent-Désiré Kabila, chef rebelle.

Zaïre, samedi 8
Le chef de la rébellion zaïroise a annoncé qu'il acceptait le plan de paix proposé par l'ONU mais qu'il ne voulait pas pour autant mettre en œuvre le cessez-le-feu, considéré par les instigateurs de ce plan comme un préalable indispensable. Laurent-Désiré Kabila, dont les troupes sont devant Kisangani, la troisième ville du pays, refuse pour l'instant toute négociation directe avec Kinshasa. Les Etats-Unis, qui, à la différence de la France, ont « lâché » le camp du maréchal Mobutu, tentent de faire pression sur Kabila. (→ 15)

Journée de la femme et parité politique ?

France, samedi 8
En cette Journée internationale des femmes, c'est la question cruciale de la parité hommes-femmes qui agite la classe politique. Seule la Grèce fait moins bien que l'Hexagone au sein de l'Union européenne en ce qui concerne la présence féminine au Parlement et dans les cabinets gouvernementaux. Depuis quelques mois, une partie de la gauche et les féministes plaident pour un système de quotas. Alain Juppé, le Premier ministre, n'y est pas opposé. Mais la majorité des députés refusent d'en entendre parler. De son côté, Lionel Jospin a dû vaincre des résistances inattendues pour imposer au PS un quota de 30 % de candidates pour les prochaines législatives. (→ 19.6)

Loubna est retrouvée morte à Ixelles

20 000 personnes honorent la petite Loubna Benaïssa, disparue en août 1992.

Bruxelles, samedi 8
Entre Belges et immigrés, le deuil de Loubna Benaïssa a sans doute créé des liens plus forts qu'ils ne l'avaient jamais été. Vingt mille personnes ont en effet assisté aux funérailles de la petite fille à la grande mosquée de Bruxelles. Le corps de Loubna, disparue depuis le 5 août 1992, a été retrouvé mercredi dans les caves d'une station-service à Ixelles. La cellule de la brigade de gendarmerie de Bruxelles, qui a repris l'enquête pour le compte de Neufchâteau, a ainsi démontré avec évidence que les pistes suivies après la disparition de Loubna ne le furent pas jusqu'au bout. C'est un suspect déjà arrêté pour viol en 1984, puis interpellé en août 1992, Patrick Derochette, qui vient d'être appréhendé. (→ 26.9)

Des émeutes éclatent dans le sud de l'Albanie

Des stocks d'armes sont pillés à Vlora, où la situation échappe à tout contrôle.

Tirana, dimanche 9
Le président Sali Berisha annonce à la télévision la prochaine formation d'un gouvernement d'« union et de réconciliation nationales » ainsi que des élections législatives anticipées dans les deux mois. Ce revirement politique et les concessions faites à l'opposition s'expliqueraient par les pressions de l'Union européenne, au sein de laquelle l'Italie et la Grèce sont les premières concernées par les troubles albanais. Dans le sud du pays, après sept jours d'émeutes, la situation reste totalement hors de contrôle. Les insurgés ont investi et pillé des casernes. Proclamé le 3, l'état d'urgence n'a rien changé. Vlora et plusieurs autres villes sont aux mains de bandes armées, plus ou moins encadrées par l'opposition (ex-communistes). Des militaires se sont joints à eux et une base navale est occupée. La mafia albanaise en profite pour régler des comptes. Un exode massif est à craindre. (→ 13)

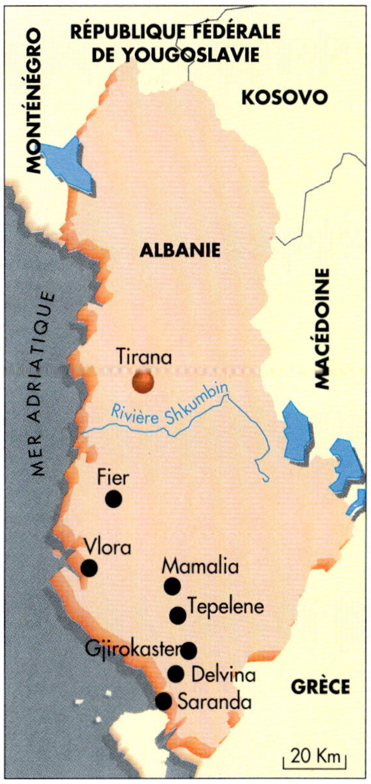

Victoire surprise de David Coulthard au Grand Prix d'Australie

L'abandon des Williams-Renault profite à l'Ecossais en ce début de saison.

Melbourne, dimanche 9
Enfin ! L'attente de Mercedes et de McLaren a pris fin sur le circuit australien. Le constructeur d'outre-Rhin n'avait pas gagné de course de F1 depuis 1955 avec Juan Manuel Fangio ! David Coulthard s'impose devant Michael Schumacher (sur Ferrari) et Mika Hakkinen (sur McLaren-Mercedes). Cette course n'a guère répondu aux attentes du Canadien Jacques Villeneuve. Le pilote de Williams-Renault, présenté comme le favori de cette première confrontation, a abandonné après un accident sans gravité. (→ 30)

Mars

1997

Lu	Ma	Me	Je	Ve	Sa	Di
					1	2
3	4	5	6	7	8	9
10	11	12	13	14	15	16
17	18	19	20	21	22	23
24	25	26	27	28	29	30
31						

Cisjordanie, lundi 10
Après la décision israélienne de reporter une nouvelle fois le retrait de Tsahal, le numéro deux de l'OLP, Abou Mazen, démissionne de son poste de négociateur. (→ 13)

France, lundi 10
Jacques Chirac intervient deux heures durant sur France 2. Evoquant le multimédia, il défend l'apprentissage des connaissances de base. La rédaction de la chaîne regrette le secret qui a entouré les préparatifs de cette émission.

Bretagne, lundi 10
Surpris par la « marée du siècle » et le brusque retrait des eaux, un requin pèlerin de 8,70 mètres s'est échoué en baie de Cancale.

Boulogne-Billancourt, mardi 11
Pour l'« Euro-manifestation » devant le siège social de Renault, les délégations sont venues des sites français, espagnols et belges du constructeur. (→ 16)

New York, mercredi 12
Le FBI dément les nouvelles révélations qui remettent au premier plan la thèse du missile dans l'explosion du Boeing du vol TWA 800, le 17 juillet 1996. (→ 17.7)

Calcutta, jeudi 13
C'est une Indienne, sœur Nirmala, qui remplace mère Teresa à la tête de l'ordre des Missionnaires de la charité de Calcutta. (→ 5.9)

Tirana, jeudi 13
Sali Berisha et le nouveau gouvernement de Bashkim Sino lancent un appel conjoint demandant une intervention militaire européenne. (→ 14)

Israël, jeudi 13
Sur la rive du Jourdain, un soldat jordanien tire sur un car de lycéennes israéliennes, tuant sept d'entre elles et en blessant cinq autres. (→ 18)

Nice, dimanche 16
Laurent Jalabert remporte son troisième Paris-Nice d'affilée, la première classique cycliste de la saison. (→ 6.4)

DECES

Londres, vendredi 14
Fred Zinnemann, cinéaste américain (*29.4.1907).

Finances occultes : Clinton mis en cause

Washington, lundi 10
L'affaire des financements occultes de la campagne électorale de Bill Clinton rebondit. Le Président, mis en cause par la presse depuis des mois, contre-attaque et accuse le FBI de ne pas l'avoir prévenu que les caisses du Parti démocrate ont reçu de Chine populaire une somme d'au moins 2 millions de dollars. Ce versement visait en fait à influencer la politique américaine à l'égard de Pékin. Plusieurs élus ont pourtant confirmé avoir été mis en garde. Les démocrates ont dû rembourser une partie des sommes versées par cette « filière asiatique ».

Eltsine se défait de son gouvernement

Moscou, mardi 11
Depuis sa sortie d'hôpital, Boris Eltsine veut prouver à son opinion publique, à l'opposition et, bien sûr, aux bailleurs de fonds occidentaux qu'il a repris d'une main ferme les rênes de l'exécutif. Il congédie en bloc le gouvernement, à l'exception notable de son Premier ministre, Viktor Tchernomyrdine, et de son adjoint récemment nommé, Anatoli Tchoubaïs. Le but de l'opération est de créer un choc et de lancer enfin les réformes structurelles qui ont été trop retardées. La plus urgente est de mettre fin à l'opacité budgétaire des administrations. (→ 17)

Incendie d'un centre nucléaire au Japon

Japon, mardi 11
L'incendie et la petite explosion qui ont eu lieu au centre de retraitement des déchets nucléaires de Tokai, au nord de Tokyo, tombent au plus mal pour la filière atomique japonaise. L'opinion publique, relayée par les médias, n'a guère apprécié que le PCC, l'organisme public opérateur de l'usine, se soit montré avare de détails sur le degré d'irradiation, sur la réalité des fuites et le nombre de blessés. Le PCC a d'abord évoqué 10, puis 21 et enfin 35 blessés. La population, de plus en plus hostile, a déjà réussi à bloquer des projets d'unités de retraitement. (→ 12)

Restauration par EDF du rouleau de cuivre de la mer Morte

Paris, mardi 11
Après quatre années de restauration et de déchiffrages minutieux, EDF remet le rouleau de cuivre de la mer Morte entre les mains de la reine Nour de Jordanie. Découvert en mars 1952, à deux pas des célèbres manuscrits, il décline l'inventaire d'un fabuleux trésor. S'agit-il du contenu du Temple de Jérusalem mis en sûreté avant la destruction de l'édifice par les troupes de Titus en 70 apr. J.-C. ? Les richesses décrites ne seraient-elles que symboliques ? En attendant de percer le mystère, la précieuse relique sera exposée au musée d'Amman, sur la terre où elle passa 2000 ans à l'abri des regards.

Le manuscrit a été numérisé grâce à la technique de contrôle des centrales.

Taux d'irradiation excessifs à La Hague

La Hague, mercredi 12
A l'occasion d'une grande marée, une canalisation normalement sous 30 mètres d'eau s'est retrouvée à l'air libre et, surtout, accessible au public. Greenpeace, aidé par des chercheurs indépendants, en a donc profité pour mesurer la radioactivité le long de cette conduite qui rejette en pleine mer les effluents liquides de l'usine de retraitement située à deux kilomètres. Les taux relevés sont éloquents : plusieurs centaines de fois supérieurs à la radioactivité naturelle. Les responsables de la protection nucléaire réclament des réparations immédiates. (→ 16.6)

Une rafle contre les pédophiles français

France, mercredi 12
Au moment où le gouvernement s'apprête à lancer une campagne de sensibilisation au sort de l'enfance maltraitée, la gendarmerie a lancé à l'aube une vaste opération visant les pédophiles. Dans 73 départements, 254 personnes ont été interpellées. Elles ont toutes en commun d'avoir acheté, possédé, voire revendu des cassettes à caractère pédophile, par le biais du Minitel ou d'Internet : des célibataires, des maris et des pères de famille. L'actualité criminelle de ces derniers mois en France et en Belgique a rendu l'opinion publique ultrasensible sur la question. (→ 6.5)

L'addition du Crédit Lyonnais : très lourde

Paris, mercredi 12
Le rapporteur de la commission des finances de l'Assemblée nationale, Patrick Devedjian, officialise ce que les journaux répétaient depuis de longs mois. Le coût du sauvetage du Crédit Lyonnais est évalué à 130 milliards de francs, à la charge de l'Etat, donc du contribuable. Cette somme représente 40 % de la recette annuelle de l'impôt sur le revenu. Mais un autre scandale se dessine. Des financiers profitent de la vente des actifs du Lyonnais pour racheter à bas prix des participations qu'ils avaient vendues naguère à la banque deux fois plus cher.

Le « pays des Aigles » en proie au chaos

Albanie, vendredi 14
La spirale du désordre paraît devoir envahir tout le pays désormais. C'est le sauve-qui-peut pour les étrangers, évacués par les hélicoptères italiens et américains. A Durrës, le port le plus proche de Tirana, les quais sont noirs de milliers d'Albanais. Ceux-ci espèrent profiter de la présence des navires occidentaux pour fuir leur pays. La nouvelle concession de Sali Berisha, qui, le 11, a nommé un des leaders de l'opposition de gauche, Bashkim Sino, Premier ministre, n'a en rien empêché les troubles de se propager au nord de l'Albanie et à la capitale, jusque-là épargnés. Plus d'un quart du pays est maintenant aux mains des insurgés. (→ 17)

Tirana est aussi atteint par la révolte.

Sacre du XV de France

Paris, samedi 15
Vingt ans après, l'équipe de France a retrouvé le chemin du Grand Chelem en venant à bout, pour son dernier match au Parc des Princes, de l'équipe d'Ecosse 47 à 20. La rencontre a été d'un très haut niveau et les essais nombreux, six au total. Les Français en ont inscrit quatre grâce à Abdel Benazzi, l'étonnant Olivier Magne, Laurent Leflamand et Franck Tournaire. Ils ont ainsi réussi le cinquième Grand Chelem dans le Tournoi des Cinq Nations. Le capitaine, Benazzi, savoure alors son bonheur avec ses amis. La fête commençait pour les joueurs avec leurs supporters. (→ 31.5)

Abdelatif Benazzi court vers l'essai.

Victor Vasarely avait fondé l'art cinétique

Il voulait réunir l'art et l'architecture.

Paris, samedi 15
Son image restera à jamais attachée à celle des années Pompidou. Victor Vasarely (*9.4.1908) est mort ce matin, emporté par un cancer de la prostate. Après ses études aux Beaux-Arts de Budapest, il s'installe à Paris et trouve une place chez Havas. A l'instar du Bauhaus, il n'aura de cesse de jeter des ponts entre l'art et la ville. En 1955, il crée le mouvement de l'art cinétique. Le principe est de jouer sur l'illusion optique avec des combinatoires de formes géométriques élémentaires. La fin de sa vie sera très assombrie par la faillite de sa fondation, qui devrait déposer son bilan le 31 mars.

Kisangani investi par les rebelles zaïrois

La troisième ville du pays est tombée.

Zaïre, samedi 15
Seuls les soldats hutus des anciennes Forces armées rwandaises (FAR) se sont vraiment battus pour défendre Kisangani. Les troupes régulières zaïroises et les mercenaires serbes avaient depuis longtemps oublié l'idée d'une contre-offensive. Ils se sont repliés dans le désordre, sans combattre mais sans oublier aussi de piller la ville. Kinshasa n'a toujours pas annoncé officiellement la chute de Kisangani, car elle sonne le glas des derniers espoirs de reconquête. Selon les rares Occidentaux restés sur place, les rebelles ont investi les lieux dans l'ordre, en « libérateurs et non pas en occupants ». (→ 21)

Coupe du monde de ski alpin pour Alphand

Vail (Colorado), dimanche 16
A Serre-Chevalier, le village de Luc Alphand, c'est une explosion de joie qui a salué la victoire de « Lucho » en Coupe du monde. Le Français a dû attendre, en effet, la dernière épreuve du slalom pour être assuré de terminer premier devant Kjetil-André Aamodt, le Norvégien. En terminant septième du slalom, le skieur nordique n'a pu combler son retard sur Alphand au classement général de la Coupe du monde. Luc Alphand avait déjà été victorieux du trophée du meilleur descendeur, du meilleur super-géantiste. En ce jour de triomphe, il est sacré meilleur skieur du monde. A 32 ans, Alphand est entré dans la légende. (→ 5.6)

Le premier Français à remporter ce titre depuis J.-C. Killy, il y a 29 ans.

« Euro-marche » pour l'emploi à Bruxelles

Bruxelles, dimanche 16
Près de 70 000 personnes ont défilé à Bruxelles pour tenter d'infléchir le cours d'une Union européenne trop économique et trop peu sociale. C'est la fermeture de Vilvorde qui avait évidemment donné le ton de cette dénonciation d'une Europe qui reste avant tout un simple espace de libre-échange économique. Belges, Français et même, pour certains, Thaïlandais, ces marcheurs-rêveurs préfigurent ce que pourrait être une véritable mobilisation européenne contre un libéralisme « sauvage ». Quant aux ministres des Quinze, ils ont fixé un code de bonne conduite pour les multinationales... Mais en tiendront-elles compte ? (→ 12.4)

70 000 manifestants pour Vilvorde.

Mars

1997

Lu	Ma	Me	Je	Ve	Sa	Di
					1	2
3	4	5	6	7	8	9
10	11	12	13	14	15	16
17	18	19	20	21	22	23
24	25	26	27	28	29	30
31						

Paris, lundi 17
Le rocher du zoo de Vincennes est rouvert après deux ans de travaux de réfection.

Londres, lundi 17
John Major annonce que les élections législatives auront lieu le 1er mai prochain. (→ 1.5)

Albanie, lundi 17
Fatos Nano fait sa première apparition publique. Ancien technocrate communiste, leader du Parti socialiste, il a été gracié la veille après quatre années de prison. (→ 21)

Bordeaux, mardi 18
Un enquêteur de la gendarmerie a créé un site Internet pour recueillir de nouveaux témoignages sur deux affaires qui piétinent.

Buenos Aires, mardi 18
Visite officielle de Jacques Chirac et dernière étape de son périple en Amérique du Sud.

Jérusalem, mardi 18
Escortés par l'armée, les bulldozers arrivent sur le site de Har-Homa, dans la partie arabe de la ville, pour y édifier un nouveau et très controversé quartier juif. (→ 21)

Helsinki, jeudi 20
Sommet entre Bill Clinton et Boris Eltsine sur l'éventualité d'un élargissement de l'Otan aux pays d'Europe centrale. (→ 27.5)

Paris, jeudi 20
L'historien François Furet, spécialiste de la Révolution, est élu à l'Académie française au siège de Michel Debré. (→ 12.7)

Paris, vendredi 21
Inauguration de l'exposition Paris-Bruxelles, sur les liens artistiques entre les deux capitales entre 1848 et 1914.

Centrafrique, dimanche 23
A Bangui, les mutins tirent au mortier sur les soldats tchadiens de la force africaine d'interposition.

DECES

Paris, mercredi 19
Jacques Foccart, conseiller du général de Gaulle pour les affaires africaines (*31.8.1913).

New York, mercredi 19
Willem de Kooning, peintre américain d'origine hollandaise (*24.4.1904).

Un gouvernement plus libéral pour Eltsine

Moscou, lundi 17
Le président russe semble décidé à faire souffler un vent de jeunesse et de libéralisme sur l'exécutif. Boris Eltsine fait entrer au gouvernement le populaire gouverneur libéral de Nijni-Novgorod, Boris Nemtsov, âgé de 37 ans. Il occupe le même poste qu'Anatoli Tchoubaïs, celui de premier vice-Premier ministre. Ce dernier est chargé de rétablir les grands équilibres économiques et budgétaires du pays en améliorant en priorité la collecte de l'impôt. Nemtsov, son pendant en matière sociale, doit assurer le paiement des arriérés de salaires, de retraites et de pensions. Tchernomyrdine garde la tête du gouvernement. (→ 28)

B. Nemtsov, alter ego de Tchoubaïs.

Huit tonnes d'armes saisies en Belgique

Mons, mardi 18
Huit tonnes d'armes et de munitions ont été saisies chez l'armurier Marc Muller, lors d'une perquisition à la ferme-château de Harmignies, près de Mons. Inculpé d'association de malfaiteurs, Marc Muller est aussi soupçonné de commerce d'armes avec le GIA, le Groupe islamique armé. On aurait en effet trouvé des armes venant de chez lui dans les milieux islamistes proches d'Ahmed Zaoui, qui est en résidence surveillée après sa détention. Le parquet de Neufchâteau essaye d'établir s'il existe des connexions avec d'autres branches du terrorisme islamiste.

Les internes en médecine contre la réforme de la Sécurité sociale

France, mercredi 19
Sur les vingt-six Centres hospitaliers universitaires que compte le pays, douze sont en grève. Le mouvement de grogne des internes, lancé il y a dix jours, a réussi à convaincre les chefs de clinique et deux syndicats de praticiens libéraux qui se sont joints à la grève. Dans le cadre de la réforme de la Sécurité sociale et du contrôle des dépenses, les caisses d'assurance maladie et les syndicats de médecins ont signé, sous l'égide du gouvernement, des conventions instaurant des sanctions en cas de dépassement des prévisions. Après avoir obtenu un moratoire sur les sanctions, les internes remettent en cause les accords passés. (→ 14.4)

Dimanche 23 : manifestation à Paris de 12 CHU en grève contre le plan Juppé.

Gain au Loto : plus de 150 millions de F

France, jeudi 20
Cet habitant d'Asnières, dans les Hauts-de-Seine, avait une unique chance sur quatorze millions d'être le seul gagnant de la cagnotte du Super Loto du printemps. Il doit empocher 150 077 770 francs, soit le plus gros gain de toute l'histoire du Loto. Ce sont les ordinateurs de la Française des jeux qui ont localisé le bar-tabac où le bulletin a été validé. L'heureux individu ne s'est toujours pas fait connaître, mais comme le dit un habitué du bar où se pressent les curieux : « C'est trop d'argent pour un seul homme. »

Un premier convoi de vivres arrive en Irak

De la nourriture contre du pétrole.

Irak, jeudi 20
Deuxième volet de la résolution 986 de l'ONU, dite « nourriture contre pétrole », l'Irak a vu arriver à sa frontière le premier convoi de vivres achetés avec les dollars dégagés par les ventes d'hydrocarbures. Et cela trois mois après qu'ont eu lieu les premières livraisons de pétrole. Un délai aussi long s'explique par la mise sous tutelle du budget irakien et les contrôles serrés exercés par les experts de l'ONU sur le terrain pour vérifier la teneur des achats (vivres, médicaments, matériels divers). Ces contraintes et cette lenteur suffisent à expliquer que la contrebande ait pris tant d'ampleur. (→ 28.4)

Attentat du Hamas au centre de Tel-Aviv

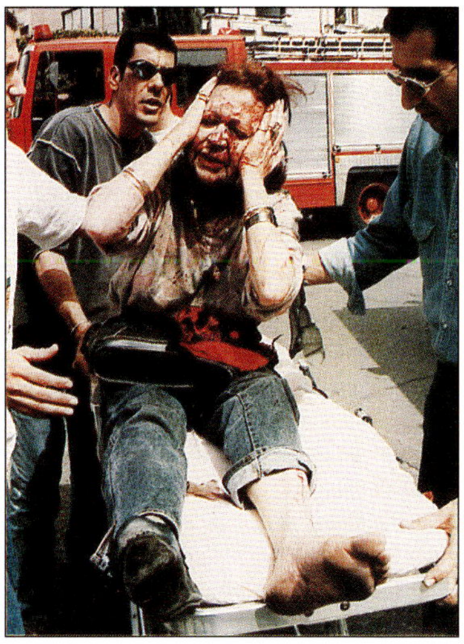
Quatre morts, quarante-sept blessés.

Tel-Aviv, vendredi 21
Alors que des groupes d'adolescents et d'enfants célébraient joyeusement Pourim, la fête des déguisements et des blagues, envahissant les rues, un attentat-suicide a dévasté un café du centre-ville. Un Palestinien s'est fait sauter avec deux sacs d'explosifs au milieu des tables bondées de clients. Le Hamas a aussitôt revendiqué ce geste meurtrier pour s'en réjouir. Yasser Arafat, qui a condamné cet attentat et envoyé ses condoléances, et Benyamin Netanyahou s'en sont renvoyé la responsabilité. L'un pour remettre en cause la « terreur des bulldozers » et l'autre reprochant à l'Autorité palestinienne de ne pas assez réprimer le Hamas. (→ 8.4)

Exode massif de réfugiés albanais en Italie

A la gare maritime de Durrës, des Albanais investissent un navire grec.

Albanie, vendredi 21
Dans le sud du pays, l'agitation s'est éteinte aussi soudainement qu'elle s'était déclarée. Les problèmes se sont déplacés vers la côte adriatique. Là, des milliers de personnes, en majorité des hommes mais aussi des familles avec leurs enfants, se sont massées dans les ports et près des plages dans l'attente de la moindre embarcation qui pourrait les faire passer en Italie. Les bandes armées, souvent aidées par les vedettes de la marine, se sont emparées de ce très lucratif « marché ». Il en coûte de 800 à 1 000 dollars pour la traversée sur des chalutiers ou des bâtiments de commerce. A Brindisi, plus de 10 000 de ces « réfugiés » ont ainsi été retrouvés et regroupés. L'Italie sait que les milieux mafieux des deux pays sont déjà de mèche. (→ 25)

Mobutu rentre au Zaïre... Kabila à Kisangani

Zaïre, vendredi 21
Le contraste est saisissant entre la discrétion qui a entouré le retour à Kinshasa du maréchal Mobutu Sese Seko et l'arrivée triomphale du chef des rebelles, Laurent-Désiré Kabila, à Kisangani, investi samedi dernier par ses hommes. Mobutu, atteint d'un cancer de la prostate, est rentré dans une indifférence hostile, après une hospitalisation d'un mois en France. Il n'a même pas salué les ministres venus à sa rencontre. A Kisangani, 20 000 personnes ont envahi l'aéroport pour entrevoir Kabila, « leur sauveur ». (→ 27)

Au plus haut niveau des échecs à 14 ans

Etienne Bacrot devient grand maître international en battant Kevin Spragett.

Enghien-les-Bains, samedi 22
Etienne Bacrot, né à Lille en 1983, est déjà beaucoup plus fort que Gary Kasparov ou Bobby Fisher au même âge. C'est ce qu'affirme son entraîneur Iossif Dorfman, qui avait notamment travaillé avec Kasparov. En tout cas, Etienne a confirmé ses dons précoces en enlevant le tournoi d'Enghien. Il est ainsi devenu le plus jeune grand maître international d'échecs. C'est à quatre ans, avec son oncle, qu'il a commencé à jouer aux échecs. Un an et demi plus tard, son père décidait de l'inscrire dans un club. Depuis, Etienne Bacrot a progressé rapidement et il est loin d'avoir fini... (→ 11.5)

Nouveaux morts dans la secte des Templiers

Québec, samedi 22
A Saint-Casimir, au sud-ouest de la ville de Québec, la police découvre les corps de trois hommes et deux femmes, dont trois Français, tous membres actifs de l'Ordre du temple solaire. Suicides ? Assassinats ? Nul ne le sait encore mais cela porte à 74 le nombre de morts de l'OTS. Selon le délire ésotérique de l'Ordre, ces personnes sont « en transit vers Sirius ». Un psychiatre, prévenu de la reconstitution de l'OTS, avait mis en garde les enquêteurs contre une nouvelle hécatombe en raison de dates anniversaires. (→ 26)

Patinage : championne du monde à 14 ans

Lausanne, samedi 22
A 14 ans, Tara Lipinski a été sacrée championne du monde de patinage artistique. D'origine polonaise, cette Américaine est devenue, à 14 ans et 9 mois, la plus jeune championne de toute l'histoire de cette discipline. Jusqu'à présent, le record avait été détenu par Sonia Hénie, couronnée à 14 ans et 10 mois à Oslo... en 1927. Soixante-dix ans plus tard, Tara, quinzième l'an passé, est montée elle aussi sur la plus haute marche. Elle succède à sa compatriote Michelle Kwan. Malgré son jeune âge, Tara Lipinski a tout pour être la future star du patinage. (→ 15.11)

L'Américaine Tara Lipinski, 1,47 m.

Mars

1997

Lu	Ma	Me	Je	Ve	Sa	Di
					1	2
3	4	5	6	7	8	9
10	11	12	13	14	15	16
17	18	19	20	21	22	23
24	25	26	27	28	29	30
31						

Paris, mardi 25
De retour d'Argentine, où il avait fui, Jean-Michel Boucheron, l'ancien maire d'Angoulême, condamné par contumace pour abus de biens publics et détournements de fonds, est aussitôt incarcéré à la prison de la Santé. (→26)

Albanie, mardi 25
A Durrës, des candidats au départ, furieux de n'avoir pas pu embarquer, ont incendié les embarcations. Les violences se poursuivent et gênent la distribution de l'aide alimentaire européenne. (→29)

Allemagne, mercredi 26
Les deux géants de la sidérurgie et de la métallurgie, Krupp et Thyssen, annoncent leur fusion. Les syndicats protestent, car le projet doit entraîner la suppression de 8 000 emplois d'ici à 2002.

Paris, vendredi 28
Vincent Bolloré prend le contrôle du groupe Rivaud pour 2,2 milliards de francs. Rivaud, la nébuleuse la plus secrète du capitalisme financier français, contrôle 127 holdings.

Belgique, vendredi 28
Sur l'autoroute Bruxelles-Paris, de violents affrontements opposent policiers et ouvriers des Forges de Clabecq.

Strasbourg, samedi 29
A l'appel d'un collectif d'associations, plus de 50 000 personnes, parmi lesquelles le maire, Catherine Trautmann, manifestent contre la tenue du congrès du FN dans la ville.

Las Vegas, samedi 29
Le boxeur Laurent Boudouani conserve son titre mondial des superwelters WBA face au challenger argentin, Julio Cesar Vasquez. Boudouani est le premier Français à disputer un championnat du monde dans la « Mecque » de la boxe. (→28.6)

New York, samedi 29
Le Conseil de sécurité de l'ONU autorise l'envoi d'une force européenne en Albanie pour superviser le retour au calme. (→8.4)

DECES

Suisse, jeudi 27
Ella Maillart, écrivain et voyageuse (*20.2.1903).

Découverte macabre près de Mons

Mons, lundi 24
Des parties de membres de femmes viennent d'être à nouveau trouvées dans des sacs-poubelles, cela juste après la découverte de morceaux de cadavres à Cuesmes. Un dixième sac porte le nombre de cadavres à quatre depuis samedi. C'est une bien triste première en Belgique. Tous ces restes font maintenant l'objet d'analyses histologiques à l'université de Liège, qui tente de déterminer l'identité des victimes, ce qui attise l'angoisse des proches de plusieurs disparues. Le dépeceur est désormais traqué avec l'aide active des autorités du nord de la France et des Pays-Bas. Il s'agit sans aucun doute d'un psychopathe. (→13.4)

Le Patient anglais décroche neuf Oscars

Juliette Binoche meilleur second rôle.

Los Angeles, lundi 24
Avec les neuf prix remportés par *le Patient anglais*, c'est le cinéma indépendant qui s'impose comme vainqueur de cette 69e cérémonie des Oscars. Mais la grande surprise de la soirée est réservée à une actrice française. Trente-sept ans après la victoire de Simone Signoret, Juliette Binoche triomphe à son tour avec l'Oscar du meilleur second rôle dans le film leader d'Anthony Minghella. Il cumule ainsi réalisation, montage, son, direction artistique, direction photo, costumes, musique et l'Oscar du meilleur film ! *Fargo* vaut aux frères Cohen le scénario original et à l'excellente Frances McDormand le titre de meilleure actrice. Enfin, Geoffrey Rush est sacré meilleur acteur pour son rôle dans *Shine*.

L'UE célèbre les 40 ans du traité de Rome

Rome, mardi 25
Pour le quarantième anniversaire du traité de Rome, les ministres des Affaires étrangères des Quinze se sont réunis pour faire avancer les travaux de la CIG, la Conférence intergouvernementale. La réunion a eu lieu sur le Capitole, dans la salle même où fut signé l'acte créant la CEE. Hélas, les mânes des pères fondateurs étaient absents, car les travaux préparant l'avenir politique de l'Union européenne et son futur élargissement n'ont guère avancé. Ce n'est pas cette stagnation qui risque de ranimer l'enthousiasme du citoyen en faveur de la construction européenne. Si cette belle idée est menacée d'engourdissement, c'est qu'elle a perdu son élan. Les raisons en sont multiples. Le technocratique traité de Maastricht, une orthodoxie financière érigée en dogme, le néant de la politique étrangère commune et l'absence d'un projet politique neuf, tout cela ne contribue pas à mobiliser les foules et prive l'Europe d'un second souffle. (→3.4)

Rebondissement de l'affaire Schneider

Bruxelles, mercredi 26
Alors que l'affaire Renault-Vilvorde empoisonne les relations entre la France et la Belgique, c'est l'affaire Schneider qui rebondit. Le P-dg du groupe, Didier Pineau-Valencienne, poursuivi pour des irrégularités de gestion de deux filiales belges, aurait tenté d'acheter l'abandon de ces poursuites par une transaction de 65 millions de F. Il dément avoir commandité cette initiative.

Suicide collectif dans une cybersecte

San Diego, mercredi 26
Les trente-neuf personnes dont la police a retrouvé les corps dans une villa se sont bien suicidées. Elles étaient toutes membres de la même secte, Higher Source (en français, Source supérieure), dirigée par un gourou connu pour avoir fait des séjours en hôpital psychiatrique, Marshall Applewhite. En visionnant les cassettes vidéo que ce dernier a laissées et en visitant le site Web de la secte, Heaven's Gate (la Porte du paradis), les enquêteurs ont compris que ses membres croyaient aux Ovni et se préparaient, avec le passage de la comète Hale-Bopp, à quitter leurs corps pour rejoindre une vie extra-terrestre : mélange apocalyptique de foi et de cybernétique. (→6.4)

Les 39 membres disparus de la Porte du paradis tenaient un site sur Internet.

Mouillot et Dugoin restent sur la sellette

France, mercredi 26
L'ancien maire de Cannes, Michel Mouillot, est entendu par un juge d'instruction niçois sur un nouveau dossier de corruption, immobilière cette fois-ci. Cela fait suite à une plainte déposée après une tentative d'expropriation abusive au profit d'une filiale de la Générale des eaux. Mouillot est en détention préventive depuis huit mois. Le président du conseil général de l'Essonne, Xavier Dugoin, qui avait commandité et payé le rapport de Xavière Tiberi, est une nouvelle fois mis en cause. La police a découvert que, comme sa famille, sa femme de ménage était salariée par le département.

Xavier Dugoin au conseil général.

Vers un cessez-le-feu dans le conflit zaïrois

Lomé, jeudi 27
Après une longue réunion à huis clos, les représentants de Kinshasa et de la rébellion zaïroise se sont engagés à respecter « le principe du cessez-le-feu et de la négociation ». Ce sommet, présenté comme celui de la dernière chance, a été organisé par l'OUA dans la capitale togolaise en présence du secrétaire général de l'ONU, Kofi Annan. La déclaration finale est trop vague pour laisser place à l'optimisme. Ce sommet a encore prouvé qu'à la différence des Français, les Américains misaient déjà sur l'après-Mobutu. (→ 6.4)

Fortes divergences au sommet de la CEI

Moscou, vendredi 28
Ce sommet, reporté quatre fois en raison des ennuis de santé de Boris Eltsine, devait fêter le cinquième anniversaire de la Communauté des Etats indépendants. Il a permis en fait aux douze présidents d'étaler au grand jour leurs divergences. Islam Karimov, le président ouzbek, a par exemple déclaré que l'élargissement de l'Otan ne représentait pas un danger pour la CEI. D'autres Etats, telle l'Ukraine, désirent une CEI « égale pour tous » et dénoncent le rôle dominant de la Russie, refusant l'intégration économique. (→ 2.4)

Hingis, n°1 mondial du tennis féminin

Martina Hingis, seize ans et demi.

Floride, samedi 29
En remportant le tournoi de Key Biscayne, en Floride, la Suissesse Martina Hingis s'est aussi emparée du pouvoir dans le tennis féminin. Symboliquement, elle a conquis la première place mondiale en battant en finale Monica Seles, qui fut, il n'y a pas si longtemps, son idole sur les courts. La jeune Martina n'a pas fait de sentiment face à Seles, battue 6-2, 6-1 en quarante minutes. A 16 ans et six mois, Martina Hingis devient la plus jeune numéro un de l'histoire du tennis chez les femmes. Cette place n'a pas bouleversé la jeune fille, préparée depuis sa plus tendre enfance à être la première. Même son prénom est un hommage à une ancienne championne des courts, Martina Navratilova. (→ 6.7)

Le 27 à Paris, au théâtre des Champs-Elysées, un concert est offert par ses amis à Mstislav Rostropovitch pour ses 70 ans (ici avec Seiji Ozawa).

Villeneuve gagne malgré ses départs ratés

Le deuxième départ du Grand Prix du Brésil, après le carambolage du premier.

Sao Paulo, dimanche 30
Jacques Villeneuve a remporté le Grand Prix du Brésil après une course riche en émotions, marquée notamment par deux départs. Le Canadien avait bien mal débuté la course en sortant dès le premier tour. Heureusement pour lui, les commissaires ordonnèrent un autre départ car la voiture de Rubens Barrichello était en panne sur la grille. Villeneuve réussit ensuite à doubler Michael Schumacher. Le pilote de chez Williams parvint à contrôler la course jusqu'au bout. Il gagne ainsi son cinquième Grand Prix. A noter la belle troisième place d'Olivier Panis. (→ 13.4)

Scandale au Brésil sur les policiers mafieux

Sao Paulo, lundi 31
La chaîne de télévision TV Globo diffuse des images vidéo prises à la sauvette par un particulier. Elles sont accablantes pour les hommes de la police militaire. Filmées dans un quartier pauvre de la ville, elles montrent une patrouille arrêter des automobilistes, les matraquer, leur tirer dessus pour les rançonner. La classe politique, indignée, a promis de sévir. Pour les défenseurs des droits de l'homme, ces exactions sont monnaie courante.

Avril

1997

Lu	Ma	Me	Je	Ve	Sa	Di
	1	2	3	4	5	6
7	8	9	10	11	12	13
14	15	16	17	18	19	20
21	22	23	24	25	26	27
28	29	30				

Espace, mardi 1er
La Nasa coupe la liaison avec la sonde Pioneer 10, lancée le 3 mars 1972.

Paris, mardi 1er
Après cinq jours de grève du personnel au sol d'Air France, les négociations reprennent avec la direction. (→4)

Zagreb, mercredi 2
L'agence de presse officielle croate annonce la découverte d'un charnier contenant les restes de 56 civils croates exécutés par les miliciens serbes, à Bacin.

Moscou, mercredi 2
Boris Eltsine et son homologue biélorusse, Alexandre Loukachenko, signent l'accord jetant les bases de la future union économique et politique entre leurs pays, mais sans en préciser le calendrier. (→23.5)

Sarajevo, mercredi 2
Les footballeurs bosniaques perdent 0-1 leur premier match officiel, face à la Grèce.

Prague, jeudi 3
Fin de la visite officielle de deux jours de Jacques Chirac. Accueilli par Vaclav Havel, le président a promis que la République tchèque serait dans l'UE avant l'an 2000. (→6)

Algérie, jeudi 3
L'armée lance une vaste opération de ratissage contre les maquis islamistes en Kabylie. (→23)

Paris, vendredi 4
Alain Juppé refuse de lever le secret défense sur les documents concernant les écoutes téléphoniques commanditées par une cellule de l'Elysée sous la présidence de Mitterrand. (→10)

Pays-Bas, dimanche 6
A Noordwijk s'ouvrent les négociations sur la réforme des institutions de l'Union européenne et les modalités d'élargissement. (→23)

DECES

Paris, mercredi 2
David Shahar, romancier israélien (*17.61926).

Paris, dimanche 6
Pierre-Henri Teitgen, figure démocrate-chrétienne et gaulliste (*29.5.1908).

L'UE libéralise les transports aériens

Europe, mardi 1er
Dix ans après le début du processus de libéralisation, celle-ci est totale à l'intérieur de l'Union européenne. Les compagnies aériennes des pays membres ont à partir de ce jour le droit d'ouvrir des lignes où bon leur semble. Lufthansa, British Airways ou Alitalia peuvent créer une liaison entre Lille et Toulouse et Air France peut faire de même en Allemagne ou partout ailleurs. C'est un marché unifié de 350 millions de clients. L'obstacle, il est de taille, c'est que les créneaux horaires sont devenus une denrée rare et que les aéroports sont partout saturés.

La Pologne change de Constitution

Varsovie, mercredi 2
La Constitution, attendue depuis la chute du régime communiste en 1989, a été adoptée par la Diète et le Sénat réunis en Parlement par 451 voix contre 40, et 6 abstentions. Les parlementaires ont fini par accepter les quarante amendements que le président Aleksander Kwasniewski avait proposés. Cette nouvelle loi fondamentale est très sévèrement critiquée par la droite et les milieux catholiques, regroupés autour du syndicat Solidarité. Ils reprochent à ce texte de ne pas invoquer Dieu dans son préambule et de ne pas condamner l'avortement.

Bassaïev au pouvoir en Tchétchénie

Grozny, mercredi 2
Vilipendé, dénoncé comme le plus dangereux des terroristes, Shamil Bassaïev était sûrement l'homme le plus recherché de Russie après avoir organisé et dirigé la spectaculaire prise d'otages de Boudennovsk en juin 1995. Il a été nommé premier vice-Premier ministre du nouveau gouvernement tchétchène. Agé de 37 ans, le plus réputé et redouté des chefs militaires indépendantistes a en charge l'industrialisation de la petite république caucasienne qu'il faut faire renaître de ses ruines. A Moscou, cette nomination est vécue comme une provocation. (→12.5)

Scandale dans les milieux du football à propos du dopage

France, vendredi 4
Le monde du football est une fois de plus en émoi à cause du dopage. A Lille, c'est David Garcion, un jeune attaquant de 23 ans, qui a dû être suspendu neuf mois à la suite d'un contrôle positif aux anabolisants. A Paris, c'est le gardien de l'équipe de France, Bernard Lama, qui a été contrôlé positif au cannabis. Ces deux affaires relancent encore la question du dopage. Bernard Lama a demandé une contre-expertise. Au sein du Paris-Saint-Germain, son club, on s'inquiète d'une éventuelle suspension du gardien alors que le PSG doit disputer des rencontres capitales en championnat et sur les terrains d'Europe. (→24.10)

Bernard Lama, le gardien du PSG, a été contrôlé positif au cannabis.

Pas de solidarité entre les Européens

Genève, jeudi 3
La solidarité européenne n'aura pas résisté longtemps à la *Realpolitik* et aux impératifs commerciaux. Par des astuces de procédure, la France a réussi, pour l'instant, à empêcher l'adoption d'une résolution de l'UE, défendue par les Pays-Bas, qui veut condamner les graves violations des droits de l'homme en Chine. Cette querelle sérieuse, qui a pour cadre la Commission des droits de l'homme de l'ONU, a déjà valu à la France les remerciements de la Chine. Ce refus est à relier à la prochaine visite de Jacques Chirac à Pékin. (→14)

Le 5 à Paris, l'horloge qui décompte les jours restant jusqu'à l'an 2000, auparavant installée à Beaubourg, est désormais sur la tour Eiffel.

Des conflits sociaux plus durs en France

France, vendredi 4
C'est au tour des salariés du secteur bancaire de rejoindre les rangs du mécontentement social. Ils veulent ainsi protester contre la flexibilité des horaires décidée par l'ensemble des banques et l'absence totale de concertation. Ce nouveau conflit s'ajoute à ceux de l'ex-Air Inter, d'Alcatel, de la Poste, des internes et du Crédit foncier en attendant celui des routiers. Un fait nouveau est à noter : les employés et les ouvriers sont rejoints dans leurs luttes, plus dures et plus longues que naguère, par une catégorie restée silencieuse jusqu'ici, les cadres. (→ 12)

La *Beat Generation* a perdu son poète

New York, samedi 5
Allen Ginsberg (*3.6.1926) est mort dans la nuit, emporté par une crise cardiaque. Ainsi disparaît l'ultime apôtre de la *Beat Generation* qui, dès les années 50, s'engage à combattre le puritanisme et l'impérialisme des Etats-Unis. Tous les moyens sont bons pour libérer les corps et les âmes de leurs étaux. Composée sur le mode incantatoire, la poésie de Ginsberg préconise l'utilisation de substances hallucinogènes, s'engage pour une totale liberté sexuelle et fait l'éloge de la paix. De Bob Dylan à Patti Smith en passant par Clash, ses écrits sans tabous ont inspiré les voix d'une jeunesse contestatrice en quête d'humanité. (→ 2.8)

Allen Ginsberg est mort à 70 ans.

Un train japonais à plus de 500 km/h

Japon, samedi 5
La mise en service d'une nouvelle voie expérimentale va permettre aux ingénieurs japonais de prouver d'ici à trois ans la faisabilité technique et financière de la nouvelle génération de train à sustentation magnétique, le Maglev. Dès 1979, un premier prototype avait atteint la vitesse de 517 km/h. Le Maglev « roule », lui, à 500 km/h en vitesse commerciale avec des pointes à 550 km/h. Son concurrent allemand, le Transrapid, plafonne à 450 km/h. Le principal obstacle est financier : les deux tiers du budget ont été engloutis pour construire un tiers de la ligne.

Le Danois Rolf Sorensen remporte le Tour des Flandres 1997

Meerbeke, dimanche 6
Toujours opportuniste, le Danois Rolf Sorensen a pu piéger Frédéric Moncasssin, qui semblait parti pour empocher la victoire. Le sprinter de l'équipe GAN avait pourtant une belle carte à jouer avec les deux autres coureurs (Sorensen et Franco Ballerini) en compagnie desquels il s'était échappé à sept kilomètres de l'arrivée. Le plus rapide des trois, Moncassin, s'est laissé surprendre par Rolf Sorensen, qui a démarré à un kilomètre du final. Le Danois, qui a 45 victoires à son palmarès, a résisté aux retours de Moncassin (2e) et de Ballerini (3e). Et Laurent Jalabert a terminé à plus de cinq minutes du vainqueur. (→ 13)

A l'assaut de l'un des quinze monts de la classique belge, le mur de Grammont.

Nouveau problème autour d'une secte

Pau, dimanche 6
Les parents du petit Raphaël, dix-neuf mois, décédé jeudi dernier, ont été écroués et inculpés pour « non-assistance à personne en danger et privation de soins et d'aliments sur un mineur ». Ils sont tous les deux membres d'une secte installée dans les Pyrénées-Atlantiques depuis 1980, l'Ordre apostolique Tabitha's Place. D'origine américaine, cette secte, classée parmi les « groupes apocalyptiques », dit vivre selon les préceptes de la Bible et refuse toute vaccination ou toute autre forme de médecine. Isolée du monde, elle vit en complète autarcie. (→ 30)

Un opposant est Premier ministre au Zaïre

Tshisekedi, nommé le 2 par Mobutu.

Kinshasa, dimanche 6
En nommant Etienne Tshisekedi, son vieil adversaire, au poste de Premier ministre, Mobutu a-t-il joué sa dernière carte ? Le fait est que le coup est raté. Tshisekedi est déjà désavoué par les mobutistes fidèles et par les autres composantes de l'opposition. Les portefeuilles qu'il a offerts aux rebelles ont été refusés. Ceux-ci ont répété que seul le départ du vieux maréchal leur permettrait de participer à un gouvernement d'union nationale. Sur le terrain, ils ont poursuivi leur avance et ont conquis Mbuji-Mayi, premier centre diamantifère du pays, alors que la capitale part à la dérive. (→ 11)

Le 6 à Paris, le Kenyan John Kemboi (nº 35) court son premier marathon et gagne en 2 h 10 min 14 s. Ici avec le Namibien Luckertz Swartbooi, 2e.

Avril

1997

Lu	Ma	Me	Je	Ve	Sa	Di
	1	2	3	4	5	6
7	8	9	10	11	12	13
14	15	16	17	18	19	20
21	22	23	24	25	26	27
28	29	30				

Pékin, lundi 7
Le ministre français de la Défense, Charles Millon, est en visite officielle pour préparer celle de Chirac et défendre des contrats d'armement en discussion. (→ 16.5)

Rome, mardi 8
La coalition au pouvoir se déchire sur l'opportunité d'envoyer un contingent de soldats en Albanie. Les communistes de *Rifundazione* en contestent le principe, rejoints par les partisans de Silvio Berlusconi. (→ 13)

Grèce, jeudi 10
Les basketteuses de Bourges gagnent leur match contre Wuppertal 71 à 52. Les Berruyères deviennent ainsi les premières Françaises à remporter l'Euroligue féminine de basket. (→ 15.5)

Grande-Bretagne, jeudi 10
Un motard perd une sacoche remplie de coupures de 20 livres sur l'autoroute. Face à cette « pluie » de billets de banque, plusieurs voitures freinent, provoquant un carambolage.

Paris, vendredi 11
Devant le juge d'instruction, Gilles Ménage confirme que la cellule antiterroriste de l'Élysée avait bien eu pour mission d'écouter des journalistes, des écrivains et un avocat.

Brest, samedi 12
Comme dans plusieurs autres villes d'Europe, une délégation se met en route pour rejoindre Amsterdam où doit avoir lieu le 14 juin une manifestation européenne contre le chômage. (→ 14)

Albanie, dimanche 13
Le Premier ministre italien, Romano Prodi, effectue une visite éclair à Vlora où il est acclamé par la population. Au même moment, l'avant-garde du contingent européen débarque à Durrës. (→ 15)

Argentine, dimanche 13
Le 3e Grand Prix de la saison est remporté par Villeneuve sur sa Williams-Renault. (→ 27)

Mons, dimanche 13
La police confirme la découverte, hier, de nouveaux sacs poubelles contenant des restes humains. (→ 15)

Découverte d'une œuvre de Franz Liszt

Bruxelles, lundi 7
Une incroyable découverte vient d'être faite par la musicologue belge Malou Haine, qui dirige le Musée instrumental de Bruxelles. Lors de recherches menées dans les archives d'un grand ténor belge du début de ce siècle, Ernest Van Dyck, elle a découvert une partition considérée comme perdue : l'orchestration par Franz Liszt de l'œuvre d'un de ses élèves, *les Danses galiciennes*. Elle espère pouvoir présenter ces trois danses pour piano en 1999, lors de l'inauguration du nouveau Musée instrumental de Bruxelles.

Netanyahou ne cède sur rien face à Clinton

Le processus de paix reste bloqué.

Washington, mardi 8
Le Premier ministre israélien s'est publiquement félicité de n'avoir pas ouvert la voie à un compromis sur la question des logements juifs sur les terres palestiniennes et sur le gel du retrait de Tsahal en Cisjordanie. Les dirigeants américains, et Bill Clinton le premier, se sont juste contentés de « regretter cette impasse » et ont renvoyé les deux parties dos à dos. Pour les Palestiniens, ce blocage est incompréhensible : ils font valoir qu'en tant que premiers bailleurs de fonds à Israël, les Etats-Unis ont des moyens de pression sur ce pays. En Cisjordanie, trois Palestiniens ont été tués par Tsahal. (→ 20)

La faim en Corée du Nord alarme l'ONU

New York, mardi 8
L'ONU demande à ses membres l'octroi à la Corée du Nord d'une aide alimentaire d'urgence de 126 millions de dollars. C'est la réponse aux cris d'alarme poussés par une commission d'enquête américaine et par des organisations humanitaires. Des millions de Nord-Coréens sont menacés par une famine due, pour l'essentiel, aux aléas climatiques et à l'incurie du régime. Les enfants sont déjà les premières victimes de cette catastrophe annoncée. (→ 29)

Débat sur les écoutes et le secret défense

Paris, jeudi 10
L'affaire des écoutes commanditées par la cellule spéciale de l'Elysée au milieu des années 80 continue de faire des vagues. Alain Juppé vient de charger une commission de faire le tri entre ce qui relevait du secret défense et ce qui pouvait être révélé au juge d'instruction. A gauche, les gardiens du temple mitterrandien s'insurgent contre les accusations visant l'ancien président. Enfin, la presse dévoile que 100 000 Français ont déjà été l'objet d'écoutes. (→ 11)

Libération et *le Monde* sur Internet

France, jeudi 10
En voulant pénaliser les quotidiens, la grève des ouvriers du Livre a eu pour effet de rendre encore plus sensible la mutation qui s'opère dans les médias. Privés de parution sur papier, *Libération* et *le Monde* ont présenté des versions allégées de leur édition du jour sur leurs sites Web respectifs. Or cette sélection d'articles montre que la presse en ligne sur Internet, avec un nombre croissant de connections, a trouvé là son support d'avenir. (→ 24.6)

Rétrospective sur le peintre surréaliste Paul Delvaux à Bruxelles

Bruxelles, jeudi 10
Trois ans après sa mort, le musée des Beaux-Arts de Bruxelles rend hommage à l'œuvre énigmatique du grand peintre belge. C'est dans cette ville que l'artiste, né à Antheit en 1897, passe la majeure partie de sa vie, ici également qu'il entreprend les études d'art de l'Académie. A la manière d'un bon artisan, il étudie consciencieusement les règles d'un métier bien fait. A l'instar de son compatriote René Magritte et des surréalistes, Paul Delvaux explore les labyrinthes de la vie intérieure. L'intrigue se noue le plus souvent dans des espaces oniriques inspirés de l'Antique ou sur des quais de gare désertés. Figées et indifférentes, des femmes nues hantent ce décor, telles des pions sur un échiquier géant à la disposition du spectateur.

« Les Nœuds roses » (1937), collection du musée royal des Beaux-Arts d'Anvers.

Mobutu décrète l'état d'urgence au Zaïre

Kinshasa, vendredi 11
Désavoué et privé de tout soutien, Etienne Tshisekedi a été remplacé au poste de Premier ministre par le général Likulia Bolongo. Celui-ci a formé un gouvernement de « salut national ». Lundi dernier, alors que les pourparlers étaient ajournés à Pretoria et que les combats s'étaient intensifiés autour de Lubumbashi, Mobutu décrétait l'état d'urgence sur l'ensemble des territoires qu'il contrôle encore. Kabila a riposté hier par un ultimatum : Mobutu doit le contacter dans les trois jours pour préparer sa « sortie ». (→ 14)

Tirs au but : Strasbourg arrache à Bordeaux la Coupe de la Ligue

Gilbert Bodart, le gardien des Bordelais, a réussi à arrêter trois penalties.

Paris, samedi 12
Le RC Strasbourg a remporté la Coupe de la Ligue en se montrant le plus adroit dans l'épreuve des tirs au but (6-5). Les Alsaciens étaient à égalité avec les Bordelais (0-0) à la fin du temps réglementaire et après la prolongation. Stéphane Collet a donné la victoire à son équipe en battant le spécialiste Gilbert Bodart. La rencontre a été assez ennuyeuse dans l'ensemble. Les deux équipes, tendues à cause de l'importance de l'enjeu, ont offert de rares moments de beau football aux supporters. Ce succès permet à Strasbourg de se qualifier directement pour la Coupe de l'UEFA. (→ 23)

Première en golf : un Noir gagne à Augusta

Tiger Woods a tapé la balle dès 2 ans.

Etats-Unis, dimanche 13
Tous les spécialistes le disent : Tiger Woods est le nouveau génie du golf. En remportant le PGA Masters à Augusta, Woods est entré dans la légende des greens. A 21 ans, il est devenu le plus jeune vainqueur des Masters. Severiano Ballesteros avait déjà... 23 ans lors de sa première victoire en 1980. Mais, en dehors de sa précocité, c'est la couleur de peau du vainqueur qui retient l'attention. Tiger Woods est en effet le premier joueur de couleur à gagner sur le parcours d'Augusta, interdit aux Noirs jusqu'en 1975. Ces records ne semblent pas perturber la nouvelle star, impressionnante de calme et de concentration. (→ 14.9)

Triomphe d'un Breton dans Paris-Roubaix

Roubaix, dimanche 13
Frédéric Guesdon a signé l'exploit du jour en remportant la reine des classiques. Et pourtant, qui aurait parié sur le succès de ce Breton, âgé de 25 ans, originaire de Saint-Méen-le-Grand, village de l'illustrissime Louison Bobet ? Le coureur de la Française des Jeux a damé le pion à tous les favoris. En lançant le sprint à 150 mètres de l'arrivée sur la piste du vélodrome roubaisien, Guesdon a surpris Jo Planckaert (2e) et Johan Museeuw (3e), vainqueur l'an passé. Nul doute qu'il a su au mieux tirer parti des recommandations de Marc Madiot, son directeur sportif mais surtout qui fut deux fois vainqueur de cette course. (→ 16)

Frédéric Guesdon a créé la surprise.

Jean-Paul II à Sarajevo

Le pape s'est rendu au stade Kosevo en « papamobile » pour la grand-messe.

Sarajevo, dimanche 13
Arrivé dans la capitale bosniaque hier, le souverain pontife a célébré une messe, qui s'est transformée en fête communautaire car les Croates dominaient l'assistance. Ce fut en quelque sorte un détournement du message papal. Jean-Paul II prêche depuis cinq ans pour le dialogue et le pardon, appelant sans relâche à la réconciliation entre les trois entités. Alija Izetbegovic l'a accueilli en le remerciant pour son soutien. A part la bombe découverte et désamorcée sur le trajet que devait emprunter le pape, l'accueil qu'il a reçu allait bien dans le sens de la tolérance et de l'entente entre les communautés. Mais, sous les vivats, le pessimisme reste entier à Sarajevo. (→ 11.5)

Avril

1997

Lu	Ma	Me	Je	Ve	Sa	Di
	1	2	3	4	5	6
7	8	9	10	11	12	13
14	15	16	17	18	19	20
21	22	23	24	25	26	27
28	29	30				

Kinshasa, lundi 14
Organisée par l'opposition pour protester contre la déliquescence du pouvoir, la journée ville morte est très suivie. Les rues sont désertes et la plupart des commerces fermés. (→ 19)

France, lundi 14
L'intersyndicale des internes en médecine vote la fin de la grève.

Malte, mardi 15
La conférence euro-méditerranéenne réunit les représentants de l'UE et des douze pays riverains du sud de la Méditerranée. Leur objectif commun est la création d'une vaste zone de libre-échange.

Arabie Saoudite, mardi 15
L'explosion d'une bonbonne de gaz provoque un incendie meurtrier dans un camp de tentes près de La Mecque. La majeure partie des 343 victimes étaient des pèlerins indiens.

Belgique, mercredi 16
Photos à l'appui, un quotidien flamand, *Het Laaste Nieuwz*, dénonce les exactions contre des civils commises par des casques bleus belges envoyés en Somalie en 1993. (→ 23.6)

Brésil, jeudi 17
A l'issue d'une marche à travers le pays, 2 000 paysans sans terres et des milliers de sympathisants manifestent pour une réforme agraire et contre les massacres commis par les milices des propriétaires.

Venezuela, jeudi 17
L'armée arrête l'un des derniers barons colombiens de la drogue, Juan Pastor Perafan, traqué depuis deux ans. (→ 23.5)

Paris, samedi 19
Au musée Grévin, l'effigie en cire du chanteur américain Michael Jackson est dévoilée en présence du modèle.

Bulgarie, samedi 19
Les Forces démocratiques unifiées, du centre droit, remportent la majorité lors des élections législatives anticipées. L'abstention a atteint le taux record de 42 %.

New Delhi, dimanche 20
Inder Kumar Gujral devient le douzième Premier ministre indien, en succédant à Dewe Gowda à la tête d'une coalition de centre gauche. (→ 14.7)

Reprise du travail tendue pour les salariés de Renault à Vilvorde

Vilvorde, lundi 14
Les travailleurs de Renault Vilvorde ont voté la reprise du travail à une majorité de plus des deux tiers jeudi dernier. Si certains étaient toujours favorables au durcissement, Karel Gacoms estimait toutefois qu'une grève au finish affaiblirait à terme les syndicats dans les négociations sur les indemnités de licenciement. Après six semaines d'occupation, le travail a donc repris ce lundi, et 135 véhicules seulement sont sortis des chaînes. Mais, entre-temps, le P-dg de Renault, Louis Schweitzer, n'a pas exclu que la fermeture de l'usine de Vilvorde soit retardée pour des raisons techniques. (→ 28.6)

C'est à une majorité de plus des deux tiers que les ouvriers ont pris la décision.

Realpolitik pour les droits de l'homme...

Genève, lundi 14
L'attitude récente du représentant français devant la Commission des droits de l'homme de l'ONU, qui s'était opposé à une condamnation de la Chine, est très révélatrice des nouvelles et inquiétantes évolutions de la diplomatie internationale. A l'instar de la France, les Etats-Unis et la Grande-Bretagne ont plusieurs fois réussi à bloquer des résolutions condamnant des pays pour atteintes aux droits de l'homme. Et cela au nom des intérêts commerciaux et du réalisme politique. Pékin, Téhéran, Djakarta et Riyad font partie de ces capitales « épargnées ». (→ 16.5)

Pédophile cannibale au Japon : la mort

Tokyo, lundi 14
Tsutomu Miyazaki, 34 ans, a été enfin reconnu coupable du meurtre de quatre fillettes et condamné à la pendaison. Il aura fallu sept années à la justice et aux psychiatres qui l'ont examiné pour se prononcer sur le degré de responsabilité de cet homme. L'opinion publique avait été horrifiée d'apprendre qu'il avait mangé les mains et les os réduits en cendres de deux de ses victimes. Cet employé modèle et effacé incarne, poussée à l'extrême de l'horreur, la pathologie des « emmurés » (*otaku*), inadaptés sociaux, reclus et liés au monde que par les *mangas*. (→ 28.6)

Arrivée des soldats français en Albanie

Les blindés des Marsouins à bord du transport de troupes « l'Orage ».

Le 15, Cantona s'offre un tableau de style Renaissance. Il y apparaît en Christ ressuscité. (→ 11.5)

Durrës, mardi 15
Seuls une poignée d'habitants du port et la cohorte des journalistes avaient bravé le froid du petit matin pour assister au débarquement des 372 marsouins de l'infanterie de marine et de leurs VAB, véhicules de l'avant blindés. Tout s'est déroulé sans encombre. Le général Maurice Godinot, numéro deux de la FMPA, Force multinationale de protection en Albanie, a pour mission, avec ses soldats, de rétablir la paix civile dans le pays en coordination avec l'armée italienne, qui supervise l'opération *Alba*, et avec les Grecs. L'objectif est très clair : escorter les convois de l'aide humanitaire et faire taire les armes. Mais l'ambiguïté est entière quant à la marge de manœuvre des soldats : ils n'auront pas le droit de désarmer les Albanais. (→ 29)

Rapport accablant sur l'affaire Dutroux

Bruxelles, mardi 15
Il s'agit bien d'une autopsie de la justice à laquelle se sont livrés les commissaires sous la présidence de Marc Verwilghen. Se penchant sur chacune des enquêtes menées sur les disparitions de Loubna, de Julie et Mélissa et d'An et Eefje, les députés ont pointé, les unes après les autres, les multiples fautes commises à tous les niveaux. Dénonçant l'ensemble de ces dysfonctionnements de la justice, la commission fonde l'espoir que celle-ci retrouve à la fois une vraie dimension humaine et aussi plus d'efficacité. (→ 12.9)

Topor était un artiste délirant et déluré

Paris, mercredi 16
Il dissimulait son sentiment aiguisé du tragique par de tonitruants éclats de rire. En toutes circonstances, son seul mot d'ordre était : « Je panique donc je me marre ! » Dessinateur, affichiste, scénariste, décorateur, parolier, costumier, Roland Topor (*7.1.1938) avait l'œil affûté. Aussi anticonformiste à la scène que dans la vie, il ne manquait pas d'épingler les petites tyrannies quotidiennes d'un revers d'humour noir ou d'une provocation cinglante. Le rideau est tombé sur l'œuvre foisonnante de ce touche-à-tout génial comme sur les clairvoyances débridées de son grand théâtre de l'absurde.

Roland Topor en décembre 1996.

Nouvel ancêtre pour le singe et l'homme

Ouganda, vendredi 18
Une équipe américaine a découvert les restes d'un singe fossile qui serait le plus vieil hominoïde connu, vieux de vingt millions d'années. Ancêtre commun à l'homme et aux grands singes, le *Morotopithecus bishopi*, dit le Morotopithèque, a provoqué une polémique entre les anthropologues français et américains. Les premiers reprochent aux seconds leur usage imprudent des superlatifs afin de capter l'attention des médias. Or plusieurs fossiles prétendent au titre de plus vieil hominoïde. La querelle est loin d'être close. (→ 2.6)

Deuxième Flèche wallonne pour Jalabert

A 9 kilomètres de l'arrivée, Laurent Jalabert devant Luc Leblanc, deuxième.

Huy, mercredi 16
Déjà vainqueur de la classique belge en 1995, Laurent Jalabert a signé une nouvelle victoire dans la Flèche wallonne. Le numéro un mondial a ainsi soufflé la première place à Luc Leblanc. Les deux hommes étaient au coude à coude avant de gravir la dernière, mais terrible, difficulté du parcours : le mur de Huy et sa pente à 20 %. Le leader de l'équipe Once a alors placé une accélération laissant Leblanc à dix-neuf secondes sur la ligne d'arrivée. Laurent Jalabert, toujours fidèle à son tempérament offensif, a « dynamité » la course. Il y a deux ans, il avait déjà attaqué au même endroit. (→ 20)

Kabila veut négocier le départ de Mobutu

Zaïre, samedi 19
A Lubumbashi, devant une foule de 20 000 personnes, Laurent-Désiré Kabila affirme que sa lutte ne devra s'arrêter qu'avec la « libération » de Kinshasa. Soumis aux pressions de l'ONU et de l'Afrique du Sud pour négocier, Kabila déclare que la seule chose négociable est les conditions du départ de Mobutu. Il y a trois jours, il rencontrait Nelson Mandela au Cap. Hier, Mobutu retrouvait à son tour le président sud-africain et acceptait l'idée d'un face-à-face avec le chef des rebelles sous l'égide de Mandela. Kabila est donc contraint de revoir son ennemi. (→ 24)

Otages de Lima : des têtes tombent

Pérou, samedi 19
Juan Briones Davila, le ministre de l'Intérieur, et le général Ketin Vidal, le chef de la police, démissionnent. Ils ont admis que des failles dans le système de sécurité avaient permis aux hommes du MRTA de mener à bien la prise d'otages. L'ambiance s'est singulièrement alourdie autour de la présidence. Le général Vidal n'avait jamais caché son opposition à un coup de force pour libérer les otages. Par ailleurs, un médiateur de la Croix-Rouge, lui aussi partisan d'une solution négociée, a quitté le Pérou, expulsé sans aucun début d'explication. (→ 22)

Netanyahou échappe de peu à l'inculpation

Israël, dimanche 20
Le Premier ministre ne sera donc pas poursuivi, mais les conclusions du parquet sont loin de lui valoir l'absolution et de le laver de tout soupçon dans l'affaire Roni Bar-On. Le procureur de l'Etat a déclaré que la justice renonçait à l'inculpation « faute de preuves suffisantes mais il y a suspicion d'acte délictueux ». Netanyahou a pour sa part admis qu'il avait bien commis une erreur de jugement en nommant Bar-On au poste de procureur général. Le cœur de l'affaire est qu'il aurait agi sous la pression du chef d'un parti religieux qui voulait être lavé d'une ancienne accusation de corruption. (→ 6.5)

Le Liège-Bastogne-Liège à l'Italien Bartoli

Liège, dimanche 20
Le coureur italien Michele Bartoli a privé Laurent Jalabert d'un succès sur les routes des Ardennes belges après sa belle victoire dans la Flèche wallonne. En faussant compagnie à Jalabert à un kilomètre de l'arrivée, Bartoli a démontré qu'il était bien l'homme de la situation et méritait tout à fait de remporter la doyenne des classiques. Fatigué par les trop nombreuses courses, Jalabert a dû laisser filer ce coureur de 27 ans. Arrivé troisième lors des derniers championnats du monde, Michele Bartoli a redonné des couleurs au cyclisme italien. Pour Jalabert, il restera le regret d'être passé tout près d'un doublé historique. (→ 11.5)

Michele Bartoli devant Jalabert.

Avril

1997

Lu	Ma	Me	Je	Ve	Sa	Di
	1	2	3	4	5	6
7	8	9	10	11	12	13
14	15	16	17	18	19	20
21	22	23	24	25	26	27
28	29	30				

Hong Kong, lundi 21
Un premier contingent de quarante soldats chinois, sans armes, arrive à la caserne du Prince-de-Galles. Ils doivent préparer la rétrocession. (→ 4.6)

Nigeria, mardi 22
Des affrontements interethniques font des dizaines de morts dans le sud du pays, dans la région pétrolifère de Warri. (→ 4.6)

France, mardi 22
La privatisation de France Télécom est ajournée et reportée après les élections législatives. (→ 21.5)

Moscou, mardi 22
Début d'une visite de cinq jours du président chinois Jiang Zemin. (→ 18.9)

Paris, mercredi 23
Le Paris - Saint-Germain se qualifie pour la finale européenne de la Coupe des Coupes, face à Liverpool. (→ 14.5)

Zaïre, jeudi 24
La situation sanitaire et alimentaire des réfugiés hutus rwandais est catastrophique. Dispersés, ils ne peuvent accéder aux distributions de nourriture des organisations humanitaires. Le choléra a déjà tué plusieurs personnes. (→ 29)

Washington, jeudi 24
Le Sénat ratifie la convention internationale sur les armes chimiques, une victoire pour Clinton qui soutenait ce traité.

Etats-Unis, samedi 26
L'annonce de l'accouchement par césarienne d'une femme de 63 ans déclenche une polémique touchant à l'éthique médicale.

Bagdad, lundi 28
Pour le 60e anniversaire de Saddam Hussein, les autorités irakiennes ouvrent un site Web à sa gloire, consultable sur Internet. (→ 29.10)

Albanie, mardi 29
L'explosion d'un dépôt d'armes au nord de Tirana a fait 27 morts. (→ 14.5)

Corée du Nord, mardi 29
Un représentant de la Croix-Rouge, rare Occidental à avoir visité les campagnes, confirme la gravité de la situation alimentaire.

Chirac annonce sa décision de dissoudre l'Assemblée nationale

France, mardi 22
Au lendemain de l'intervention du président de la République, il est patent que la décision de Jacques Chirac a été diversement appréciée. Une chose est certaine, l'annonce de la dissolution n'a surpris personne. Depuis quinze jours, le microcosme politico-médiatique la tenait pour acquise. Le gouvernement avait beau démentir et parler de rumeurs infondées, la seule inconnue restait la date de l'annonce. Jacques Chirac a évoqué un « nouvel élan » et veut s'assurer cinq années de tranquillité parlementaire pour faire face aux échéances européennes. Il veut aussi prendre de court le PS, qui aurait été mieux placé si le scrutin avait eu lieu en 1998 comme prévu. (→ 20.5)

Il veut « une majorité ressourcée » et une réforme « en profondeur » de l'Etat.

Pagaille dans les transports britanniques

Grande-Bretagne, lundi 21
Avec une série d'alertes à la bombe qui ont paralysé Londres et tout le sud-est du pays, l'IRA a voulu se rappeler au bon souvenir du futur vainqueur des élections législatives britanniques. Vendredi, c'est le nord de l'Angleterre qui avait été touché. La police a reçu ce matin plusieurs coups de téléphone avec les codes d'identification utilisés d'ordinaire par l'armée républicaine irlandaise. Les gares, les grandes stations de métro, les aéroports et des quartiers entiers, tels Trafalgar Square et une partie de la City, ont aussitôt dû être évacués et fermés.

Les menaces de l'IRA sont efficaces.

Vers un euro sans la Grèce et l'Italie ?

Bruxelles, mercredi 23
La Commission européenne publie une première liste des pays de l'UE « sélectionnés » pour le rendez-vous de la monnaie unique. Ils devaient respecter deux des trois critères qui avaient été édictés à Maastricht, dont le principal, celui d'un déficit public inférieur à 3 % du PIB. Seuls deux pays, l'Italie et la Grèce, sont disqualifiés. Rome ne respecte que le critère d'inflation mais pourrait sans trop d'efforts faire baisser son déficit sous les 3 %. La Grèce paraît définitivement hors course. (→ 17.6)

Le 21 à Paris, Jean Arthuis, le ministre de l'Economie, présente les pièces en euro pour la France. Une face est commune à tous les pays, l'autre étant réservée au pays d'usage avec ses propres dessins, celle présentée ce jour.

Fin de la prise d'otages au Pérou

Lima, mardi 22
L'assaut a été donné vers 13 h 30, heure locale. Mené par des soldats cagoulés, il a duré une demi-heure et a mis fin à une prise d'otages de 127 jours. Ce dénouement inattendu et brutal était en fait inéluctable dès lors qu'Alberto Fujimori avait fait de cette crise une affaire personnelle et qu'il n'avait jamais dévié de son intransigeance initiale. Le MRTA l'avait défié au cœur de sa capitale : il était hors de question, malgré un début de négociation, qu'il cède. Ce succès devrait faire remonter sa cote de popularité. Deux militaires, un otage et les quatorze membres du commando, certains après s'être rendus, ont été tués.

Tous les preneurs d'otages sont morts dans l'assaut de l'ambassade du Japon.

Les massacres se succèdent en Algérie

Algérie, mercredi 23
Le scénario macabre et désormais connu s'est encore répété la nuit dernière. Un groupe armé encercle un hameau isolé dans la plaine de la Mitidja, près de Médéa, et massacre à la hache et au sabre 42 habitants, sans faire de détail entre les enfants, les hommes, les femmes et les bébés. La veille, c'est dans un village situé à 25 km au sud-est d'Alger qu'a eu lieu la plus importante tuerie rendue publique en cinq ans de guerre et de violences : 93 villageois ont été tués, dont 43 femmes et 3 enfants. Les vastes offensives contre les maquis islamistes n'ont en aucune manière endigué l'horreur. (→ 12.5)

Les dossiers de Elf se volatilisent à la PJ...

Paris, vendredi 25
Quatre policiers ont été placés en garde à vue après la disparition de documents scellés dans les locaux de la police judiciaire. Ces documents concernent l'une des enquêtes de la nébuleuse judiciaire qu'est devenue l'affaire Elf. Il s'agit des abus de biens sociaux opérés par l'ancien président d'Elf-Gabon, le puissant et mystérieux André Tarallo. Entre affairisme et politique, corruption et fonds secrets, ces enquêtes ont de quoi déranger. Les magistrats sont protégés 24 heures sur 24. (→ 1.5)

Retour du maître flamand Van Dyck au palais ducal de Gênes

Gênes, samedi 26
Quand il débarque à Gênes en 1621, le jeune Flamand n'a que 22 ans. Dès son arrivée, il est accueilli dans les plus beaux palais, où il découvre émerveillé les œuvres de Titien, de Tintoret et de Caravage. Lors des six années passées dans la cité ligure, Anton Van Dyck exécute plus de cent portraits. Ils déclinent dans les moindres détails un catalogue de poses et de parures inspirées par les grandes figures de l'aristocratie et de la bourgeoisie. Cette fastueuse galerie de portraits témoigne d'un âge d'or où la prospérité marchande célèbre l'art du paraître.

« Suzanne au bain », œuvre peinte vers 1622, de l'Alte Pinakothek de Munich.

Un grand titre pour le Chilien Marcelo Rios

A l'Open de tennis de Monte-Carlo.

Monaco, dimanche 27
A 21 ans, le Chilien Marcelo Rios a remporté logiquement l'un des plus importants tournois sur terre battue. Le gaucher sud-américain a disposé en finale de l'Espagnol Alexandro Corretja en trois sets : 6-4, 6-3 et 6-3. Rios, surdoué du tennis, remporte son premier titre majeur après avoir été sacré champion du monde junior en 1993. Rios n'a pas concédé un seul set sur les courts monégasques. Il a réalisé quelques performances en sortant des spécialistes de cette surface comme les Espagnols Carlos Moya et Alberto Costa. Classé pour l'instant au huitième rang mondial, Marcelo Rios peut rêver maintenant à Roland-Garros. (→ 8.6)

Frentzen s'offre son premier Grand Prix

Heinz Harald Frentzen (Williams-Renault) devant M. Schumacher (Ferrari).

Imola, dimanche 27
C'est Michael Schumacher qui était attendu, mais c'est son compatriote Heinz Harald Frentzen qui a fini en tête. En remportant le Grand Prix de Saint-Marin, Frentzen (sur une Williams-Renault) est monté pour la première fois sur la plus haute marche, devant les deux pilotes de Ferrari : Schumacher et Eddy Irvine. Souvent dans l'ombre de Jacques Villeneuve, Frentzen a parfaitement géré sa course. Avec l'abandon du Québécois au 41e tour, Frentzen a pu démontrer son talent jusqu'au bout. Pour le classement général, Villeneuve n'a plus que six points d'avance sur Schumacher. (→ 11.5)

Un Texan réclame l'indépendance de l'Etat

Texas, dimanche 27
Bien qu'originaire du Missouri, c'est pour le Texas que Richard McLaren demande l'indépendance. Avec ses partisans armés, il a installé dans un hangar de Fort Davis l'ambassade de son « Etat libre ». Il réclame aux autorités fédérales l'organisation d'un référendum sur la question. Lui et ses miliciens ont brièvement pris en otages deux personnes, qu'ils ont relâchées quelques heures après. La police se refuse à intervenir, ne sachant pas à quel type d'homme elle a affaire. McLaren est-il un de ces *militia men* propres aux Etats du Sud et de l'Ouest, pour qui l'Etat fédéral est l'incarnation du mal ? Ou un simple excentrique ?

R. McLaren dans son « ambassade ».

Contestation du projet de canal Rhin-Rhône

Montbéliard, dimanche 27
Entre 8 000 et 12 000 personnes ont manifesté contre un projet que tous les Franc-Comtois qualifient depuis des mois de dément : le canal Rhin-Rhône. Même les élus locaux, au départ favorables à cette liaison, se sont rangés à l'avis de la majorité de leurs concitoyens. Alain Juppé et Raymond Barre, le premier de Paris et le second de Lyon, soutiennent le canal, ainsi que ses promoteurs bien sûr, la CNR, Compagnie nationale du Rhône, et les sociétés chargées des travaux. Long de 220 km, ce canal va produire 75 millions de m^3 de déblais, nécessiter 2,6 millions de m^3 de béton et noyer ou détruire des milliers d'hectares. Empruntant la vallée du Doubs, il va la défigurer radicalement. Malgré la déclaration d'utilité publique, le projet suscite de telles résistances que sa mise en œuvre est hypothétique. (→ 19.6)

Kahn lance un autre hebdo, *Marianne*

Paris, lundi 28
Jamais à court d'idées ou de projets, Jean-François Kahn sort ce matin son dernier « bébé », *Marianne*. Cet hebdomadaire vendu dix francs ne veut pas concurrencer les grands. Pour le fondateur de *l'Evénement du jeudi*, cette nouvelle aventure doit offrir un traitement différent des faits et de l'information. Il a voulu s'adresser aux citoyens-lecteurs, leur révéler et expliquer la face cachée des phénomènes de société. Avec 118 pages, ce numéro a été tiré à 600 000 exemplaires.

Grave déficit de pluie dans toute la France

France, mardi 29
Le Comité sécheresse, mis en place par les pouvoirs publics et présidé par Corinne Lepage, le ministre de l'Environnement, se réunit pour un état des lieux. Le pays connaît une progression de la sécheresse depuis 50 ans et le déficit pluviométrique est de 75 % sur tout le territoire. Seize départements ont déjà pris des mesures limitant la consommation d'eau pour les particuliers comme pour l'agriculture et l'industrie. Les niveaux des rivières et des nappes phréatiques sont très bas. (→ 27.5)

Massacres des rebelles zaïrois dans les camps de réfugiés hutus

Zaïre, mardi 29
Emanant de sources religieuses et humanitaires, plusieurs témoignages évoquent des massacres à grande échelle dans les forêts aux alentours de Kisangani. Les camps de réfugiés hutus ont été fermés puis encerclés par les éléments rwandais des forces de Kabila. Il est encore impossible d'évaluer le nombre des victimes sur les 85 000 réfugiés regroupés dans la région. Mais les fosses creusées à la pelle mécanique pouvaient contenir des milliers de cadavres. Dimanche dernier, Laurent-Désiré Kabila, qui devrait bientôt rencontrer Mobutu à bord d'un bâtiment sud-africain, a donné soixante jours à l'ONU et aux ONG pour rapatrier la totalité des réfugiés vers le Rwanda. (→ 4.5)

Abandonnés à leur sort par l'ONU, ils attendent leur rapatriement au Rwanda.

Solide rapport sur les sectes en Belgique

Bruxelles, mercredi 30
La commission parlementaire sur les sectes vient de dresser un rapport de 770 pages sur la situation belge en la matière. Même si la définition juridique du concept est impossible, la commission a dressé un tableau synoptique de 189 noms, qui est le reflet des renseignements collectés à diverses sources. Cette énumération est controversée, notamment du côté catholique. On y trouve en effet l'YWCA, l'Opus Dei, le Renouveau charismatique... Rappelons qu'au début du mois encore, le gourou de la Fondation du divin Sacré-Cœur, André Pestiaux, avait été placé sous mandat d'arrêt.

Mai

1997

Lu	Ma	Me	Je	Ve	Sa	Di
			1	2	3	4
5	6	7	8	9	10	11
12	13	14	15	16	17	18
19	20	21	22	23	24	25
26	27	28	29	30	31	

Berlin, jeudi 1er
Le défilé de la fête du Travail donne lieu à de violents affrontements entre les forces de l'ordre et les militants d'extrême gauche.

Paris, jeudi 1er
L'enquête sur Elf se transporte en Allemagne en mettant au jour une commission s'élevant à 256 millions de francs, versée en 1992 pour le rachat du réseau de stations-service Minol dans l'ex-RDA. (→26)

Bruxelles, jeudi 1er
L'Union européenne, en froid avec le régime iranien, décide de suspendre le retour de ses ambassadeurs à Téhéran. (→23)

Londres, vendredi 2
John Major annonce sa décision de quitter la direction du Parti conservateur après sa défaite aux législatives de la veille. (→14)

Etats-Unis, vendredi 2
Le Congrès et Bill Clinton arrivent à un accord sur la réduction du déficit budgétaire à 0 % d'ici à l'an 2002. Le PIB américain a progressé de 5,6 % au premier trimestre 1997.

Moscou, vendredi 2
Pour préparer le sommet de Paris à la fin du mois, le ministre russe des Affaires étrangères, Evgueni Primakov, et son homologue américaine, Madeleine Albright, reprennent leurs discussions sur le prochain élargissement de l'Otan. (→27)

Paris, samedi 3
Plus de 2 000 personnes manifestent en faveur de la bicyclette et contre la pollution de l'air. (→21.8)

Egypte, samedi 3
D'énormes tempêtes de sable provoquent la mort de 30 personnes.

DECES

Suède, jeudi 1er
Bo Widerberg, cinéaste (*8.6.1930).

Espagne, jeudi 1er
Sirius, dessinateur belge de bandes dessinées, Max Mayeu de son vrai nom (*26.9.1911).

Espagne, samedi 3
Narciso Yepes, le guitariste du film *Jeux interdits* (*14.11.1927).

Tony Blair devient Premier ministre

Grande-Bretagne, jeudi 1er
Tony Blair a gagné son pari : mettre fin à dix-huit ans d'hégémonie des conservateurs en offrant au Parti travailliste une victoire massive et déjà qualifiée d'historique. A 44 ans, il devient ainsi le plus jeune Premier ministre depuis plus d'un siècle. Le Labour obtient 419 sièges, les tories 165, les libéraux-démocrates 46 et les indépendants et les nationalistes gallois et écossais 29. L'ampleur de cette victoire, annoncée depuis des mois par les sondages d'opinion, a surpris les travaillistes eux-mêmes. Le bassin de Londres, bastion de la révolution thatchérienne, a lui aussi succombé aux « charmes » du New Labour, au discours consensuel et étonnamment libéral. (→2)

Le plus jeune chef de gouvernement anglais depuis plus d'un siècle : 44 ans.

Un ours slovène est relâché dans l'Ariège

Pyrénées, vendredi 2
Arrivé de sa Slovénie natale après dix-huit heures de route, Pyros est relâché à l'endroit même où Ziva et Mellba avaient retrouvé la liberté l'an dernier. Le village de Melles, aux confins de la Haute-Garonne et de l'Ariège, et les responsables du programme de réintroduction des ours attendaient ce mâle avec une certaine impatience. Agé de 6 ans, pesant 235 kg et surtout en pleine maturité sexuelle, Pyros doit donc assurer la descendance du groupe. Reste à convaincre les chasseurs du bien-fondé du programme. (→28.9)

Champion de France de football : Monaco

Monaco, samedi 3
Monaco attendait ce titre depuis neuf saisons. C'est désormais fait : en partageant les points (2 à 2) avec Caen au stade Louis-II, les joueurs monégasques ne peuvent plus être rejoints à deux journées de la fin et comptent neuf points d'avance sur le deuxième, Paris. Ce sacre n'a pas déchaîné les passions sur le Rocher. Les six mille spectateurs qui étaient venus assister au couronnement de leur équipe se sont même permis de siffler par moments leurs protégés. Ce titre qualifie maintenant Monaco pour la Ligue des Champions. (→10)

Escroquerie à la mine d'or à Bornéo

Indonésie, dimanche 4
Selon les spécialistes, il s'agit de la plus grosse falsification de l'histoire minière. En 1993, une petite société canadienne, la Bre-X Minerals, avait annoncé, avec l'appui des autorités de Djakarta, que les prospections sur le site de Busang au cœur de la jungle de Bornéo avaient dépassé toutes les espérances. Ce gisement aurifère devait être le plus important du monde. Quatre ans plus tard, après une hausse vertigineuse des actions de la Bre-X, une expertise indépendante rend son verdict : la présence d'or est insignifiante.

Rencontre au sommet entre Mobutu et Kabila au large du Congo

Congo, dimanche 4
Parrainés par Nelson Mandela, les entretiens tripartites ont consacré le renoncement de Mobutu. Atteint d'un cancer généralisé et faisant face à une rébellion qui contrôle les trois quarts du Zaïre, dont sa ville natale, le vieux maréchal a promis de remettre le pouvoir au prochain président élu. Kabila, qui a réussi à agacer le président sud-africain en annulant puis en retardant sa venue à bord du *Outeniqua*, ne veut pas, de son côté, d'un cessez-le-feu ou d'une solution négociée. Puisque le départ de Mobutu est acquis, il n'a qu'un seul objectif : Kinshasa. (→9)

Mobutu Sese Seko, Nelson Mandela et le chef rebelle Laurent-Désiré Kabila.

Mai

1997

Lu	Ma	Me	Je	Ve	Sa	Di
			1	2	3	4
5	6	7	8	9	10	11
12	13	14	15	16	17	18
19	20	21	22	23	24	25
26	27	28	29	30	31	

France, lundi 5
Les chaînes de télévision généralistes ont perdu un million de téléspectateurs au premier trimestre, soit une baisse d'audience de 2,8 %.

Israël, mardi 6
Yasser Arafat rencontre le président israélien, Ezer Weizman, à l'entrée de la bande de Gaza. En dépit de ce geste de bonne volonté pour relancer le dialogue, Arafat refuse toujours de voir Netanyahou. (→ 29)

Mexico, mardi 6
Le voyage de Bill Clinton au Mexique est placé sous le signe de la lutte contre la drogue. Il signe un accord de coopération dans ce domaine. (→ 23)

Cannes, mercredi 7
Ouverture officielle du 50e festival du Cinéma avec la projection hors compétition du dernier film de Luc Besson, *le Cinquième Elément*. (→ 13)

France, mercredi 7
Parution dans plusieurs titres de la presse quotidienne régionale d'une tribune de Jacques Chirac. (→ 20)

Tokyo, jeudi 8
Le Parlement japonais reconnaît la spécificité ethnique et culturelle des Aïnous, peuple indigène qui ne survit que sur l'île d'Hokkaido.

Zaïre, vendredi 9
Laurent-Désiré Kabila s'oppose à toute enquête de l'ONU ou des ONG sur les massacres de réfugiés hutus commis par ses troupes. (→ 16)

Dunkerque, dimanche 11
Les cyclistes belges Johan Museeuw et Franck Vandenbroucke terminent respectivement premier et deuxième des Quatre Jours de Dunkerque. (→ 8.6)

Nancy, dimanche 11
Jean Munsch retrouve la capitale lorraine. Ce Français de 75 ans n'avait pas revu son pays natal depuis 1943. Envoyé en Allemagne pour le STO, capturé par les Soviétiques, il avait refait sa vie en Ukraine après sept ans de camp.

Ostende, dimanche 11
L'équipe de Belgique remporte six médailles d'or et trois de bronze aux championnats d'Europe de judo. (→ 12.10)

Christine Janin arrive au pôle Nord à skis

Pôle Nord, lundi 5
Christine Janin a fêté ses quarante ans en atteignant le pôle Nord à skis après soixante-trois jours d'efforts intenses. Elle est la première femme à réaliser cet exploit. Ce médecin savoyard a prouvé qu'elle était une grande sportive. Christine Janin, vainqueur de l'Everest en 1990, a parcouru mille kilomètres, avec son sherpa russe, Serguei Ogorodnikov, cela par une température moyenne de - 25 degrés. Cette longue marche, le docteur Christine Janin a voulu l'accomplir pour des enfants et des adolescents souffrant du cancer. Les fonds qui ont été recueillis seront destinés à leur construire un centre d'accueil à Chamonix.

Cosne-sur-Loire sous le choc du scandale

Nièvre, mardi 6
Une affaire de pédophilie secoue cette tranquille petite ville. Agé de 59 ans, un instituteur à la retraite a été mis en examen et écroué pour « violences sexuelles sur mineurs ». Tout a été déclenché par le suicide récent d'un jeune homme de 27 ans, violé par son ancien instituteur et qui venait de porter plainte contre lui. Les mémoires se sont réveillées et une soixantaine de plaintes ont été déposées depuis, pour des faits vieux de trente ans ou récents de quelques semaines. L'instituteur avait animé des clubs sportifs où il approchait les jeunes garçons. Comme dans toutes les affaires semblables, le silence l'a protégé durant des années. (→ 17.6)

Nouveau rapport sur l'or nazi en Suisse

New York, mercredi 7
Commanditée par le Département d'Etat, cette étude a nécessité sept mois et la consultation d'un million de pages d'archives. Les résultats, présentés par Stuart Eizenstat, qui préside cette commission d'enquête, sont accablants pour la Suisse et ses institutions bancaires. Il apparaît que celles-ci, sous le couvert de la neutralité, n'ont pas hésité à servir d'agents financiers au Reich. L'or confisqué par les nazis aux victimes des camps et aux pays occupés a bien transité par la Suisse où il était reconverti en devises. Le rapport met en cause d'autres pays neutres mais aussi la complaisante inertie des Alliés après la guerre. (→ 7.10)

Marco Ferreri avait signé *la Grande Bouffe*

Hollywood Boulevard à Los Angeles.

Paris, vendredi 9
Le festival de Cannes est en deuil ce soir. Avec la mort de Marco Ferreri (*11.5.1928), le cinéma perd l'un des plus indomptables réalisateurs de son histoire. Après des études de vétérinaire dans sa ville natale de Milan, il s'installe en Espagne où il tourne ses trois premiers films. Dès lors, il n'aura de cesse de bousculer les poncifs du cinéma hollywoodien et des idéologies dominantes par des mises en scène aussi satiriques que provocantes. Son regard libertaire, sa critique de la vie contemporaine et son anticonformisme rencontrent rarement les faveurs du box-office, à l'exception de *la Grande Bouffe*.

Le 5 à Paris, grand retour de Supertramp, en tournée mondiale, à Bercy.

Nice gagne la Coupe de France de foot

Laspalles (Guing.) et Debbah (Nice).

Paris, samedi 10
L'OGC Nice a créé la surprise en battant Guingamp aux tirs au but à l'issue de la finale de la Coupe de France, au Parc des Princes. Nice s'est imposé 4 à 3 dans la redoutable épreuve. En effet, à l'issue du temps réglementaire – 1 but partout – les deux équipes n'avaient pas pu se départager. Nice doit ce succès en grande partie à Bruno Valencony, gardien exemplaire et surtout auteur de parades plus que décisives. A lui seul, le portier azuréen a ainsi privé Guingamp d'une victoire. Pour les tirs au but, il a arrêté les tentatives guingampaises de Stéphane Carnot et Claude Michel. Pour Nice, cette victoire atténue la déception de sa descente en division 2. (→ 14)

Terrible séisme dans l'est de l'Iran

Iran, samedi 10

Selon le dernier bilan rendu public par le Croissant-Rouge, le séisme qui a ravagé une région orientale du pays a fait au moins 2 400 morts et des milliers de blessés. Près de 200 villages ont été rayés de la carte à 370 kilomètres au sud de Machhad, autour des villes de Birjand et de Ghaen. Ce tremblement de terre, d'une intensité de 7,1 sur l'échelle de Richter, a eu lieu dans une zone géologique qui est malheureusement condamnée à de telles catastrophes. L'est de l'Iran est en effet pris en tenaille entre les plaques asiatique, indienne et arabique. Les autorités sont contraintes de lancer un appel à l'aide internationale.

Un ambassadeur des Etats-Unis à Hanoi

Viêt-nam, samedi 10

L'entrée en fonction de Douglas Peterson, premier ambassadeur des Etats-Unis dans le Viêt-nam unifié depuis 1975, marque l'ultime étape de la normalisation des relations entre les deux pays. Peterson, qui fut pilote de l'US Air Force, abattu au-dessus du Tonkin en 1966 et qui resta six ans prisonnier des Nord-Viêtnamiens, affirme que sa priorité sera le règlement de la question des disparus MIA (*Missing in Action*) du conflit : déclaration symbolique à destination de l'opinion publique américaine. Plus significatif pour l'avenir est le fait que ce sont des hommes d'affaires qui l'ont accueilli à sa descente d'avion. (→ 10.11)

Schumacher repasse devant Villeneuve

« Schum » (Grand Prix de Monaco).

Monaco, dimanche 11

Michael Schumacher a remporté un Grand Prix de Monaco disputé sous une pluie battante. C'est le choix des pneus qui a été déterminant. A deux heures du départ, au moment où sont tombées les premières gouttes, le pilote Ferrari décidait de courir avec une voiture configurée pour les pistes glissantes. Ce choix judicieux a permis au pilote allemand de faire cavalier seul. Jacques Villeneuve, son principal adversaire, équipé avec des pneus « slicks », ne pouvait pas défendre ses chances sur une piste détrempée. Marquée par de nombreux abandons, en raison des tête-à-queue, cette course permet à Schumacher de reprendre la tête du classement général, où il devance Villeneuve de quatre points. (→ 25)

Quatrième trophée anglais à Cantona

Angleterre, dimanche 11

A bientôt 31 ans, le capitaine des Reds de Manchester United a donc remporté, avec son club, un 4e titre de champion d'Angleterre. Pour Eric Cantona, il s'agit même de la 5e couronne de champion s'il faut y ajouter le titre obtenu avec Leeds. Ce nouveau trophée pourrait bien être le dernier. Si l'on en croit des rumeurs insistantes, Eric Cantona se pose de plus en plus de questions sur son avenir de footballeur, bien qu'il soit lié avec « MU » jusqu'en juin prochain. Mais, avec Cantona, tout est possible ! (→ 18)

Gary Kasparov vaincu par l'ordinateur Deep Blue à la 6e partie

Le champion du monde lors de la première manche face à la machine d'IBM.

New York, dimanche 11

Gary Kasparov a donc été vaincu par Deep Blue, l'ordinateur de jeu d'échecs élaboré par les cerveaux d'IBM. Le champion du monde a craqué dans la sixième et dernière partie de ce duel d'un genre très particulier. Le bilan : trois victoires pour Deep Blue, une pour Kasparov et deux nuls. Le brillant ordinateur a donc pris sa revanche sur Kasparov, qui avait réussi à le battre en 1996. Les capacités de la machine ont été multipliées par deux : elle peut ainsi analyser 200 millions de coups par seconde ! L'ordinateur avait stocké toutes les parties de son adversaire. Et, en plus, il est « rusé ».

Le 10 à Helfaut (près de Saint-Omer), le Centre d'histoire de la guerre et des fusées est ouvert au public. Il est situé sous la « coupole », un bunker souterrain aménagé par les Allemands en 1943 pour le lancement des V2.

Jean-Paul II lance un appel à Beyrouth

Liban, dimanche 11

Au cours des trente-six heures que sa visite a duré, le pape a réussi un étonnant numéro d'équilibriste. Il s'agissait de ne pas froisser Damas et le régime syrien, avec lequel ce voyage a été longuement négocié, et de redonner espoir aux chrétiens du Liban. Le moment fort du voyage a été la messe célébrée au cœur du vieux quartier maronite de Beyrouth devant près de 300 000 fidèles. A aucun moment, le souverain pontife n'a évoqué l'occupation syrienne et israélienne, parlant des souffrances des Libanais et prônant le respect des libertés religieuses. (→ 10.6)

Une messe pour 300 000 fidèles.

Mai

1997

Lu	Ma	Me	Je	Ve	Sa	Di
			1	2	3	4
5	6	7	8	9	10	11
12	13	14	15	16	17	18
19	20	21	22	23	24	25
26	27	28	29	30	31	

Londres, lundi 12
La Grande-Bretagne décide de suspendre les expulsions vers l'Algérie après l'assassinat d'un ancien policier algérien, tué dès son retour au pays. (→ 2.6)

Israël, mardi 13
Amère défaite pour Shimon Pérès. Après avoir perdu les élections il y a un an, le congrès travailliste refuse de le désigner à la présidence du parti.

Paris, mardi 13
Inauguration de la Maison du Japon, en présence de la princesse Nori, fille de l'empereur Akihito.

Washington, jeudi 15
Bill Clinton présente les excuses publiques du gouvernement américain aux 399 hommes noirs, la plupart déjà décédés, victimes de « l'étude de Tuskegee » menée de 1932 à 1972. Des médecins blancs leur avaient refusé un traitement contre la syphilis à des fins d'expérimentation médicale.

Floride, jeudi 15
Décollage de la navette *Atlantis* qui doit rejoindre la station Mir. A son bord, pour la première fois, une femme, Eileen Collins, occupe le siège de pilote et parmi l'équipage figure un Français, Jean-François Clervoy. (→ 25.6)

Bangkok, jeudi 15
Grave crise monétaire. La devise thaïlandaise, le baht, est en chute libre. (→ 11.7)

Kinshasa, vendredi 16
Mobutu Sese Seko, maréchal-président à vie, lâche prise. Il quitte le Zaïre pour une destination inconnue après trois décennies de pouvoir sans partage. (→ 17)

Séoul, samedi 17
Kim Hyun-chul, le fils du président sud-coréen, Kim Young-sam, est arrêté et incarcéré. Il est au centre d'un réseau de trafic d'influence.

Grande-Bretagne, dimanche 18
Eric Cantona, la star française du football britannique, annonce qu'il prend sa retraite sportive à 31 ans.

DECES

Rome, vendredi 16
Giuseppe De Santis, cinéaste (*11.2.1917).

Triomphe de la comédie musicale *le Passe-Muraille* : 3 Molières

Paris, lundi 12
Pour sa onzième édition, la nuit des Molières a été présidée par Yasmina Reza, l'auteur du très remarqué *Art*. Avec le prix du meilleur metteur en scène pour Alain Sachs, du décor pour Guy-Claude François et du meilleur spectacle musical, *le Passe-Muraille* est le grand lauréat de la soirée. Adaptée d'une nouvelle de Marcel Aymé, la pièce a été mise en musique par Michel Legrand sur un livret de Didier Van Cauwelaert. Le jury a par ailleurs couronné *Kinkali*, d'Arnaud Bourdet, qui a obtenu le double Molière du meilleur auteur et de la meilleure pièce de création. Enfin, Pierre Cassignard et Myriam Boyer ont remporté les titres de meilleurs acteur et actrice.

La 11e cérémonie de la nuit des Molières était présidée par Yasmina Reza.

Accord de paix entre Russie et Tchétchénie

Moscou, lundi 12
Le document signé par Boris Eltsine et Aslan Maskhadov, le président russe et son homologue tchétchène, donne un nouvel élan au processus de paix. Le texte stipule que les deux parties s'engagent « à rejeter pour toujours le recours à la force et la menace de la force ». La signature a été suivie par celle d'un traité sur la coopération économique entre la Russie et la Tchétchénie. C'est un désaveu pour les « faucons » des deux camps, même si le traité est loin de reconnaître l'indépendance de la Tchétchénie. (→ 30.7)

Gros succès du film *le Cinquième Elément*

Le réalisateur L. Besson au tournage.

France, mardi 13
C'est du jamais vu ! Une semaine à peine après sa sortie dans les salles françaises, *le Cinquième Elément* est en passe d'atteindre la barre des deux millions d'entrées. Avec près de 400 000 spectateurs dans la seule capitale, la superproduction « Made in France » frôle les records tenus par les dinosaures américains. Il faut avouer que rien n'avait été laissé au hasard. Bruce Willis dans le premier rôle, une pluie d'effets spéciaux, un scénario inspiré de *Star Trek* et une promotion bien orchestrée ont créé l'événement. Pas dépaysés, les Etats-Unis, qui découvrent le film depuis vendredi, apprécient le résultat.

La menace de suicide d'une tribu andine

Colombie, mardi 13
Le jour où l'Occidental Oil lancera l'exploitation pétrolière sur leurs terres sacrées, les 5 000 membres de l'ethnie des Uwas se suicideront. C'est le message pathétique que les chefs de cette tribu andine ont lancé aux opinions publiques américaine et colombienne. Bogota a accordé la concession à l'Occidental, sachant qu'elle était revendiquée par les Uwas. Ceux-ci ont perdu tous leurs recours judiciaires. Leur menace n'est pas vaine : en 1620, ils furent des centaines à se jeter dans le vide pour échapper au joug espagnol.

Barcelone remporte la Coupe des Coupes

A Ronaldo l'unique but du match.

Rotterdam, mercredi 14
Barcelone a remporté 1 à 0 la Coupe d'Europe des Vainqueurs de Coupe contre le Paris-Saint-Germain, le tenant du titre. Les Parisiens n'ont pas pu réaliser l'exploit de signer un doublé historique dans la fameuse épreuve. Un penalty inscrit à la 36e minute, par leur attaquant vedette Ronaldo, a suffi pour ramener le trophée en Espagne. Le PSG peut avoir des regrets. Les coéquipiers de Rai ont vraiment fait jeu égal avec un onze barcelonais qui était donné favori de cette finale. Patrice Loko a eu l'égalisation au bout du pied à la 58e minute, mais son tir a heurté le poteau droit. (→ 21)

Les priorités de Tony Blair en Angleterre

Londres, mercredi 14
Cela faisait longtemps que la reine Elizabeth II n'avait pas lu un aussi long discours du trône. Ecrit par le Premier ministre, ce texte détaille son programme. « L'éducation de la jeunesse sera la première priorité de mon gouvernement », a pu déclarer la souveraine. Vingt-six projets ont ainsi été présentés, allant de la vaste réforme institutionnelle promise au cours de la campagne électorale à la refonte totale du système de santé, sans oublier la relance du logement social. Avec l'accent mis sur toutes les difficultés de la vie quotidienne et son réalisme, Blair a voulu rester fidèle à ses engagements. (→ 19.6)

Berisha dissout le Parlement albanais

Tirana, mercredi 14
Le président Sali Berisha n'a pas craint de provoquer une grave crise politique en annonçant l'immédiate dissolution du Parlement albanais et des élections législatives anticipées pour le 29 juin. Son opposition de gauche a menacé de boycotter le scrutin. Certes, elle réclamait depuis le début des troubles la tenue d'un vote. Mais ce qui rend ses dirigeants furieux, c'est que le Parlement a voté, juste avant d'être dissous, une loi électorale calquée sur celle qui avait permis la victoire du parti de Berisha en 1996. Or ces élections, de l'avis des observateurs, avaient été entachées d'irrégularités. (→ 18.6)

Champion de France de basket : PSG-Racing

Le club gagne sa place en Euroligue.

Paris, jeudi 15
Pour la première fois, PSG-Racing est devenu le champion de France après son succès face à Villeurbanne 75 à 64. Il faut remonter à 1954 pour trouver en championnat trace d'une victoire parisienne, celle du Racing. Lors de la première manche de cette finale, le PSG s'était imposé par 72 à 64. Ce titre, les Parisiens le doivent surtout à John R. Reid, l'un de leurs équipiers américains. A 28 ans, cette ancienne star des New York Knicks était arrivée à Paris pour relancer sa carrière. Avec cette saison exceptionnelle, Reid a gagné ce défi personnel. Il a annoncé qu'il repartait jouer en NBA et envisage par la suite de revenir à Paris pour y finir sa carrière ! (→ 13.6)

Chirac fait un compromis en Chine

Pékin, vendredi 16
Le président français, au deuxième jour d'une visite placée d'abord sous le signe des relations commerciales, a fait un geste en faveur des droits de l'homme. Après que ses services ont transmis une liste de dissidents emprisonnés, Jacques Chirac a, lors d'un entretien avec Jiang Zemin, son homologue chinois, abordé les questions du Tibet, des catholiques chinois et des libertés à Hong Kong. Cela a été fait avec suffisamment de ménagement pour ne pas froisser la susceptibilité de Pékin qui, la veille, avait acheté trente Airbus.

Kinshasa est aux mains des rebelles

L'arrivée des troupes de Laurent-Désiré Kabila dans la capitale zaïroise.

Zaïre, samedi 17
Alors que Laurent-Désiré Kabila est resté à Lubumbashi, ses soldats se sont emparés de la capitale presque sans combattre. Après l'annulation, mercredi, d'un nouveau sommet à trois organisé par Nelson Mandela, Mobutu Sese Seko a quitté le Zaïre avec ses proches hier. Attendus en libérateurs, les hommes de Kabila, dont beaucoup sont rwandais, ont cependant procédé à une centaine d'exécutions publiques et arrêté des milliers de personnes, au hasard des dénonciations ou des listes en main. Le Zaïre a été rebaptisé République démocratique du Congo. (→ 19)

Le 16 au large des côtes du Texas, les fouilles de *la Belle* se poursuivent. Ce bâtiment du XVIIe siècle avait été armé par un explorateur rouennais, Robert Cavelier de La Salle, le premier à identifier le bassin du Mississippi.

Double Palme d'or au Festival de Cannes

Cannes, dimanche 18
Pour la première fois de son histoire le palmarès du Festival de Cannes a été décerné par des artistes. Présidé par Isabelle Adjani, le jury a préféré l'audace et l'exigence aux logiques commerciales. Ce soir, l'Orient était à la fête. Catherine Deneuve a remis une double Palme d'or à l'Iranien Abbas Kiarostami pour *le Goût de la cerise*, ex aequo avec le Japonais Shohei Imamura pour *l'Anguille*. Le prix du 50e festival a salué la très belle carrière de l'Egyptien Youssef Chahine. Et le réalisateur français Manuel Poirier a remporté le prix du jury pour *Western*, un émouvant road-movie du terroir !

Kiarostami, « le Goût de la cerise ».

Mai

1997

Lu	Ma	Me	Je	Ve	Sa	Di
			1	2	3	4
5	6	7	8	9	10	11
12	13	14	15	16	17	18
19	20	21	22	23	24	25
26	27	28	29	30	31	

Albi, lundi 19
Kader Klouchi établit un nouveau record de France de saut en longueur à 8,28 m. Le précédent record datait de 1976 et était détenu par Jacques Rousseau. (→13.8)

Zaïre, lundi 19
Un rapport de Médecins sans frontières évalue le nombre de réfugiés hutus disparus à 190 000 et dénonce les exactions des troupes de Kabila. (→24)

France, mardi 20
Le président de la République, Jacques Chirac, intervient à la télévision et met en garde les électeurs sur les dangers d'une nouvelle cohabitation. (→25)

Kaboul, mardi 20
Les talibans traquent tous les hommes dont la barbe n'est pas assez longue. Ils sont passibles d'une dizaine de coups de bâtons administrés en public. (→25)

Grande-Bretagne, mercredi 21
Premiers contacts officiels entre des hauts fonctionnaires britanniques et des représentants du Sinn Fein depuis la rupture du cessez-le-feu en février 1996. (→16.6)

Caracas, vendredi 23
Juan Pastor Perafan, le dernier grand baron colombien de la drogue, arrêté le 17 avril, est extradé vers les Etats-Unis sur décision de la Cour suprême vénézuélienne.

Iran, vendredi 23
Le candidat du clergé modéré, Mohammad Khatami, remporte l'élection présidentielle avec 69 % des voix. Khatami est considéré à l'étranger comme l'homme le plus apte à ouvrir le pays et à dégeler les relations avec l'Occident. (→23.8)

Grande-Bretagne, dimanche 25
Le grand événement de la techno, le Tribal Gathering, a rassemblé 40 000 personnes dans les environs de Londres pour 20 heures de musique.

Belgique, dimanche 25
Le Lierse, entraîné par Eric Gerets, enlève le titre de champion de Belgique de football. Le FC Malines et le CS Bruges sont relégués en 2e division. (→1.6)

Olivier de Kersauson prend le trophée Jules-Verne à Peter Blake

Brest, lundi 19
A 52 ans, celui que les médias ont surnommé « l'Amiral » a bouclé son tour du monde et gagné le trophée Jules-Verne. Olivier de Kersauson et ses six équipiers sur *Sport-Elec* ont effacé des tablettes le record établi par le Néo-Zélandais Peter Blake avec son bateau *Enza* en 1994. Par rapport à la route choisie par Blake, de Kersauson a choisi un « chemin » plus rectiligne pour son trimaran. Cette option tactique lui a permis de réduire de 1 400 miles (environ 2 300 km) la distance totale que les Français ont parcourue. Pourtant, au passage de l'équateur, *Sport-Elec* comptait quatre jours de retard sur le temps de Peter Blake.

Avec ses équipiers, il a bouclé le tour du monde en 71 jours 14 h 18 min.

Scandale aux Etats-Unis autour d'une pilote de l'US Air Force

Washington, mardi 20
Portée aux nues en 1995 pour être devenue la première Américaine à piloter un bombardier, Kelly Flinn, 26 ans, risque la cour martiale pour avoir menti à ses supérieurs et avoir enfreint le règlement militaire. Son crime ? Une liaison avec un civil marié. Un arrangement a été trouvé : elle va quitter l'US Air Force sans tambour ni trompette. Elle doit cette « mansuétude » au fait que tous les médias se sont emparés de l'affaire et l'ont transformée en victime du machisme militaire. L'opinion a été révulsée par la sévérité avec laquelle sa hiérarchie a jugé son idylle : un homme n'aurait pas subi une telle sanction pour un adultère. (→9.6)

Kelly Flinn, poursuivie pour adultère, avait été la première à piloter un B52.

Surprise : la Coupe de l'UEFA à Schalke 04

Milan, mercredi 21
L'Inter de Milan est tombé de haut en laissant la Coupe de l'UEFA à l'équipe allemande de Schalke 04. Vainqueurs chez eux par 1 à 0, les joueurs de la Ruhr ont concédé une défaite sur le même score à San Siro – but d'Ivan Zamorano –. Malgré quelques belles occasions franches, les « Interistes » ne marquaient pas. Grâce à un jeu collectif solide, les footballeurs de Schalke 04 forçaient les partenaires de Youri Djorkaeff à disputer la séance des tirs au but. Plus adroit dans cet exercice, c'est Schalke 04 qui s'est imposé 4 à 1. Une défaite au goût amer pour les 80 000 tifosi de l'Inter ! (→28)

Les tirs au but ont fait la décision.

Explosion du marché des portables en vue

France, mercredi 21
En lançant un « tout-en-un », c'est-à-dire le portable et l'abonnement à un prix unique, France Télécom, comme ses deux concurrents, SFR et Bouygues, a compris que, pour séduire le grand public, il fallait faire simple. Les spécialistes misent sur un boom du marché : 2,9 millions d'abonnés en mars dernier et plus de 10 millions d'ici à trois ans. A cette date-là, il s'agira effectivement d'un marché de masse. L'accentuation de la concurrence entre les opérateurs français va permettre de rejoindre la moyenne européenne. (→16.9)

Signature de l'accord russo-biélorusse

Moscou, vendredi 23
La télévision retransmet en direct la signature de l'accord d'union entre la Russie et la Biélorussie. Les deux présidents, Alexandre Loukachenko et Boris Eltsine, poursuivent ainsi le rapprochement politique engagé en 1996. Malgré tout le retentissement donné à cet accord, il reste flou sur la nature réelle de cette union. Le président biélorusse est certes un nostalgique de l'URSS, mais il veut surtout prendre pied sur la scène politique russe. A Minsk, l'opinion est favorable à un rapprochement, tout en craignant que la Biélorussie ne soit absorbée par la Russie. A Moscou, si Eltsine veut restaurer l'hégémonie russe, les réformateurs sont hostiles à Loukachenko.

Mise au pas dans la nouvelle République démocratique du Congo

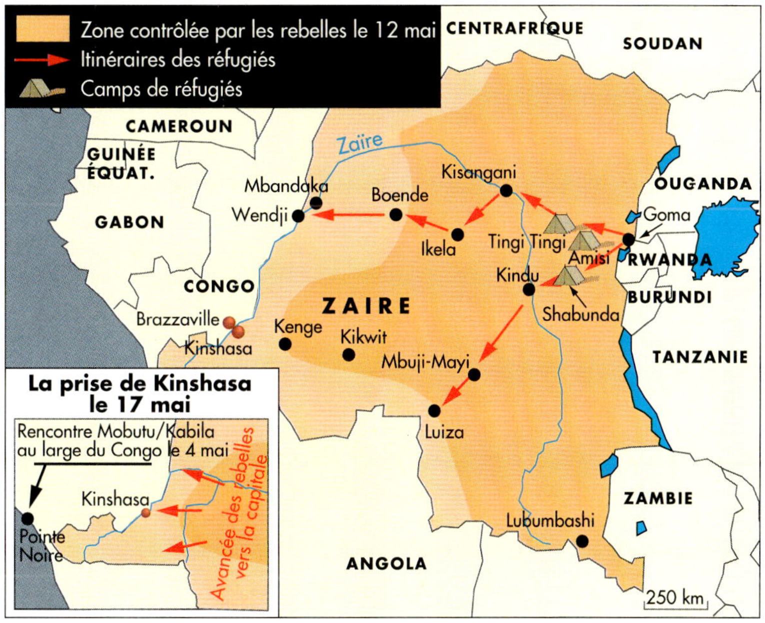

Kinshasa, samedi 24
Deux légitimités s'opposent dans les rues de la capitale, celle de la vieille opposition à Mobutu et celle de la victoire par les armes. La seconde a évidemment le dessus. Après que son ministre des Affaires étrangères eut déclaré : « La liberté, oui, mais la révolution d'abord », Kabila a donc admis qu'il ne fallait pas attendre d'élections avant deux ans. C'est sa réponse à la manifestation, la veille, des partisans d'Etienne Tshisekedi, opposant historique à Mobutu, qui est totalement écarté des tractations menées pour former une nouvelle équipe dirigeante. Les soldats de la rébellion, parfois des mineurs et ne parlant souvent pas la même langue que les habitants de Kinshasa, sont maîtres des rues, où ils imposent leur ordre policier. (→ 29)

Procès de la Josacine : Deperrois coupable

Rouen, dimanche 25
C'est vers 0 h 10 que les jurés de la cour d'assises de Seine-Maritime ont rendu leur verdict. Jean-Marc Deperrois est reconnu coupable de l'empoisonnement d'Emilie Tanay et condamné à vingt ans de prison. En voulant empoisonner le mari de sa maîtresse en versant du cyanure dans un antibiotique, la Josacine, il a assassiné une fillette, amie du fils de la famille, qui a ingurgité le produit. C'est donc à la thèse de l'accusation que les jurés ont cru, au nom de leur intime conviction et en dépit des doutes persistants.

Sérieux avertissement à la droite française

France, dimanche 25
Le pari de la dissolution, que de nombreux « experts » en politique disaient gagné d'avance, paraît très mal engagé à l'issue du premier tour de ces législatives anticipées. C'est un revers indiscutable et inquiétant pour la coalition gouvernementale, qui obtient 31 % (les divers droite atteignant 6,6 %). La gauche, elle, fait 40,2 % et les Verts, liés à celle-ci par des accords électoraux, 6 %. Les projections donnent déjà la gauche gagnante. Les abstentionnistes, avec 32 %, et le Front national, avec 15 %, arbitreront le second tour. (→ 26)

Les talibans contrôlent tout l'Afghanistan

Les troupes du général Abdul Malik occupent la grande ville de Mazar-i-Charif.

Afghanistan, dimanche 25
Les « étudiants séminaristes », ce que les talibans étaient à l'origine, sont maintenant maîtres du pays. La chute de Mazar-i-Charif, après une offensive foudroyante, met fin à la résistance de la coalition du Nord, dirigée par le général ouzbek Abdul Rashid Dostom. Celui-ci a fui son dernier bastion pour la Turquie. La victoire des talibans est, en grande partie, due aux ralliements et aux défections dans les rangs adverses. A peine entrés dans la ville, ils y ont imposé, comme à Kaboul et au reste du pays, la charia et leurs préceptes moraux et vestimentaires, les plus durs du monde islamique. (→ 30.7)

Villeneuve reprend la tête en Espagne

Le Canadien à son premier ravitaillement sur le stand Williams-Renault.

Barcelone, dimanche 25
Jacques Villeneuve a remporté le Grand Prix d'Espagne et repris le commandement du championnat du monde, avant le prochain rendez-vous prévu chez lui au Québec. La clef de son succès s'explique par les ravitaillements : sa Williams-Renault a fait deux arrêts au stand contre trois pour les McLaren-Mercedes et les Ferrari. Le podium avait des airs francophones avec, aux côtés de Jacques Villeneuve, Olivier Panis (sur Prost-Mugen Honda) et Jean Alesi (sur Benetton-Renault) qui complétaient le trio. Villeneuve a désormais trois points d'avance sur Michael Schumacher. (→ 15.6)

Mai

1997

Lu	Ma	Me	Je	Ve	Sa	Di
			1	2	3	4
5	6	7	8	9	10	11
12	13	14	15	16	17	18
19	20	21	22	23	24	25
26	27	28	29	30	31	

Etats-Unis, lundi 26
La suite du film *Jurassic Park, The Lost World*, remporte un énorme succès. Après quatre jours d'exploitation, il a dégagé une recette de 90 millions de dollars, ce qui couvre déjà les 75 millions de dollars du budget du film. (→ 22.10)

Düsseldorf, mardi 27
L'ancien chef espion est-allemand Markus Wolf est condamné à deux ans de prison avec sursis pour des enlèvements commis dans les années cinquante et soixante. Ses *Mémoires*, qui doivent sortir la semaine prochaine, sont très attendus à cause des révélations explosives qu'ils contiendraient. (→ 25.8)

Chambéry, mercredi 28
Au cours d'un meeting électoral, la majorité présente son nouveau « ticket » gouvernemental, Philippe Séguin et Alain Madelin. (→ 2.6)

La Haye, mercredi 28
Avec quelques jours d'avance, l'Europe occidentale célèbre en présence de Bill Clinton le 50e anniversaire du plan Marshall, lancé le 5 juin 1947. En marge des célébrations se tient le sommet bi-annuel entre l'Union européenne et les Etats-Unis.

Lisbonne, jeudi 29
L'Otan et l'Ukraine signent un accord et une charte de coopération. (→ 12.6)

Israël, jeudi 29
Selon le quotidien *Ha'Aretz*, le gouvernement de Benyamin Netanyahou a établi une carte secrète des territoires occupés selon laquelle seules 40 % des terres de Cisjordanie seraient rendues aux Palestiniens. (→ 21.7)

France, vendredi 30
Le commerce extérieur français a dégagé un excédent de 9,8 milliards de francs en mars et 32,4 milliards au premier trimestre. Ce chiffre record s'explique en partie par la faiblesse de l'activité et des importations.

Japon, samedi 31
Les Français terminent troisièmes des championnats du monde de handball remportés par la Russie, victorieuse face à la Suède (23-21).

Alain Juppé annonce qu'il démissionnera

Paris, lundi 26
Le Premier ministre a profité de la réunion du comité politique de la majorité pour annoncer qu'il allait quitter Matignon après le second tour, même en cas de victoire. Dès hier, certaines voix dans la coalition RPR-UDF avaient suggéré à mots feutrés son remplacement, tenant son impopularité pour la principale cause du demi-échec de ce premier tour. Alain Juppé se sacrifie donc. Il a l'élégance de ne pas rappeler qu'il était tout à fait opposé à cette idée de dissolution tactique et qu'il ne s'y est plié que contraint et forcé par l'Elysée. (→ 28)

Des excuses aux aborigènes australiens

Des victimes de l'assimilation forcée.

Melbourne, lundi 26
John Howard, le Premier ministre australien, a exprimé ses regrets et sa profonde peine en présentant ses excuses personnelles pour ce qui fut une politique d'assimilation forcée. Il parlait devant les 1 500 délégués de la convention de réconciliation avec les aborigènes, et une part de son auditoire lui tournait le dos en signe de colère. Menée depuis la fin du XIXe siècle jusqu'aux années 60, cette politique a conduit à enlever des dizaines de milliers d'enfants aborigènes pour les couper de leurs racines et les élever, souvent avec brutalité, dans des orphelinats ou des familles d'adoption blanches. Le traumatisme est immense.

Elf, une nébuleuse bancaire en Suisse

Genève, lundi 26
Les investigations menées en Suisse à la demande du juge Eva Joly ont fait apparaître au grand jour ce qui ressemble à une véritable « usine à commissions occultes ». Ce dossier, « monstrueux » selon les mots des magistrats genevois, est vraiment devenu tentaculaire. Ce sont plus de 300 millions de francs versés par Elf qui ont transité par le compte secret de l'ancien conseiller de Loïk Le Floch-Prigent et par des sociétés écrans du Liechtenstein. Cet argent a servi à verser des pots-de-vin au Gabon, en Allemagne, en Russie et à payer les intermédiaires. (→ 6.11)

Vives inquiétudes sur le débit de la Loire

France, mardi 27
Malgré les pluies de ces derniers jours, les hydrologues sont inquiets. Le déficit des quatre premiers mois de l'année a obligé les spécialistes en hydraulique à réduire une nouvelle fois le débit du fleuve à 45 m^3 par seconde, alors que la moyenne est de 60 m^3. Il s'agit de ne pas vider les réservoirs en amont pour que la Loire ne soit pas asséchée durant les mois les plus chauds. Cela afin de préserver la faune aquatique mais surtout pour que les quatre centrales nucléaires installées sur son cours ne soient pas forcées de s'arrêter, faute de liquide de refroidissement.

L'affaire « Jones » rattrape Bill Clinton

Washington, mardi 27
Rien n'empêche un tribunal de se pencher sur la question de savoir si oui ou non Bill Clinton a exhibé ses parties intimes à Paula Jones en mai 1991. C'est ce qu'a décidé la Cour suprême en rejetant les arguments des avocats du Président qui, eux, réclamaient que cette affaire privée soit jugée à la fin ou à l'expiration de son mandat. Les juges suprêmes ont estimé que tout président qu'il soit, Bill Clinton ne bénéficiait d'aucune immunité particulière. Les recours ayant été tous épuisés, cette affaire l'a donc rattrapé pour être examinée bientôt en place publique. (→ 17.10)

Avec l'Acte fondateur, nouvelles règles entre la Russie et l'Otan

Paris, mardi 27
Signé à l'Elysée par les seize chefs d'Etat membres de l'Otan et par Boris Eltsine, ce traité, baptisé Acte fondateur, organise les bases des nouvelles relations entre la Russie et l'Alliance atlantique. Il stipule que les deux parties ne se considèrent plus comme des adversaires et vont développer un partenariat « fort, stable et durable ». Moscou entérine le futur élargissement de l'Otan, en échange de quoi est créé un Conseil conjoint permanent. L'Otan s'est engagée à ne déployer aucune arme nucléaire sur les territoires de ses nouveaux membres, et la Russie a renoncé à son droit de veto. (→ 29)

Signé à Paris, ce traité amorce le processus d'élargissement de l'Otan à l'Est.

Finale de la Ligue des Champions : victoire du Borussia Dortmund

Munich, mercredi 28
La Juventus de Turin, tenante du titre et favorite de la finale de la Coupe d'Europe, a été piégée par les Allemands du Borussia Dortmund. Les Italiens ont été battus 3 à 1 par une équipe de Dortmund séduisante et réaliste. Dortmund, à la mi-temps, comptait deux buts d'avance grâce à un beau doublé de Karlheinz Riedle. Vexés, les joueurs de la Juve purent réagir par Zinedine Zidane et Alen Boksic, mais toutes leurs attaques ont échoué sur le rideau défensif adverse. Alessandro Del Piero (64e) relançait l'intérêt de la partie, mais sur son premier ballon Lars Ricken (71e) assommait la Juve avec un troisième but superbe. (→ 11.6)

Didier Deschamps (à droite, Juventus) dans un duel musclé avec Paulo Sousa.

Une loi interdit la fessée au Danemark

Copenhague, mercredi 28
A une voix de majorité, le Parlement adopte la loi qui interdit aux parents danois d'infliger à leur progéniture une claque, une gifle, une fessée ou toute forme de châtiment corporel. Le Danemark était le dernier pays scandinave à ne pas avoir voté une telle législation. Si l'enfant porte plainte, les parents sont passibles de poursuites. L'opposition libérale, qui dénonce une intrusion de l'Etat dans la vie privée des familles, est contre une loi qui « criminalise des parents qui utilisent des méthodes normales d'éducation ». Certains ont réclamé un référendum.

Fernand Léger au Centre Pompidou

Paris, jeudi 29
Voilà plus de quinze ans que cette figure majeure de l'art du xxe siècle n'avait pas eu de grande exposition en France. Avec plus de deux cents toiles, dessins et projets de décors, la rétrospective magistrale que lui consacre le Centre Pompidou fait le point sur la richesse d'une œuvre encore méconnue. Fernand Léger a inventé les couleurs de la modernité. Sa peinture orchestre le tumulte de la ville dans un réseau de lignes de force qui défient l'impact du cinéma et de la réclame. Cet art de peindre la réconciliation de l'homme et de la machine rêve de bonheur.

Kabila président du nouveau Congo avec les pleins pouvoirs

Mamans de l'Alliance des forces démocratiques pour la libération du Congo.

Kinshasa, jeudi 29
Sous une chaleur étouffante et après quatre heures d'attente pour la foule des tribunes, Laurent-Désiré Kabila est investi des pleins pouvoirs. Il jure de prêter obéissance au décret qu'il a lui-même signé la veille et qui lui confère les pouvoirs législatifs et exécutifs. Président tout-puissant du nouveau Congo « démocratique », il s'est résolu à promettre des élections pour 1999. Hier, une manifestation de 3 000 personnes qui protestaient contre l'omniprésence et les bavures des soldats rwandais, et qui, surtout, témoignaient de la grosse déception des habitants de Kinshasa à l'égard de Kabila, a été assez brutalement dispersée par l'armée. (→ 3.6)

Le 27 en France, après sa présentation au Salon de Barcelone, Renault annonce le prix de son nouvel utilitaire, la Kangoo : environ 78 000 F.

Quatrième titre aux rugbymen toulousains

Paris, samedi 31
Le Stade Toulousain est bien la meilleure équipe française. Et ce n'est pas Bourgoin qui pourrait dire le contraire. Les Toulousains ont ainsi gagné leur 4e titre d'affilée de champion en s'imposant 12 à 6 face à l'équipe de Bourgoin. Les joueurs de celle-ci, venus avec un esprit de conquête, ont été perturbés par la sortie de leur trois-quarts centre et international Stéphane Glas (avec une fracture de la clavicule). Le match sombra dans l'ennui. Cette solidité toulousaine vint aisément à bout de la volonté de Bourgoin. L'expérience avait parlé. Mais cette finale est à oublier très vite. (→ 27.9)

Bourgoin est battu par 12 points à 6.

Juin

1997

Lu	Ma	Me	Je	Ve	Sa	Di
						1
2	3	4	5	6	7	8
9	10	11	12	13	14	15
16	17	18	19	20	21	22
23	24	25	26	27	28	29
30						

Belgique, dimanche 1er
Le Germinal Ekeren remporte la Coupe de Belgique de football face à Anderlecht.

Loire-Atlantique, dimanche 1er
Les opposants à la centrale nucléaire du Carnet, face à Saint-Nazaire, organisent une chaîne humaine de protestation. (→ 16)

Alger, lundi 2
Un nouvel attentat à la bombe sur un marché fait 7 morts et 37 blessés. C'est le cinquième attentat en moins de trois jours. (→ 6)

Freetown, lundi 2
Des navires nigérians bombardent les quartiers de la capitale du Sierra Leone tenus par les putschistes. (→ 4)

Suisse, mardi 3
La Commission fédérale bancaire estime que les avoirs financiers cachés en Suisse par Mobutu Sese Seko s'élèvent à 20,5 millions de francs français. (→ 7.9)

Malmö, jeudi 5
Lionel Jospin fait son premier déplacement à l'étranger en tant que chef du gouvernement pour le congrès de l'Internationale socialiste. Il y rencontre son homologue anglais, Tony Blair. →

Alabama, vendredi 6
Pour la première fois depuis 1913, un Blanc, membre du Klan, est exécuté pour le meurtre d'un Noir, lynché en 1981.

Lille, samedi 7
Jacques Chirac et Catherine Trautmann inaugurent le musée des Beaux-Arts entièrement rénové.

Italie, dimanche 8
Le cycliste italien Ivan Gotti remporte la 80e édition du Giro, le tour d'Italie, devant le Russe Pavel Tonkov. (→ 26)

DECES

Suresnes, samedi 7
Jacques Canetti, producteur et directeur artistique, découvreur de Georges Brassens et de Jacques Brel (*30.5.1909).

Paris, dimanche 8
André Harris, producteur de télévision, cinéaste et journaliste (*13.7.1933).

Chirac perd son « pari » aux élections

France, lundi 2
Conséquence inéluctable du vote de la veille, Jacques Chirac a nommé Lionel Jospin au poste de Premier ministre, peu après avoir accepté la démission d'Alain Juppé et de son gouvernement. A l'issue du second tour des législatives, hier, la gauche a conquis la majorité parlementaire avec 319 sièges contre 257 pour la droite. Le PS en obtient 245, le PC 37 et les écologistes 8. L'UDF et le RPR sont tombés respectivement à 109 et 140 sièges. L'échec patent du pari de la dissolution et des élections anticipées va obliger les dirigeants de l'ancienne majorité à s'interroger sur les causes de cette défaite. Lionel Jospin, qui a besoin du soutien du PC et des Verts, est déjà en train de former son gouvernement. (→ 5)

A. Juppé à sa sortie de l'Elysée où il vient de donner sa démission à J. Chirac.

Découverte du plus vieil Européen

Espagne, lundi 2
Découverts près de Burgos, dans la sierra de Atapuerca, les ossements mis au jour par des paléontologues espagnols seraient, selon eux, ceux des plus vieux Européens. Calculé à partir d'un morceau de crâne et de tibia, l'âge de cet hominidé, baptisé Antecessor, est de 800 000 ans. Ce qui en fait le plus lointain ancêtre de l'espèce homo. Selon le nouveau scénario, Antecessor aurait migré il y a un million d'années de l'Afrique vers l'Europe, où il aurait donné naissance à Neandertal. (→ 11.7)

Chrétien affaibli par un scrutin au Canada

Ottawa, lundi 2
Le Premier ministre canadien, Jean Chrétien, est reconduit au pouvoir. Mais sa formation, le Parti libéral, ne dispose plus, après ces élections anticipées, que de quatre sièges de majorité au Parlement. Le fait le plus marquant de ce scrutin, c'est l'apparition d'une troisième force politique, le Parti réformiste. Ses partisans, surtout implantés dans l'ouest du pays, viennent troubler un jeu politique qu'ils récusent, celui opposant le Québec souverainiste à l'Ontario libéral.

Revers du Nigeria au Sierra Leone

Freetown, mercredi 4
En envoyant une délégation pour négocier avec les mutins, le Nigeria reconnaît implicitement l'échec de son intervention armée. Le 25 mai, une junte militaire avait renversé le président Ahmad Tejan Kabbah, élu démocratiquement l'an dernier. Il y a deux jours, sous la bannière de l'Ecomog (la force d'interposition ouest-africaine), un contingent et des navires nigérians avaient tenté de faire échouer le putsch. A l'issue des combats, les Nigérians laissaient 300 prisonniers sur le terrain.

Polémique autour de l'euro au Bundestag

Bonn, mercredi 4
La motion de défiance déposée par le SPD et les Verts contre le ministre des Finances, Theo Waigel, a été repoussée. Mais cela ne règle en rien la question de l'impasse budgétaire. Le calendrier de mise en place de l'euro et les critères de référence du traité de Maastricht imposent au gouvernement d'Helmut Kohl une réduction du déficit budgétaire. Or la Bundesbank lui refuse la moindre facilité comptable, et les libéraux de la coalition ne veulent pas entendre parler de nouveaux impôts. (→ 9)

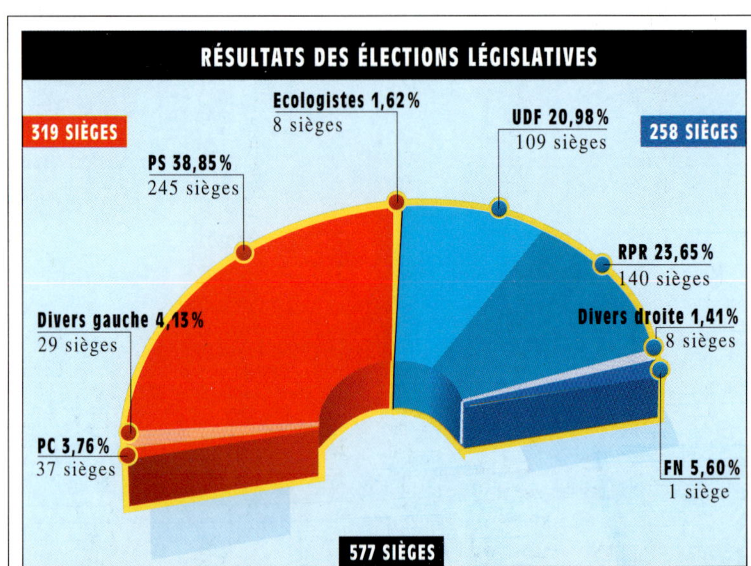

Nouveau quotidien : *la Provence*

Marseille, mercredi 4
Les 250 000 exemplaires du premier numéro de *la Provence* sont dans les kiosques ce matin. Ce quotidien est issu de la fusion des deux piliers et anciens frères ennemis de la presse et de la scène politique marseillaises : *le Méridional* et *le Provençal*. Ce dernier a longtemps été l'organe de Gaston Defferre et des socialistes, alors que le premier était situé à droite. Propriété de Hachette, les deux titres partagent un immeuble depuis des années. A l'écart de toute « information partisane », ce journal n'a plus en face de lui que le titre communiste, *la Marseillaise*.

Législatives sans surprise en Algérie

Le parti présidentiel, le Rassemblement national démocratique, arrive en tête.

Algérie, vendredi 6
Malgré les 37 formations politiques en lice, peu d'électeurs algériens s'attendaient à une autre victoire que celle du parti présidentiel, le RND. Le Rassemblement national démocratique a obtenu 155 sièges et son allié, le FLN, 64, sur les 380 de l'Assemblée nationale algérienne. Les deux partis islamistes modérés et tolérés par le pouvoir forment la deuxième force politique du pays, loin devant l'opposition démocrate et laïque. Ces élections législatives, les premières depuis l'interruption du processus démocratique en 1991, auraient donné lieu à des fraudes massives. (→ 8.7)

Alphand à la retraite

France, jeudi 5
Ainsi, Luc Alphand ne disputera pas les Jeux olympiques à Nagano en 1998. Le skieur de Serre-Chevalier a surpris tout le monde en annonçant qu'il arrêtait la compétition de haut niveau. A 31 ans, il quitte la scène internationale, avec un palmarès unique, pour profiter pleinement de sa famille. A l'actif de « Lucho » : une Coupe du monde générale cette année, trois Coupes du monde de descente, une Coupe du monde de super-G, une médaille de bronze aux championnats du monde et enfin dix victoires sur les plus belles pistes du monde ! Débarrassé des contraintes de la compétition, il va maintenant pouvoir s'adonner à une toute autre passion : la chasse au gibier.

Victoire surprise d'un joueur brésilien inconnu à Roland-Garros

Le Belge Filip Dewulf, battu en demi-finale par Kuerten (6-1, 3-6, 6-1, 7-6).

Paris, dimanche 8
A 21 ans, Gustavo Kuerten est entré dans la légende de Roland-Garros. Ce joueur, qui est classé à la 66e place mondiale, a aisément dominé Sergi Bruguera en trois sets (6-3, 6-4, 6-2). Avec sa chevelure ondulée, son culot phénoménal et son maillot aux couleurs du drapeau brésilien, le longiligne Brésilien a enflammé la quinzaine sur terre battue. En moins de deux heures, il a « écœuré » Sergi Bruguera, l'ancien vainqueur du tournoi. Roland-Garros a ainsi été le théâtre de nombreuses surprises, avec la présence en demi-finale du Belge Filip Dewulf (122e ATP) sorti par Kuerten. Mais la Belgique s'est consolée avec le victoire de Justine Hénin chez les juniors. (→ 6.7)

Le Brésilien Gustavo Kuerten a battu l'Espagnol Sergi Bruguera en 3 sets.

Le 5 à Paris, une partie des bouteilles – 8 000 sur près de 100 000 – de la cave du restaurant Maxim's sont vendues aux enchères par maître Jacques Tajan (à droite, avec Pierre Cardin). Le record, atteint par un Allemand : 500 000 F pour une caisse de douze bouteilles de Mouton-Rothschild 1945.

Affrontements sanglants à Brazzaville

Congo, dimanche 8
Depuis quatre jours, Brazzaville est la proie des affrontements violents qui opposent l'armée régulière aux milices Cobras de l'ancien président Denis Sassou N'Guesso. La tension ne cessait de monter à l'approche de l'élection présidentielle prévue le 27 juillet. Ce sont les hommes de Pascal Lissouba, l'actuel président, qui auraient voulu éliminer la milice armée de son adversaire. Après la mort d'un soldat français hier, Paris a décidé d'envoyer 500 hommes en plus des 450 légionnaires qui sont déjà chargés de couvrir l'évacuation des ressortissants français. (→ 15)

Exactions et pillages se multiplient.

Le gouvernement de Lionel Jospin à l'œuvre pour

Emploi et Solidarité :
Martine Aubry (PS).

Garde des Sceaux, Justice :
Elisabeth Guigou (PS).

Education nationale, Recherche et Technologie : Claude Allègre (PS).

Intérieur :
Jean-Pierre Chevènement (MDC).

Affaires étrangères :
Hubert Védrine (PS).

Economie, Finances et Industrie :
Dominique Strauss-Kahn (PS).

Défense : Alain Richard (PS).

Equipement, Transports, Logement :
Jean-Claude Gayssot (PCF).

Culture et Communication, porte-parole du gouvernement :
Catherine Trautmann (PS).

Agriculture et Pêche :
Louis Le Pensec (PS).

Aménagement du territoire et Environnement :
Dominique Voynet (Les Verts).

Relations avec le Parlement :
Daniel Vaillant (PS).

une « cohabitation » nouvelle avec Jacques Chirac

Fonction publique, Réforme de l'Etat et Décentralisation :
Emile ZUCCARELLI (PRS).

Jeunesse et Sports :
Marie-George BUFFET (PCF).

Délégué aux Affaires étrangères, **chargé des Affaires européennes :**
Pierre MOSCOVICI (PS).

Délégué à l'Education nationale, **chargé de l'Enseignement scolaire :**
Ségolène ROYAL (PS).

Secrétaires d'Etat

Auprès du ministre de l'Intérieur, **chargé de l'Outre-Mer :**
Jean-Jack QUEYRANNE (PS).

Auprès du ministre de l'Emploi et de la Solidarité, **chargé de la Santé :**
Bernard KOUCHNER (PRS).

Auprès du ministre des Affaires étrangères, **chargé de la Coopération :**
Charles JOSSELIN (PS).

Auprès du ministre de l'Equipement, des Transports et du Logement, **chargé du Logement :**
Louis BESSON (PS) ;
chargé du Tourisme :
Michelle DEMESSINE (PCF).

Auprès du ministre de l'Economie, des Finances et de l'Industrie,
chargé du Commerce extérieur :
Jacques DONDOUX (PRS) ;
chargé du Budget :
Christian SAUTTER (PS) ;
chargé des PME, du Commerce et de l'Artisanat :
Marylise LEBRANCHU (PS) ;
chargé de l'Industrie :
Christian PIERRET (PS).

Auprès du ministre de la Défense, **chargé des Anciens Combattants :**
Jean-Pierre MASSERET (PS).

Le premier Conseil des ministres à l'Elysée. Chirac souhaite une cohabitation dans « la dignité [et] le respect mutuel ».

Paris, jeudi 5
Pour la majorité de ces vingt-six nouveaux ministres et secrétaires d'Etat, ce Conseil des ministres était une première. Dès 9 h 30, Lionel Jospin traversait la cour d'honneur de l'Elysée et rejoignait le président de la République. Ce conseil n'avait pour ordre du jour que la mise au point des méthodes de travail et la présentation à Jacques Chirac de l'équipe gouvernementale. Pour ce dernier, la cohabitation qui débute devrait se dérouler dans le « respect mutuel » et évidemment « le souci constant des intérêts de la France ». La composition du gouvernement a été annoncée hier. Il compte huit femmes à des ministères importants. Les Verts décrochent leur premier ministère avec Dominique Voynet à l'Environnement. Les communistes font un retour remarqué sous les lambris après treize ans d'absence : ils disposent de trois portefeuilles. Autres caractéristiques du nouveau gouvernement : il est plus resserré que les précédents, plus jeune et n'a pas fait appel aux « éléphants » du PS. Lionel Jospin a voulu rassurer Bruxelles en nommant aux postes clefs des Européens convaincus. Ses priorités restent la moralisation de la vie publique et l'emploi. (→ 19)

Présidents des Chambres

Assemblée nationale
En fonction le 1er juin 1997 :
Philippe SÉGUIN, élu le 2 avril 1993.
Elu le 12 juin 1997 :
Laurent FABIUS.

Sénat
En fonction le 1er juin 1997 :
René MONORY, élu le 2 octobre 1992.

Juin

1997

Lu	Ma	Me	Je	Ve	Sa	Di
						1
2	3	4	5	6	7	8
9	10	11	12	13	14	15
16	17	18	19	20	21	22
23	24	25	26	27	28	29
30						

Paris, lundi 9
Le gouvernement français, en demandant un délai de réflexion sur le pacte de stabilité qui doit être signé la semaine prochaine, provoque les protestations des autorités allemandes. (→ 17)

Washington, jeudi 12
Les Etats-Unis décrètent unilatéralement quels sont les pays concernés par le prochain élargissement de l'Otan : la Hongrie, la Pologne et la République tchèque. (→ 9.7)

Paris, jeudi 12
Laurent Fabius est élu au « perchoir », la présidence de l'Assemblée nationale, lors de la première session de la rentrée parlementaire. (→ 19)

Liège, vendredi 13
Le parquet lève le mandat d'arrêt international lancé contre Serge Dassault. (→ 16.7)

Etats-Unis, vendredi 13
L'équipe de basket des Bulls de Chicago remporte à domicile son 5e titre NBA en sept ans. Ils ont battu les Utah Jazz quatre victoires à deux. (→ 18.10)

Cambodge, vendredi 13
Les factions khmers rouges se déchirent. Pol Pot, leur chef historique, qui a fait exécuter Son Sen, son ancien ministre de la Défense, et onze membres de sa famille, fuit son fief au milieu des combats. (→ 21)

Les Eyzies, dimanche 15
La « capitale de la préhistoire » accueille le 7e Championnat d'Europe de tir à l'arc et au propulseur préhistorique, attirant des amateurs et des préhistoriens.

Colombie, dimanche 15
La guérilla libère en grande pompe les soixante soldats de l'armée régulière qu'elle détenait depuis le 30 août 1996.

DECES

Aveyron, jeudi 12
Colette Magny, chanteuse de jazz (*31.10.1926).

Paris, jeudi 12
Boulat Okoudjava, poète et chanteur russes (*9.5.1924).

Belgique, dimanche 15
Edmond Leburton, homme politique et ancien Premier ministre (*18.4.1915).

Une nouvelle affaire de mœurs au sein de l'armée américaine

Washington, lundi 9
Brillant pilote de chasse, décoré au Viêt-nam, apprécié de tous pour ses qualités d'officier, le général Joseph Ralston ne deviendra jamais chef d'état-major des armées. Il a dû en effet retirer sa candidature après la révélation d'un adultère commis il y a treize ans avec une civile, lors d'un stage. Le fait qu'il fut déjà séparé de sa femme à l'époque de la « faute » n'a rien changé. Ce qui est en cause dans cette nouvelle affaire, c'est moins le puritanisme supposé de l'opinion publique que le souci de traiter cette affaire de morale privée de façon aussi inflexible que celles touchant ses subordonnés. (→ 17.7)

Le général Ralston ne sera pas chef d'état-major des armées... pour adultère.

Jean-Paul II achève une visite de onze jours dans son pays natal

Le pape avec Lech Walesa lors de sa visite au monastère de Jasna Gora.

Cracovie, mardi 10
Le souverain pontife prend congé de sa terre natale en présence du président Kwasniewski et de tout l'épiscopat polonais. En onze jours, il a visité douze villes ou sanctuaires et près de six millions de Polonais se sont pressés aux messes célébrées par le pape. Pour nombre d'entre eux, conscients de son état de santé, cette visite ressemblait à des adieux. Jean-Paul II a évité de rentrer dans les querelles politiques qui agitent le pays. Il a plaidé pour l'union des chrétiens d'Europe, pour la justice sociale et le bon usage de la liberté retrouvée, demandant au clergé de laisser aux laïcs la responsabilité des affaires publiques. (→ 24.8)

Dernière rencontre du Tournoi de France : match nul avec l'Italie

Paris, mercredi 11
Les joueurs d'Aimé Jacquet ont ici terminé le Tournoi de France sur un match nul face à l'Italie par 2 à 2. Cette dernière rencontre a confirmé les carences de l'attaque et la fatigue des internationaux français exilés à l'étranger. Malgré les deux jolis buts inscrits par Zinedine Zidane et par Youri Djorkaeff, l'équipe nationale n'a pas rassuré ses supporters. Elle n'a d'ailleurs remporté aucun des trois matchs joués. Le Tournoi, qui servait de répétition générale un an avant le Mondial, rassemblait la France, l'Italie, l'Angleterre et le Brésil. Les Anglais ont remporté ce tournoi honorifique devant le Brésil et la France.

Le premier but du Onze de France, marqué par Zidane à la douzième minute.

Le rapport de l'ONU sur la pauvreté

New York, mercredi 11
Préparé et présenté par le Pnud, le Programme des Nations unies pour le développement, le rapport annuel de l'ONU sur la pauvreté dans le monde indique que 1,3 milliard de personnes vivent avec moins d'un dollar par jour. D'autres statistiques sont aussi éloquentes : 20 % de la population mondiale se partage 1 % du revenu mondial et 1,2 milliard de personnes vivent sans accès à l'eau potable. Les zones les plus pauvres sont l'Afrique sub-saharienne et le sud de l'Asie. L'extrême pauvreté a partout progressé en dix ans.

Loi sur les armes à feu en Angleterre

Londres, jeudi 12
Contrecoup attendu du massacre de Dunblane et de la hausse générale de la criminalité, les Communes ont adopté une loi sur les armes à feu qui fait de la législation britannique la plus contraignante du monde en la matière. Renforçant des textes votés sous John Major, cette loi va étendre le bannissement des armes jusqu'aux engins de poing et de petit calibre. Les propriétaires devront remettre leurs armes à la police contre une indemnité. Un des effets immédiats est de rendre impossible la pratique du tir sportif.

Electrolux supprime 12 000 emplois

Stockholm, jeudi 12
Les dirigeants suédois du premier groupe mondial d'électroménager dévoilent un plan de restructuration qui va supprimer 12 000 emplois sur une période de deux ans. Electrolux est présent dans une soixantaine de pays avec 105 000 salariés. Le plan vise 25 usines et 50 entrepôts. Cette décision intervient alors que la firme a dégagé un bénéfice de 591 millions de francs au premier trimestre. Ce fleuron industriel, qui possède trois sites en France, veut améliorer ses ratios financiers. Les actions ont déjà grimpé de 14 %.

Oklahoma City : un condamné à mort

Denver, vendredi 13
Aucune émotion n'a transparu sur le visage de Timothy McVeigh à la lecture du verdict. Il est pourtant reconnu coupable de l'attentat le plus meurtrier de toute l'histoire américaine, contre un immeuble de l'administration fédérale, le 19 avril 1995 à Oklahoma City. McVeigh a gardé le silence durant son procès. L'Amérique a voulu savoir, avec les témoins et par de longues analyses psychologiques, comment un « bon p'tit gars » de la classe ouvrière blanche s'était mué en fanatique de la droite extrême. En vain.

Accident de Panis au Grand Prix du Canada

Montréal, dimanche 15
La saison est certainement terminée pour Olivier Panis. Le pilote de l'écurie Prost-Mugen-Honda a été victime d'une très violente sortie de piste au 52ᵉ tour. Grièvement blessé aux jambes, le pilote français a été transporté à l'hôpital de Montréal par hélicoptère. Malgré sa victoire, Michael Schumacher affichait une mine grave sur le podium, quelques instants plus tard. Le déjà double champion du monde avait encore en mémoire les terribles images de l'accident d'Olivier Panis. Grâce à ce succès acquis devant Jean Alesi et Giancarlo Fisichella, l'Allemand conserve la tête du championnat du monde. (→ 29)

Sortie de piste à plus de 200 km/h...

47ᵉ Biennale d'art contemporain à Venise

Venise, dimanche 15
L'historien et critique d'art génois Germano Celant n'a bénéficié que de quatre mois pour organiser ce rendez-vous de l'art contemporain. Pivot de la Biennale, son exposition historique réunit trois générations d'artistes de 1960 à nos jours. Elle est judicieusement partagée entre le pavillon italien des Giardini et les anciennes corderies de l'Arsenal. Cette année, le Lion d'or est attribué à Agnès Martin et à Emilio Vedova. Grâce à l'œuvre de Fabrice Hybert, la France gagne le prix du meilleur pavillon national. Et enfin, Gerhard Richter pour l'Allemagne et Marina Abramovic pour la Yougoslavie ont le Grand Prix international.

Exhibition « Robert Longo's Work ».

Le 14 à Paris, David Bowie donne un concert au Parc des Princes.

Porsche garde la main aux 24 H du Mans

Le Mans, dimanche 15
C'est à la moyenne de 204 km/h que la Porsche TWR de l'Italien Michele Alboreto, Stefan Johanson (Suède) et Tom Kristensen (Danemark) a remporté l'épreuve en attendant très patiemment son heure. Victorieux l'an passé, le prototype TWR de la firme allemande s'est imposé avec un équipage entièrement renouvelé. Les deux autres Porsche officielles, des 911 GT1, ont longtemps fait la course en tête avant de renoncer, l'une sur sortie de piste, l'autre à cause d'un début d'incendie dans le moteur. Tout cela après 21 h 43 de course ! Le prototype Porsche prit alors le relais et conserva l'avantage sur l'équipage de la McLaren.

48 voitures au départ, 17 à l'arrivée.

Les soldats français évacuent le Congo

Brazzaville, dimanche 15
L'opération *Pélican* s'achève sur un plein succès. Les militaires français ont réussi à regrouper, protéger et évacuer 5 600 personnes, dont 1 520 Français. Il aura fallu une semaine aux soldats pour mener à bien cette mission dans une capitale en proie aux combats. Les affrontements entre les soldats de Pascal Lissouba et les « Cobras » de Denis Sassou N'Guesso ont déjà fait 3 000 morts. Les pillages ont vidé les commerces. La situation est si confuse qu'il est hors de question pour Paris que ses soldats tentent de s'interposer entre les deux factions. (→ 16)

Juin

1997

Lu	Ma	Me	Je	Ve	Sa	Di
						1
2	3	4	5	6	7	8
9	10	11	12	13	14	15
16	17	18	19	20	21	22
23	24	25	26	27	28	29
30						

Brazzaville, lundi 16
Après l'échec de la médiation gabonaise, le président Pascal Lissouba demande le soutien logistique de la France. Mais Paris refuse fermement de s'engager en faveur de l'un des deux camps. (→ 23)

Albanie, mercredi 18
Les violences ne faiblissent pas et s'aggravent même de jour en jour. En une semaine, 132 personnes ont été tuées dont les deux tiers dans le sud du pays, épicentre de la rébellion. (→ 30)

Paris, jeudi 19
Lionel Jospin fait son discours de politique générale à l'Assemblée nationale. Parmi ses objectifs figurent la hausse de 4 % du Smic, la refonte des lois sur l'immigration, l'abandon du canal Rhin-Rhône et l'inscription de la parité hommes-femmes dans la Constitution. Il obtient la confiance des députés. (→ 14.7)

Grande-Bretagne, jeudi 19
A la surprise générale, c'est William Hague, 36 ans et adoubé par Margaret Thatcher, qui est élu à la tête du Parti tory. Il bat Kenneth Clarke, le favori des conservateurs.

Londres, jeudi 19
La multinationale McDonald's sort vainqueur du procès qui l'opposait depuis trois ans à deux écologistes. Elle obtient 60 000 livres de dédommagement, après avoir dépensé 10 millions de dollars en frais d'avocats et de procédure.

Bruxelles, vendredi 20
Plus de 60 000 personnes assistent au premier concert organisé au stade Roi-Baudouin. C'est la chanteuse québécoise Céline Dion qui en est la vedette.

Portugal, dimanche 22
Une équipe franco-portugaise de paléontologues annonce la découverte des premiers fossiles d'embryons de dinosaures jamais mis au jour en Europe. Ils sont vieux de 140 millions d'années et datent de l'ère jurassique.

DECES

Paris, jeudi 19
Olga Georges-Picot, comédienne (*1944).

Tendre et violente : Pina Bausch, *Nur Du*

Paris, lundi 16
Sur fond de tango, de blues et de rock qui évoquent l'Amérique des années 50, c'est un voyage entre le passé et l'avenir pour aborder le thème du vieillissement. *Nur Du* en allemand est la traduction exacte de *Only You*, la chanson immortalisée par les Platters. C'est ici la mélodie d'un temps révolu que les danseurs nous livrent en une succession de petits tableaux où se mêlent solitude et tendresse. Le ballet se clôt sur un solo de Dominique Mercy, dont la grâce extrême met la touche finale à cette apothéose du désespoir.

Pourparlers suspendus avec le Sinn Fein

Belfast, lundi 16
L'Armée républicaine irlandaise, l'IRA, a revendiqué l'assassinat de deux membres de la Royal Ulster Constabulery, la police d'Irlande du Nord. Les deux hommes ont été abattus à bout portant devant leur caserne, pourtant transformée en fortin, à Lurgan, au sud de Belfast. La région a rapidement été bouclée par les forces armées, mais seule la voiture calcinée des assaillants a pu être retrouvée dans les environs. A Londres, le gouvernement a aussitôt annoncé l'annulation de toutes les négociations qui devaient avoir lieu entre Britanniques et nationalistes irlandais. Cette action meurtrière met fin, du moins pour le moment, aux tentatives d'ouverture engagées par les travaillistes et constitue le premier attentat de l'IRA auquel est confronté Tony Blair. Elle intervient à quelques semaines du début des marches orangistes, qui promettent de déchirer à nouveau l'Irlande du Nord. Si, dans les deux camps, les modérés s'escriment à trouver des accommodements aux parcours de ces défilés protestants, les ultras ne veulent rien entendre. Le Sinn Fein et les orangistes sont tout au moins d'accord sur un point : ces marches dans les zones catholiques sont des provocations : le premier les rejette, les seconds les revendiquent. (→ 6.7)

Manifestations contre l'arrêt définitif du réacteur Superphénix

Creys-Malville, lundi 16
Le bonheur des Verts fait le malheur des habitants de la région et bien sûr des salariés d'EDF. Ils sont près de 1 300 à manifester pour protester contre l'annonce imminente de la fermeture du surgénérateur. Avec, à sa tête, les élus de la région et les dirigeants de la CGT-EDF, le défilé évoque la défense de l'emploi, celle des acquis technologiques et se plaît à dénoncer « l'irréalisme utopique » des promesses faites aux écologistes par Dominique Voynet. Symbole de la lutte contre le tout-nucléaire et la toute-puissance d'EDF, le réacteur de Superphénix est aussi un gouffre financier. Son démantèlement va coûter 27 milliards de plus.

Devant la centrale, 1 300 personnes sont rassemblées pour sauver leur emploi.

Désaccord entre les Quinze sur la réforme du traité de l'UE

Amsterdam, mardi 17
Réunis en sommet, les Quinze ne se sont pas entendus sur l'étendue des réformes à engager pour améliorer le fonctionnement des institutions communautaires et sur les modes d'élargissement de l'Union. Certes, le traité de Maastricht, amendé sur plusieurs points, est devenu le traité d'Amsterdam. Mais les partisans de l'Europe n'ont pas réussi à faire prévaloir leur point de vue. Et, en revanche, l'accord s'est fait là où les observateurs attendaient un divorce franco-allemand. Lionel Jospin a pu déclarer que la France respecterait le calendrier de mise en place de l'euro, en échange d'un engagement sur l'emploi. (→ 1.7)

Lionel Jospin a réaffirmé son attachement à l'euro au sommet d'Amsterdam.

Vaste coup de filet chez les pédophiles

France, mardi 17
Lancé à l'aube, ce vaste coup de filet dans le milieu de la pédophilie a mobilisé 2 500 gendarmes. Ce sont 527 personnes qui ont été placées en garde à vue et 814 domiciles qui ont été perquisitionnés. Les enquêteurs se sont servis du fichier clients d'une société qui diffusait des cassettes pornographiques mettant en scène des mineurs. Ce « coup de pied dans la fourmilière » est le prolongement du procès du réseau Toro Bravo, qui s'est ouvert hier et où comparaissent 72 prévenus, vendeurs et acheteurs de « documents » pédophiles. (→ 24)

Tansu Ciller retrouve le poste de Premier ministre en Turquie

Necmettin Erbakan, démissionnaire, laisse sa place à sa partenaire de coalition.

Ankara, mercredi 18
Après quatre mois de bras de fer avec les militaires et comme il s'y était engagé, Necmettin Erbakan a remis sa démission au président de la République, Suleiman Demirel. Le leader du Refah (islamiste) laisse sa place de Premier ministre à son alliée de coalition, Tansu Ciller, déjà à ce poste de 1993 à 1995. A la tête du Parti de la juste voie (droite), Tansu Ciller, plus « acceptable » aux yeux des militaires, doit former un cabinet qui s'appuiera pourtant sur la même majorité parlementaire. Ce repli est purement tactique pour le Refah, fort du soutien de plus de 20 % de l'électorat. (→ 12.7)

Compromis sur le commerce de l'ivoire

Zimbabwe, jeudi 19
A Harare, au terme de dix jours de débats houleux dans le cadre de la 10e Convention internationale sur le commerce des espèces protégées, l'interdiction totale du commerce de l'ivoire a été levée. Deux logiques s'affrontaient : celle des ONG et des pays occidentaux, qui réclamaient le maintien de l'interdiction, et celle de certains pays africains, qui font face à une surpopulation d'éléphants et qui réclament un commerce sous contrôle strict afin d'écouler leurs stocks. Si l'autorisation s'applique au Zimbabwe, au Bostwana et à la Namibie, la reprise des échanges risque de provoquer ailleurs celle du braconnage à outrance.

La levée de l'interdiction est partielle.

Pol Pot a bien été arrêté au Cambodge

Phnom Penh, samedi 21
Le prince Ranariddh et Hun Sen, les deux co-Premiers ministres qui se disputent le pouvoir, ont ensemble annoncé la capture de Pol Pot. Le chef historique des Khmers rouges, à la tête du pays de 1975 à 1978, et de ce fait principal responsable du véritable génocide qui fit plus d'un million de morts, a été capturé par ses anciens lieutenants dans le nord du Cambodge. Pol Pot se retrouve donc entre les mains des partisans de Kieu Samphan, son ex-bras droit, qui vient d'offrir son soutien aux royalistes. Alors que l'incertitude demeure sur son sort immédiat, les autorités exigent qu'il soit jugé par un tribunal international. (→ 5.7)

Le dictateur, ex-« frère numéro 1 ».

Les dollars du tabac partent en fumée

Washington, vendredi 20
Les fabricants de cigarettes et la justice, agissant au nom de quarante des Etats américains, ont signé un accord historique. Les premiers se sont engagés à verser 370 milliards de dollars (environ 2 200 milliards de francs) aux victimes du tabac et à divers organismes sur 25 ans. En échange de quoi, les Etats décident d'abandonner les poursuites faites au nom des fumeurs et de l'intérêt public. Les fabricants se sont aussi engagés à réduire la publicité pour les cigarettes et à faire en sorte que la clientèle des adolescents soit peu à peu épargnée par cette publicité.

Triomphe de Clinton au premier sommet du G8 avec la Russie

Chirac et Kohl ont refusé de se déguiser en cow-boys pour une photo officielle.

Denver, dimanche 22
Souvent invité comme observateur privilégié de cette grand-messe de l'économie de marché, Boris Eltsine était présent à ce sommet en tant que membre à part entière du G8. L'unanimisme et l'optimisme de la déclaration finale ne peuvent pas cacher le fait que cette réunion des huit pays les plus riches du globe a d'abord donné lieu à la célébration du modèle américain. Les résultats des Etats-Unis en matière d'emploi, de compétitivité, de croissance et de maîtrise des déficits peuvent certes faire rêver les dirigeants européens, mais le ton de Bill Clinton et son intransigeance sur plusieurs points en ont agacé plus d'un.

Juin

1997

Lu	Ma	Me	Je	Ve	Sa	Di
						1
2	3	4	5	6	7	8
9	10	11	12	13	14	15
16	17	18	19	20	21	22
23	24	25	26	27	28	29
30						

Bolivie, lundi 23
Le gouvernement reconnaît pour la première fois que la dépouille du révolutionnaire Ernesto « Che » Guevara est bien enterrée à Vallegrande, à 770 km au sud de La Paz. (→ 6.7)

Etats-Unis, mardi 24
Le Pentagone et l'US Air Force rendent publics tous les éléments concernant « l'affaire Roswell ». Leur objectif est de mettre fin à la légende qui voudrait que l'armée ait gardé le secret sur un vaisseau extraterrestre qui se serait écrasé dans le désert.

Limoges, mardi 24
Dans le bois d'Aixe, 119 nains de jardin sont découverts. La gendarmerie pense à une nouvelle action du FLNJ, le Front de libération des nains de jardin.

France, mardi 24
Un instituteur de Charente-Maritime se tue. C'est le cinquième suicide consécutif au démantèlement du réseau d'amateurs de cassettes pédophiles. L'opération avait été baptisée *Ado 71* par les gendarmes.

Suisse, jeudi 26
A la surprise générale, c'est le cycliste français Christophe Agnolutto qui remporte le Tour de Suisse. (→ 5.7)

Toulouse, samedi 28
Le maire de la ville, Dominique Baudis, inaugure la Cité de l'espace, surnommée « Kourou-sur-Garonne ». Il s'agit d'un vaste complexe scientifique et pédagogique. (→ 24.9)

Paris, samedi 28
L'Europride, la grande manifestation de la « visibilité homosexuelle », rassemble 200 000 personnes venues de l'Europe entière.

Nantes, dimanche 29
Près de 100 000 pigeons sont lâchés pour s'envoler vers l'Angleterre où l'Association colombophile fête son centenaire.

Bruxelles, lundi 30
Le Conseil de guerre acquitte deux ex-casques bleus accusés de sadisme à l'encontre de jeunes civils somaliens. Ils avaient reconnu les faits.

Cinq jours de trêve seulement au Congo

Brazzaville, lundi 23
Décidée mardi dernier et entrée en vigueur le lendemain, la trêve n'aura duré que cinq jours. Les combats ont repris dans la capitale. Des obus ont atteint le quartier du Parlement tenu par les soldats du président en exercice, Pascal Lissouba, où devait se tenir la prestation de serment du Conseil constitutionnel. Cet organe doit prolonger de 90 jours le mandat présidentiel. Esquissée la semaine dernière, la médiation gabonaise a tourné court, même si les autorités de Libreville ont évoqué d'autres rencontres. La France, qui refuse de s'interposer, se contente de protéger son ambassade. (→ 24.8)

Des militaires belges accusés de sadisme

Bruxelles, lundi 23
Deux paracommandos, Kurt Coelus et Claude Baert, sont jugés devant le Conseil de guerre de l'armée belge pour avoir voulu faire « rôtir » un jeune Somalien sur un brasero. Pour cet acte honteux commis lors de l'opération *Restore Hope* (restaurer l'espoir) en Somalie, les préventions de « coups et blessures volontaires avec menaces » ne sont pas établies, et l'intention raciste non prouvée. Le colonel Van de Weghe, patron de la brigade, n'a pas voulu commenter ces poursuites mais a précisé qu'il ne fallait pas pour autant jeter le discrédit sur 2 000 autres soldats qui ont bien fait leur travail. (→ 30)

« Internautes » : un million en France

Le pays « se branche » sur le monde.

France, mardi 24
Selon l'enquête effectuée ces trois derniers mois, il apparaît donc que 1 112 000 personnes âgées de plus de 15 ans ont déjà utilisé Internet, le réseau mondial informatique. Ce taux, 2,4 % de la population adulte et adolescente, est un peu plus haut que prévu, mais il reste faible par rapport aux pays en pointe dans ce domaine. La tentation du web, la partie la plus accessible du réseau, et du cyberespace progresse mais à petits pas. Comme pour le téléphone portable, le marché français a du mal à décoller. S'il y a plus d'un million d'utilisateurs, il n'y a encore que 560 000 abonnés : beaucoup se servent de l'ordinateur d'un ami, de celui de leur société ou vont dans un « Web-café ». (→ 1.8)

Disparition de Cousteau

Paris, mercredi 25
Certainement l'un des Français les plus connus au monde et longtemps la personnalité préférée de l'opinion publique française, Jacques-Yves Cousteau s'est éteint. Né le 11 juin 1910, le commandant Cousteau a fait aimer la mer à des millions de terriens. Sillonnant les océans et en explorant les profondeurs à bord de son navire, la *Calypso*, il en avait rapporté un premier film, *le Monde du silence*, réalisé en collaboration avec Louis Malle, qui leur valut la Palme d'or à Cannes en 1956 et fut aussi le début d'une très longue série de documentaires sur la mer et ses merveilles. Inventeur de plusieurs systèmes de plongée, dont l'appareil respiratoire à valve, air comprimé et bouteilles encore utilisé de nos jours, d'une soucoupe d'exploration sous-marine, il fourmillait de projets de recherche. Homme d'affaires avisé, collecteur de fonds hors pair et très au fait du pouvoir de l'argent et de la notoriété, il a toujours su mettre ces qualités (qui lui furent maintes fois reprochées) au service de l'écologie marine. Par le biais des enfants, de magazines et de tous les films qu'il faisait produire par les télévisions américaines, il a cherché, certes à se faire connaître, mais surtout à bien sensibiliser les humains aux dangers que courait – et court toujours – le fragile monde océanique. Cousteau a démythifié la mer en la rendant accessible à tous.

Aides en baisse au sommet de la Terre

New York, vendredi 27
Les divergences ont été si profondes au deuxième sommet de la Terre que les pays participants n'ont pas même pu s'entendre sur une motion finale commune. Ouverte le 23, la rencontre a baigné dans un climat de pessimisme général. Les Etats-Unis ont refusé de s'engager sur des objectifs chiffrés de réduction des émissions de gaz polluants. Les pays pauvres ne voulaient pas se laisser dicter une conduite en matière de défense de l'environnement. Quant à l'aide publique, elle est passée de 0,33 % à 0,27 % des PIB. (→ 11.12)

La galerie Borghèse est rouverte à Rome

Rome, samedi 28
Il aura fallu quatorze ans de travaux pour que ce joyau de l'art italien soit à nouveau accessible au public. Sur les hauteurs de Rome, la galerie Borghèse renferme la collection du cardinal du même nom, neveu du pape Paul V. De Bellini à Caravage en passant par Fra Angelico, Titien, Raphaël ou Giorgione, elle réunit près de 600 chefs-d'œuvre des plus grands artistes du XVIe et du XVIIe siècle. Cette inauguration est une étape importante dans l'ambitieux programme de restauration engagé par la ville pour aborder l'an 2000.

Grave accident pour la station Mir

Espace, mercredi 25
Les deux Russes, Vassili Tsibliev et Alexandre Lazutkin, et l'Américain Michael Foale, les trois hommes de la station Mir, ont été bien malgré eux les témoins et les acteurs d'une « première » spatiale, la collision entre deux engins. C'est en testant un nouveau système d'amarrage des engins d'approvisionnement qu'un vaisseau Progress a très violemment heurté la station, endommageant des panneaux solaires. L'incident a surtout provoqué ce qui est le plus à craindre dans l'espace, après le feu, une dépressurisation. La fuite a été réparée, l'électricité rétablie et les trois cosmonautes n'attendent plus que le matériel de secours. (→ 7.7)

Un cargo de ravitaillement Progress a heurté un module de la station, Spektr.

Un assassin âgé de 14 ans au Japon

Kobe, samedi 28
Stupeur et horreur : la police révèle que le meurtrier sadique qui, le 14 mai dernier, avait tué puis décapité un enfant de 11 ans n'a que 14 ans. Interrogé ce matin, il vient de passer aux aveux. Son identité a été tenue secrète. Le tueur avait envoyé des lettres aux journaux dans lesquelles il annonçait de prochains meurtres et disait « prendre sa revanche sur l'école obligatoire ». Il fréquentait le même établissement que sa victime et avait déjà joué avec elle. Connu des autres enfants pour sa cruauté envers les animaux, il a reconnu l'agression de deux fillettes dont l'une a succombé à ses blessures.

Renault maintient sa décision sur Vilvorde

Paris, samedi 28
Pas de surprise en Belgique après le rapport de la consultante Danielle Kaisergruber, car la firme française Renault confirme la nécessité de fermer son usine de Vilvorde, trop chère et trop petite. La production s'arrêtera au plus tard à la fin de l'année. Pour les 3 000 ouvriers du site, déçus par ce dernier avatar, il ne reste plus qu'à se battre dans le but d'exiger un plan social en béton. Tout en préconisant la sauvegarde de 400 emplois industriels, l'expert conseille à Renault de baisser ses prix. (→ 25.7)

Tyson disqualifié pour avoir mordu son adversaire en plein match

Evander Holyfield sous le coup de la surprise après la morsure de son oreille.

Las Vegas, samedi 28
Mike Tyson a encore disjoncté. Mis en difficulté par Evander Holyfield, il a arraché un morceau de l'oreille de son adversaire ! Tyson a mordu par deux fois Holyfield à l'oreille, une fois à droite et une autre fois à gauche. Cet incident s'est conclu par la disqualification de Mike Tyson au 3e round pour ce combat entre les deux meilleurs lourds du moment. Alors que s'est-il passé dans la tête de Tyson ? On croyait le champion américain débarrassé de ses vieux démons après son emprisonnement pendant trois ans pour le viol d'une miss. Tyson est à nouveau au bord du gouffre.

L'instinct de Schumacher lui fait gagner le Grand Prix de France

Magny-Cours, dimanche 29
Doublé allemand au Grand Prix de France, avec Michael Schumacher qui s'impose devant Heinz Harald Frentzen, son compatriote. Ainsi, « Schumi » a fait une démonstration superbe de pilotage et d'instinct. Une averse décidait la plupart des écuries à prendre l'option des pneus intermédiaires, mais Schumacher conservait des slicks. Son choix était judicieux puisque la pluie cessa très vite ! Sur le circuit de Magny-Cours, il a signé la vingt-cinquième victoire de sa carrière et aussi la troisième en quatre grands prix ! Le pilote de Ferrari a désormais quatorze points d'avance sur Villeneuve. (→ 13.7)

Il a eu la sagesse de garder des pneus lisses malgré les menaces d'orage.

Vote sanction contre Berisha en Albanie

Tirana, lundi 30
Le président Sali Berisha a admis que la coalition de centre gauche, dominée par le Parti socialiste de Fatos Nano, était en passe d'avoir la majorité et, dès le premier tour, de remporter ces élections législatives anticipées. Ce scrutin s'est mieux déroulé que prévu. Malgré le million d'armes en circulation dans le pays, il n'y a pas eu d'incidents graves à déplorer. Les bandes armées avaient décrété une « trêve électorale », et le vote a eu lieu sous haute surveillance internationale, avec 6 000 hommes de la Force multinationale. (→ 24.7)

Rétrocession de Hong Kong à la Chine populaire

A minuit, les soldats anglais ont descendu l'Union Jack pour la dernière fois, drapeau qui a été récupéré par le dernier gouverneur de la colonie, Chris Patten.

Hong Kong, lundi 30
Cédé à l'Empire britannique en 1842 après les guerres de l'opium, puis loué pour 99 ans, le territoire de Hong Kong est enfin revenu à la mère patrie. Les dirigeants de Pékin attendaient ce moment de revanche depuis des années. D'îles rocheuses et d'un misérable port de pêche, les Anglais firent un formidable centre commercial et financier. Le drapeau rouge flotte sur l'ancienne colonie désormais, à l'issue d'une journée de cérémonies riches en émotion. Sous la pluie, Tony Blair, Chris Patten, le dernier gouverneur britannique, et le prince Charles ont tour à tour pris la parole avant de la céder au leader chinois, Jiang Zemin, et au Premier ministre, Li Peng. Le nouveau chef de l'exécutif de Hong Kong, Tung Chee Hwa, a ensuite prêté serment. L'ex-colonie a désormais le statut de « région autonome spéciale », tout spécialement conçu pour elle. Il lui garantit le maintien du pluralisme politique et de règles démocratiques inconnues dans le reste de la Chine. Le respect par les Chinois de tous ces engagements aura valeur de test et servira peut-être à maintenir la frénétique prospérité de la ville.

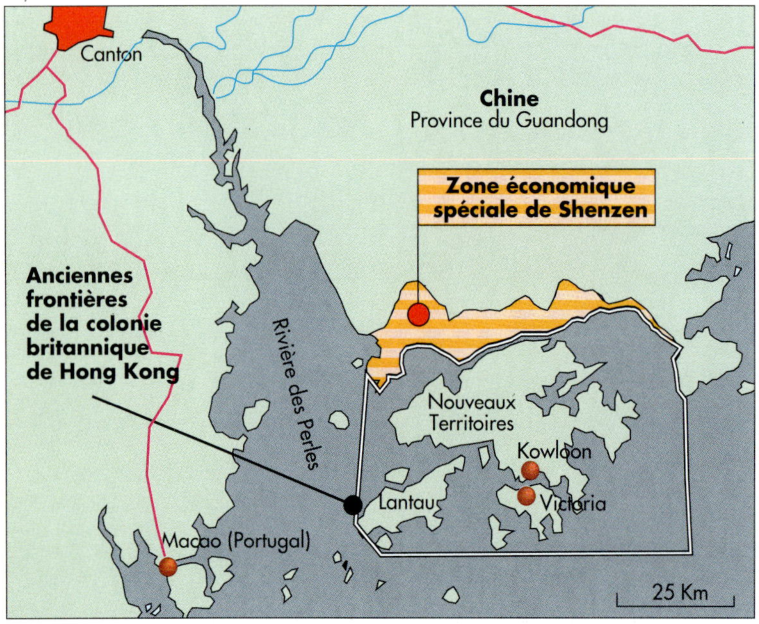

C'est peu avant 21 heures que 509 soldats chinois ont franchi la frontière.

Juillet

1997

Lu	Ma	Me	Je	Ve	Sa	Di
	1	2	3	4	5	6
7	8	9	10	11	12	13
14	15	16	17	18	19	20
21	22	23	24	25	26	27
28	29	30	31			

Europe, mardi 1er
Le Luxembourg prend pour six mois la présidence de l'Union européenne. (→ 25)

Hauts-de-Seine, mardi 1er
Inauguration de la deuxième ligne de tramway en région parisienne. Elle relie la Défense à Issy-les-Moulineaux.

Italie, mardi 1er
L'ancien leader et idéologue de l'extrême gauche italienne, Toni Negri, longtemps réfugié en France, est arrêté par la police antiterroriste dès son retour à Rome.

Hébron, vendredi 4
Pour le jour de la prière, des heurts éclatent entre Palestiniens et soldats israéliens après l'affichage de placards insultants contre les musulmans. (→ 21)

Paris, vendredi 4
La chambre d'accusation de la cour d'appel annule pour vice de forme la presque totalité de l'instruction du juge Eric Halphen contre les époux Tiberi.

Oslo, vendredi 4
L'Ethiopien Haïlé Gebreselassié bat le record du monde du 10 000 mètres en 26 minutes 31 secondes et 32 centièmes. (→ 13.8)

Phnom Penh, samedi 5
Des combats d'artillerie opposent les partisans du prince Norodom Ranariddh à ceux de Hun Sen. (→ 8)

Genève, samedi 5
L'Organisation mondiale de la santé estime à 8,4 millions le nombre de personnes contaminées par le sida dans le monde. (→ 1.12)

Paris, dimanche 6
Philippe Séguin est élu à la tête du RPR au cours d'assises extraordinaires du mouvement gaulliste.

Irlande du Nord, dimanche 6
Des affrontements opposent la police à des civils lors de la marche orangiste de Portadown. (→ 13.8)

DECES

Paris, samedi 5
Jean-Marie Domenach, philosophe, essayiste et journaliste (*13.2.1922).

Le plus long rapt de l'ETA : un an et demi

Espagne, mardi 1er
Après de longs mois d'enquête et de recherches, la garde civile réussit à libérer José Antonio Ortega Lara. Ce fonctionnaire de l'administration pénitentiaire était retenu en otage dans une cache de l'ETA depuis le 16 janvier 1996. Les séparatistes basques réclamaient, en échange de sa libération, une amélioration des conditions de détention pour tous les militants emprisonnés. Quelques heures plus tôt et de son propre chef, l'ETA avait relâché un avocat, fils d'un industriel basque, contre rançon. Le racket est sa principale source de financement. (→ 14)

Annie Fratellini a perdu son nez rouge

Elle a créé l'Ecole du cirque en 1974.

Paris, mardi 1er
Annie Fratellini (*14.11.1932) était une des rares femmes clown. Elle vient de quitter la piste après de nombreuses années de lutte contre le cancer qui la rongeait. Enfant de la balle, elle n'a que treize ans quand elle fait ses premiers pas au cirque Médrano. Puis c'est le rejet total. Après plusieurs années de fugue lors desquelles elle jongle brillamment avec le saxo, le chant et le cinéma, elle redécouvre la magie du cirque auprès de son compagnon Pierre Etaix. En 1974, ils créent l'école Fratellini, qui réussit à marier une tradition désuète à une conception renouvelée de l'art du spectacle où la performance devient poésie.

Deux acteurs mythiques quittent Hollywood : Mitchum et Stewart

Robert Mitchum dans « la Nuit du chasseur », de C. Laughton (1955).

Los Angeles, mercredi 2
Rebelle, secret et faux nonchalant, Robert Mitchum (*6.8.1917) était l'enfant terrible du cinéma. Elégant, poli et conformiste, James Stewart (*20.5.1908) en était son parfait contraire. L'un comme l'autre ont traversé l'âge d'or de Hollywood sur un piédestal. Les deux stars se sont éteintes à une journée d'intervalle. Mitchum, le prêcheur de *la Nuit du chasseur*, mort hier, laisse derrière lui plus de 107 films. Et Stewart, *l'Homme qui tua Liberty Valance* (1962), tourna 77 films. Ainsi, ils ont représenté toutes les facettes du rêve américain pour émouvoir et faire frissonner plusieurs générations de spectateurs et d'admirateurs.

James Stewart dans « M. Smith au Sénat », de Franck Capra (1939).

Le 1er en Allemagne, Mercedes change de taille en présentant la Classe A, qui doit être commercialisée à partir du 25 septembre : A140, 109 500 F.

Heurts entre Plavsic et Karadzic en Bosnie

Banja Luka, jeudi 3
Biljana Plavsic, la présidente de la Republika Srpska, l'entité serbe de Bosnie, annonce la dissolution du Parlement de Pale. Elle veut ainsi prendre de vitesse les partisans de son rival, Radovan Karadzic, qui sont majoritaires à l'assemblée et qui préparaient sa destitution. Ils lui reprochent d'être trop conciliante avec la communauté internationale. Destitué l'an dernier, Karadzic, qui est inculpé de crimes de guerre et de crimes contre l'humanité, continue de contrôler dans l'ombre presque tous les rouages du pouvoir. (→ 17.8) ▷

Fusion géante dans l'industrie aéronautique

Etats-Unis, jeudi 3

De rachats en rapprochements, les groupes aéronautiques américains acquièrent des dimensions énormes. C'est maintenant Lockheed Martin, le constructeur des chasseurs F-16 et F-22, de l'avion de transport C-130 et des fusées Titan et Atlas, qui a annoncé sa fusion avec Northrop Grumman, maître d'œuvre du B2, le bombardier furtif, et du missile MX, pour près de 70 milliards de francs. Ce mariage donne naissance à un nouveau géant, pesant 220 milliards de francs de chiffre d'affaires, et de 230 000 employés, deuxième groupe du secteur aéronautique derrière Boeing-McDonnell-Douglas. Ayant toutes les peines à s'allier, les firmes européennes font pâle figure. (→ 23)

Nouveau trafic de viande bovine anglaise

Bruxelles, vendredi 4

Les révélations du *Soir*, relayant les déclarations des enquêteurs de la police et des instances européennes, laissent à penser que la Belgique est devenue en quelques mois la plaque tournante du trafic de viande bovine britannique. Profitant du laxisme, de la difficulté des contrôles dans les ports belges et néerlandais et de la porosité des frontières, la « mafia des hormones » s'est reconvertie dans cette branche. Frappée par un embargo, la viande est bradée en Angleterre. Les carcasses, dotées de faux certificats en Belgique, sont ensuite réexportées. Si la viande est vendue hors de l'UE, l'entreprise bénéficie des aides communautaires à l'exportation. (→ 29.9)

Boardman remporte le prologue du Tour

Il a couvert les 7,3 km en 8 min 20 s.

Rouen, samedi 5

Chris Boardman a donc été fidèle au rendez-vous. Grand spécialiste du contre-la-montre, le coureur anglais de l'équipe Gan a très logiquement remporté le prologue du Tour de France. Cet ancien recordman du monde de l'heure s'est emparé du maillot jaune. Il s'est imposé sur le circuit rouennais à la moyenne de 52,4 km/h, devant Jan Ullrich et Evgueni Berzin, deux des favoris du Tour. Chris Boardman, 29 ans, a souvent brillé dans cet exercice. En 1994, il avait déjà gagné le prologue au départ de Lille et avait ensuite porté le maillot jaune pendant trois jours. Avec cette victoire, l'histoire va-t-elle se répéter ? (→ 10)

Les restes du Che formellement identifiés

Six experts argentins et cubains ont identifié la dépouille du guérillero.

Bolivie, dimanche 6

Après trente ans d'incertitudes et de silences, les restes du « Che » ont été retrouvés. En novembre 1996, l'un des hommes qui avaient en secret inhumé Ernesto Guevara après son exécution en octobre 1967 a rompu le mystère. Il aura fallu six mois de fouilles à Vallegrande pour que soit retrouvée la fosse où furent enterrés les corps du révolutionnaire et de six de ses compagnons. A Cuba, où le culte de Che Guevara a presque rang de religion nationale, l'émotion est grande. Le squelette numéro 2, identifié par des experts cubains et argentins, est celui du légendaire guérillero. (→ 12)

Revers historique pour le PRI au Mexique

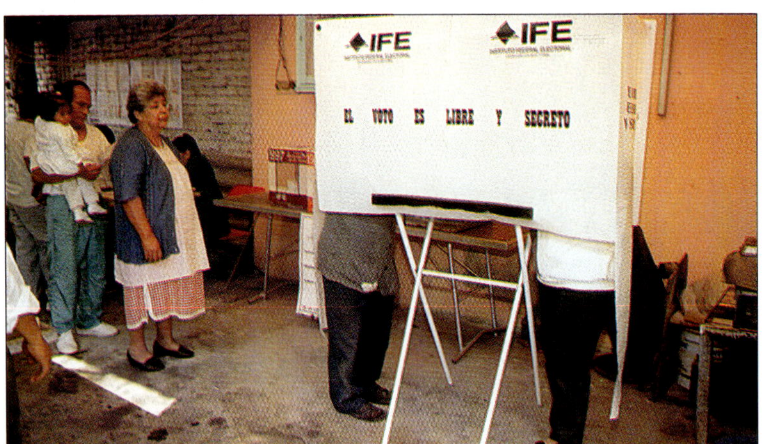

Le PRI détenait la majorité absolue au Parlement depuis soixante-huit ans.

Mexico, dimanche 6

Après soixante-huit ans de pouvoir sans partage, l'hégémonie du PRI, Parti révolutionnaire institutionnel, a fini par lasser les Mexicains. La fraude électorale, naguère massive et à peine dissimulée, ne pouvait pas perdurer. Le résultat est que le PRI a ainsi perdu la majorité absolue au Parlement au profit de l'opposition de gauche (le PRD, le Parti de la révolution démocratique) et de la droite (avec le PAN, Parti d'action nationale). Le leader charismatique du PRD, Cuauthémoc Cardenas, est devenu le premier gouverneur-maire de Mexico élu au suffrage universel. (→ 12.9)

Et de quatre pour Sampras à Wimbledon

Londres, dimanche 6

Qui peut arrêter la domination de Pete Sampras ? Sûrement pas Cédric Pioline. Le Français n'a pas pesé lourd en finale face au numéro un mondial. En trois sets (6-4, 6-2, 6-4), Sampras a remporté un nouveau trophée. Ce quatrième sacre en cinq participations à Wimbledon a été acquis facilement. Pioline, malgré un bon service, n'a jamais vraiment pu contrarier Sampras. Chez les femmes, Martina Hingis a battu Jana Novotna en trois manches (2-6, 6-3, 6-3). Une victoire qui en fait la plus jeune gagnante de Wimbledon (seize ans et dix mois). (→ 7.9)

Cédric Pioline, battu en trois sets.

Objectif Mars : on a roulé sur la planète rouge

Après sept mois de voyage à 20 000 km/h, la sonde Pathfinder, protégée par des airbags, s'est posée dans la vallée d'Ares. Ici, le robot Sojourner, dit Rocky.

Mars, vallée d'Ares, dimanche 6
Les six roues de Sojourner se sont mises en marche, le robot s'est peu à peu approché de la courte rampe de descente et, quelques minutes plus tard, Rocky, comme le surnomment les ingénieurs, est devenu le premier engin d'origine humaine à rouler sur cette planète. La Nasa renoue, vingt et un ans après, avec l'aventure de l'exploration martienne. Les sondes Viking avaient envoyé en 1976 les premières images du sol de Mars. Tout a commencé vendredi soir : la sonde Pathfinder se détache de son module de propulsion pour entamer son entrée dans l'atmosphère de la planète rouge. Parachute déployé, le bouclier thermique est largué. Une grappe d'airbags se gonflent alors à l'approche du sol, que la sonde va toucher à la vitesse de 70 km/h. Le « coussin » spatial rebondit avant de se stabiliser. Les airbags se vident : Pathfinder peut alors déployer ses trois volets, reprendre contact avec le centre de Pasadena et envoyer ses premières images. Elles arrivent au JPL, Jet Propulsion Laboratory, au milieu des applaudissements et des congratulations. Les responsables du projet essuient des larmes de joie. Les félicitations pleuvent de tout le pays et la Maison Blanche évoque la « fierté de l'Amérique ». Pathfinder s'est posée dans la vallée de ce qui pourrait avoir été un fleuve, car les premières photos montrent ce qui pourrait être des traces d'érosion aquatique. Rocky, long de 61 cm et haut de 30, pèse 11 kilos. Avec ses roues indépendantes et dentées, il peut rouler à la vitesse de 1,4 km/h sur les sols les plus meubles. Sur son dos, des panneaux solaires doivent lui assurer des heures d'autonomie en plus de ses batteries. Avec son spectromètre et ses caméras, guidé depuis la Terre, il va analyser les roches et le sol aux alentours de son module principal. La mission doit durer une semaine. (→ 4.11)

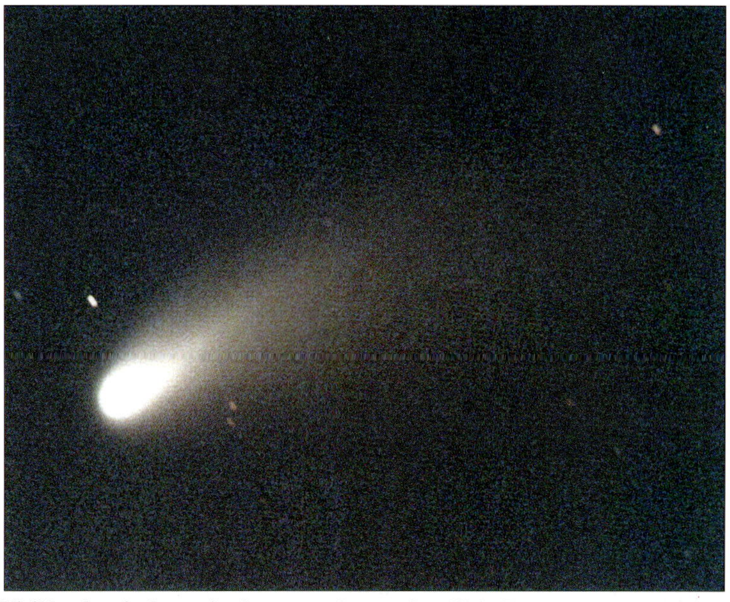

Visible depuis le mois de mars, la comète Hale-Bopp – découverte le 23 juillet 1995 par deux astronomes américains, Alan Hale et Thomas Bopp – commence à s'éloigner de la Terre. Observée par les Egyptiens il y a 4 000 ans, sa chevelure s'étire sur 70 millions de kilomètres.

Juillet

1997

Lu	Ma	Me	Je	Ve	Sa	Di
	1	2	3	4	5	6
7	8	9	10	11	12	13
14	15	16	17	18	19	20
21	22	23	24	25	26	27
28	29	30	31			

Paris, mardi 8
Le prince Ranariddh, en visite en France, appelle à résister au coup d'Etat de Hun Sen à Phnom Penh. (→ 26)

Washington, mardi 8
Ouverture des travaux et des auditions de la commission d'enquête sur le financement occulte par plusieurs pays asiatiques de la campagne électorale de Bill Clinton.

Paris, jeudi 10
L'écrivain Salman Rushdie est reçu à l'Assemblée nationale par Laurent Fabius et Jack Lang. (→ 28.8)

La Châtre, jeudi 10
Le cycliste français Cédric Vasseur, 26 ans, réussit une échappée en solitaire de 147 km et remporte la 5e étape du Tour de France. Il distance ses poursuivants de 2 min 32 s et prend la tête du classement général. (→ 27)

France, jeudi 10
L'Ined, l'Institut national des études démographiques, publie ses dernières statistiques. La France compte 58,3 millions d'habitants et la population s'est accrue de 237 000 personnes en 1996.

New York, vendredi 11
Un rapport d'experts de l'ONU rend Laurent-Désiré Kabila responsable des massacres à grande échelle de réfugiés rwandais hutus commis par ses troupes. (→ 26.10)

Buenos Aires, vendredi 11
Près de 30 000 personnes manifestent contre la politique de rigueur du gouvernement Menem.

La Havane, samedi 12
Deux bombes explosent dans des hôtels du centre-ville. Ce double attentat, qui n'a fait que des blessés légers, n'est pas revendiqué. Mais les autorités l'attribuent aux exilés anti-castristes. (→ 13.8)

Silverstone, dimanche 13
Jacques Villeneuve remporte le Grand Prix d'Angleterre de F1 devant Jean Alesi. (→ 27)

DECES

Paris, samedi 12
François Furet, historien, spécialiste de la Révolution française (*27.3.1927).

Vaisseau de secours pour la station Mir

Espace, lundi 7
Lancé de Baïkonour samedi dernier, Progress M-35 s'est amarré sans la moindre difficulté à la station Mir. Ce vaisseau de ravitaillement, avec à son bord 2,4 tonnes de nourriture et de matériel de réparation, s'est donc approché et s'est « accroché » à la station en mode automatique. Pour disposer du maximum de puissance électrique, les trois cosmonautes avaient chargé toutes les batteries utilisables alors que les panneaux endommagés ne fournissent plus que 50 % de l'électricité disponible. Les cosmonautes vont pouvoir dès vendredi réparer Spektr. (→ 18)

Hachani, n°3 du FIS, libéré en Algérie

Alger, mardi 8
Abdelkader Hachani est sorti ce matin de prison. Détenu depuis cinq ans et demi, il réclamait son procès inlassablement. La veille, la cour criminelle s'était enfin décidée à le juger pour un texte de janvier 1992 appelant l'armée à la désobéissance. Il a été condamné à une peine de cinq ans couverte par sa détention préventive. Après les législatives du 5 juin, le pouvoir estime donc que le dossier du FIS, pour reprendre les propres mots de Liamine Zeroual, est « définitivement clos ». Il y a trois jours, 61 personnes ont été massacrées près de Médéa. (→ 15)

Elargissement de l'Otan aux pays de l'Est

Chirac s'est accroché avec Clinton sur le retour complet de Paris dans l'Alliance.

Madrid, mercredi 9
Comme la plupart des chefs d'Etat invités, Jacques Chirac est resté à Madrid pour des contacts bilatéraux avec les représentants des pays de la sphère eurasiatique, observateurs ou candidats à l'entrée dans l'Otan. Le sommet s'est achevé hier avec le feu vert officiel donné aux adhésions polonaise, tchèque et hongroise à l'Alliance atlantique. Ce sont les seules qu'acceptaient les Etats-Unis, et l'intransigeance de Bill Clinton a bien sûr irrité les Français au plus haut point. Privé du moindre appui, Jacques Chirac a dû jouer seul le rôle du mauvais élève, critiquant le *diktat* américain et refusant de dire quand la France allait rejoindre la structure militaire intégrée.

Di Rupo victime d'une cabale de la police

Bruxelles, mercredi 9
Le vice-Premier ministre belge, Elio Di Rupo, a fait l'objet d'une chasse à l'homme menée par une poignée de policiers et gendarmes, à partir du témoignage d'un... fabulateur. C'est la conclusion du comité P, l'organe de contrôle parlementaire des services de police chargé de faire la lumière sur cette affaire qui avait éclaté en novembre 1996. A cette époque, quatre journaux flamands révélaient en effet l'existence d'un dossier de pédophilie à charge de Di Rupo. La Cour de cassation va le disculper très rapidement.

Le 9, Jacques Calvet, le président de PSA, présente la petite dernière de Citroën, la Xsara. Elle remplacera la ZX pour un prix d'environ 85 000 F.

1997 devient l'an 86 en Corée du Nord

Pyongyang, mercredi 9
La Corée du Nord, le pays le plus fermé de la planète et l'un des plus pauvres, adopte officiellement un nouveau calendrier. Son point de départ est la naissance en 1912 de l'ancien dirigeant Kim Il-sung, déjà révéré comme un dieu vivant alors qu'il dirigeait ce pays d'une main de fer jusqu'à sa mort en 1994. Le jour de sa naissance, le 15 avril, déjà la plus grande fête nationale, a aussi été baptisé « Jour du soleil » pour fêter la fin des trois années de deuil officiel. La Corée du Nord vit donc désormais en 86 après Kim Il-sung.

Tempête monétaire dans le Sud-Est asiatique

Asie, vendredi 11
Selon les analystes, la tourmente monétaire qui se lève sur les places boursières d'Asie du Sud-Est n'en serait qu'à ses débuts. Les autorités philippines ont dû décider de laisser flotter le peso, qui avait perdu 7 % en quelques heures. La situation est la même en Malaisie. L'étincelle est partie de Bangkok. La baisse des exportations, la crise immobilière et la méfiance des investisseurs ont suffi à déchaîner les spéculateurs (souvent les mêmes). Les monnaies locales sont attaquées, elles sont donc dévaluées et les taux d'intérêt relevés, ce qui asphyxie l'activité. Grand argentier de la région, Tokyo s'inquiète de l'avenir du « miracle économique » asiatique. (→ 28.8)

Neandertal n'est pas l'ancêtre de l'homme

Allemagne, vendredi 11
Les preuves génétiques sont en effet formelles : l'homme de Neandertal n'est pas l'ancêtre de l'homo sapiens sapiens, l'homme actuel. Un groupe de chercheurs allemands a extrait d'os fossiles vieux de 50 000 ans des séquences d'ADN. Les comparant à celles de la population humaine qui peuple la Terre, ils ont été obligés de reconnaître que Neandertal devait se trouver sur une autre branche de notre arbre généalogique. Elle s'est séparée du tronc principal il y a 600 000 ans pour s'éteindre il y a 35 000-30 000 ans. Neandertal, qui inventa les premières sépultures et aussi les premiers instruments, a donc cohabité avec les hommes de Cro-Magnon avant de disparaître.

Les laïcs reprennent le pouvoir en Turquie

Bagarre des élus après la sortie d'un carton traitant Erbakan de « maquereau ».

Ankara, samedi 12
Pour faire barrage aux islamistes du Refah et obtenir la confiance des députés, Mesut Yilmaz a dû faire appel à une coalition hétéroclite qui va de la droite libérale à la gauche sociale-démocrate. Ce cabinet laïc a obtenu la confiance par 281 voix contre 256 après une séance qui a tourné au pugilat. La désignation de Yilmaz par le président Suleiman Demirel met fin à un an de pouvoir islamiste. Le Premier ministre, qui a le plein soutien de l'armée, promet de réformer l'enseignement pour y combattre les islamistes. (→ 11.11)

Retour de la dépouille du Che à La Havane

Avec Aleida March, veuve de Guevara, Fidel Castro accueille les restes du Che.

Cuba, samedi 12
Le retour dans sa patrie d'adoption des restes d'Ernesto Guevara et de trois autres combattants cubains ne pouvait mieux coïncider. L'année 1997 est officiellement à Cuba celle du « 30e anniversaire de la mort au combat du guérillero héroïque et de ses camarades ». La dépouille, qui a été accueillie en grande pompe par Fidel Castro, la veuve du Che et ses quatre enfants, était escortée par l'un de ses compagnons d'armes, Ramiro Valdez. Ses restes doivent reposer dans un mausolée qui sera érigé à Santa Clara. (→ 11.8)

Défilé haute couture automne-hiver 1997 : plutôt fin de siècle

Jean-Paul Gaultier.

Paris, vendredi 11
Le défilé de Thierry Mugler a clos la saison de haute couture dans un éclat d'asymétries pointues aux tons rouge, noir et or. Alexander Mc Queen persiste à endiabler la femme fatale de Givenchy tandis que Jean-Paul Gaultier la préfère en costume masculin. Pour fêter les dix ans de sa maison, Christian Lacroix a misé sur la dentelle, la broderie et sur le tulle à profusion dans une ambiance de conte fantastique. La collection de John Galliano pour Christian Dior est un tourbillon délirant de froufrous et de plumes façon french cancan exalté.

Christian Lacroix.

Le 12 à Berlin, la 9e Love Parade bat tous ses records précédents : un million de participants.

Juillet

1997

Lu	Ma	Me	Je	Ve	Sa	Di
	1	2	3	4	5	6
7	8	9	10	11	12	13
14	15	16	17	18	19	20
21	22	23	24	25	26	27
28	29	30	31			

Paris, lundi 14
Le président de la République fait sa première intervention télévisée depuis la victoire de la gauche aux législatives. Favorable à la cohabitation, il ne ménage pas ses critiques envers le gouvernement de Lionel Jospin. (→16)

La Haye, lundi 14
Le Tribunal pénal international condamne Dusan Tadic, un Serbe de Bosnie, activiste de l'épuration ethnique, à 20 ans de prison. (→1.9)

France, mardi 15
Le taux de réussite au baccalauréat est de 77,1 %, soit 467 000 bacheliers. (→28.8)

France, mercredi 16
Pour la première fois, une femme, Catherine Bréchignac, physicienne de 51 ans, est nommée à la tête du CNRS.

Washington, jeudi 17
Bill Clinton désigne le nouveau chef d'état-major des armées. Il s'agit de Hugh Shelton, ancien chef des bérets verts.

Le Cap, vendredi 18
La France est championne du monde de fleuret par équipe. Elle a battu Cuba en finale.

Washington, vendredi 18
Felix Rohatyn est nommé ambassadeur des Etats-Unis en France. Il remplace à ce poste Pamela Harriman.

Paris, samedi 19
Le rapport annuel de l'OCDE sur le chômage et l'immigration montre qu'il n'existe aucune corrélation entre les deux données. Au contraire, les pays les plus fermés ne sont pas les mieux lotis en termes d'emploi.

Belgique, dimanche 20
Dans son allocution pour la fête nationale, le roi Albert II rend hommage au caractère multiculturel de la société belge et évoque l'amélioration du fonctionnement des institutions démocratiques. (→21)

DECES

Miami, mardi 15
Gianni Versace, couturier italien, assassiné par un rôdeur (*2.12.1946). (→23)

Sèvres, samedi 19
Maurice Roche, écrivain et poète (*2.11.1924).

Indignation en Espagne contre l'ETA

Espagne, lundi 14
Dans la soirée, près d'un million et demi de personnes sont descendues dans les rues de Madrid pour dire leur rejet de la violence. A midi, c'est tout le pays qui s'est arrêté au moment même où avaient lieu les funérailles de Miguel Angel Blanco, le jeune conseiller municipal du Parti populaire abattu samedi soir. L'ETA l'avait enlevé jeudi et avait lancé un ultimatum aux autorités : elles avaient 48 heures pour que tous les détenus basques soient regroupés dans des prisons basques. Parce que le gouvernement n'a pas cédé et malgré les énormes manifestations réclamant sa grâce, l'ETA a mis sa menace à exécution, prisonnière de sa logique mortifère. (→9.8)

Pour les obsèques de Miguel Angel Blanco : 3 millions d'Espagnols dans la rue.

Un intouchable est élu président en Inde

New Delhi, lundi 14
Pour la première fois depuis cette indépendance dont le pays célèbre en 1997 le cinquantenaire, c'est un homme issu de la plus basse caste, celle des intouchables, qui va donc présider aux destinées de l'Union indienne. Economiste, journaliste, ancien ambassadeur aux Etats-Unis, Kocheril Raman Narayanan, âgé de 75 ans, est élu président avec le soutien des principaux partis. Ce poste est d'abord honorifique, mais le symbole n'en garde pas moins sa pertinence dans un pays où jamais la question des rapports entre castes n'a été réglée de façon satisfaisante. Une nouvelle illustration en sont les les affrontements avec la police de Bombay qui ont fait treize morts parmi les intouchables ces quatre derniers jours. Ils se sont révoltés après la profanation de la tombe de l'un de leurs défenseurs. (→15.8)

Libération du chef historique du FIS

Alger, mardi 15
Abassi Madani sort de prison. Il avait été arrêté il y a six ans après la victoire du FIS aux élections locales et la proclamation de l'état de siège en juin 1991. L'idéologue du Front islamique du salut, Ali Benhadj, qui savait enflammer les esprits par ses prêches incendiaires, reste pour le moment sous les verrous. (→28)

Le hit-parade des fortunes de *Forbes*

Le 14, classement du magazine *Forbes* en millions de dollars :

1. Sultan Bolkiah (Brunei)	38 000
2. Bill Gates (USA)	36 400
3. Famille Walton (USA)	27 600
4. Warren Buffett (USA)	23 200
5. Roi al-Saud (Arabie S.)	20 000
6. Suharto (Indonésie)	16 000
7. Paul Allen (USA)	15 300
8. Cheikh al-Sabah (Kow.)	15 000
9. Shau Kee Lee (H. K.)	14 700
10. Famille Oeri, Sacher et Hoffman (Suisse)	14 300
25. Lilianne Bettencourt (France)	8 400
56. Saddam Hussein (Irak)	5 000
139. George Soros (USA)	2 500
198. Famille Rothschild (Fr.-G.-B.)	1 500
202. Fidel Castro (Cuba)	1 400

Pour la première fois, 37 chars Leclerc – 55 tonnes – participent au défilé du 14 Juillet à Paris. Ci-dessus, la répétition sur la base de Villacoublay.

Chirac lève le différend avec Bruxelles sur l'affaire Dassault

Bruxelles, mercredi 16
La visite d'Etat de Jacques Chirac en Belgique s'inscrit pour les deux pays, traditionnellement très liés, dans un contexte bien particulier. L'affaire Renault-Vilvorde, qui a traumatisé les Belges, la fusion entre Suez et la Lyonnaise des Eaux, qui place Tractebel sous l'influence de la France, et enfin les péripéties de l'affaire Dassault, sont autant de dossiers « à risque » pour les deux pays. La justice bruxelloise réclame, mais en vain, la transmission de pièces du dossier de corruption de partis politiques belges par Serge Dassault. Jacques Chirac a annoncé qu'Elisabeth Guigou, le garde des Sceaux, avait décidé de transmettre « tout ce qui était transmissible » du dossier de l'avionneur français.

Le président reçu au palais d'Egmont par Jean-Luc Dehaene, Premier ministre.

Un premier accroc dans la cohabitation

Paris, mercredi 16
C'est devant le Conseil des ministres et en se fondant sur la Constitution que Lionel Jospin rappelle les règles du jeu en matière de partage des prérogatives entre le président de la République et le Premier ministre. Il répond ainsi aux critiques à peine voilées faites par Jacques Chirac lors de son intervention du 14 Juillet sur l'action du gouvernement. Les remarques du président visaient la question de la régularisation des sans-papiers et l'arrêt annoncé des privatisations. Jospin a voulu ainsi signifier que le champ d'action de chacun était parfaitement défini. Le président a répondu qu'il continuera à dire « ce qu'il pense ». (→ 28.8)

Un an d'enquête et aucune piste pour le drame du vol TWA 800

New York, jeudi 17
En hommage aux 230 victimes, une cérémonie religieuse à Long Island marque le premier anniversaire de la tragédie du vol 800 de la TWA. La plus coûteuse enquête de l'histoire de l'aviation civile américaine n'a abouti pour l'instant qu'à une seule certitude : les vapeurs surchauffées d'essence dans le réservoir central avaient transformé le Boeing 747 en véritable bombe volante. Quant à savoir pourquoi ce réservoir a donc explosé, aucune thèse ne l'emporte sur les autres. Si la piste criminelle est la moins probable, un expert a déclaré qu'« on ne trouvera jamais la cause de l'explosion ». (→ 26.11)

Le fuselage du Boeing reconstitué à Calverston avec les débris repêchés en mer.

Panne d'électricité sur la station Mir

Espace, vendredi 18
Les cosmonautes de Mir ont réussi à réorienter la station et ses panneaux vers le Soleil. Cela va permettre aux accumulateurs de se recharger. Mais les trois hommes n'ont vraiment pas de chance. Hier, l'un d'entre eux a débranché par inadvertance le câble électrique connecté aux ordinateurs. Les batteries se sont vite déchargées et l'intérieur était plongé dans le noir toutes les 45 minutes dès que Mir n'était plus éclairé directement par le Soleil. Cet incident fait suite à la collision et au malaise cardiaque de Vassili Tsibliev. (→ 5.8)

La Pologne dévastée par les inondations

Varsovie, vendredi 18
Ce 18 juillet est décrété journée de deuil national par le gouvernement en mémoire des 46 personnes tuées par les inondations jusqu'à ce jour. Depuis plus d'une semaine, tout le bassin de l'Oder, en particulier la ville de Wroclaw, est sous les eaux. L'armée est mobilisée pour aider au renforcement des digues et évacuer la population. Après avoir débloqué une aide d'urgence pour la Pologne, l'Allemagne est à son tour touchée, comme la République tchèque. La météo annonce de nouvelles pluies alors que les autorités s'inquiètent des risques épidémiques. (→ 13.8)

Le quartier de Kosanow, à Wroclaw.

Sir Jimmy était un milliardaire hors norme

Marbella, samedi 19
Jimmy Goldsmith (*26.2.1933) fut l'un des acteurs les plus féroces de la finance internationale de ces trois dernières décennies. Homme des coups de chance, des coups de tête et des coups de Bourse, il n'a jamais suivi que son intuition pour spéculer et s'enticher d'une nouvelle cause. Sa fortune est évaluée à 10 milliards de francs. Ce séducteur impénitent avait racheté *l'Express* en 1977, pour le revendre en 1987. Possédant la double nationalité britannique et française, il a fait de la politique à côté des anti-Maastricht et défendait les écologistes.

Jimmy Goldsmith disparaît à 64 ans.

Juillet

1997

Lu	Ma	Me	Je	Ve	Sa	Di
	1	2	3	4	5	6
7	8	9	10	11	12	13
14	15	16	17	18	19	20
21	22	23	24	25	26	27
28	29	30	31			

Bruxelles, lundi 21
Grande première pour le défilé militaire de la fête nationale : des unités russes, ukrainiennes, slovaques, polonaises, argentines, jordaniennes et pakistanaises marchent aux côtés des soldats belges.

France, mardi 22
L'organisation humanitaire Médecins du monde publie un rapport sur le saturnisme. Cette maladie des taudis et des mal-logés est due au plomb contenu dans les vieilles peintures. Le rapport révèle des taux alarmants dans certains quartiers de Paris.

Miami, mercredi 23
Réfugié sur une maison flottante non loin du domicile de Gianni Versace, son assassin présumé, Andrew Cunanan, se suicide avant l'arrivée de la police qui venait de repérer sa planque.

Belgrade, mercredi 23
Slobodan Milosevic est investi pour un nouveau mandat de quatre ans à la présidence de la République fédérale de Yougoslavie. (→ 23.9)

Bruxelles, mercredi 23
Après un bras de fer d'un mois, la Commission européenne décide de ne pas s'opposer à la fusion Boeing - McDonnell-Douglas.

Paris, jeudi 24
Le ministre de la Défense, Alain Richard, abandonne le « rendez-vous citoyen » et le remplace par une journée de tests dans les casernes pour les jeunes des deux sexes.

Bruxelles, vendredi 25
Le ministre des Finances, Herman van Rompuy, annonce que la Belgique satisfait aux critères de Maastricht avec un déficit public de 2,8 % pour 1997. (→ 19.9)

Serre-Chevalier, samedi 26
Deux Français, François Legrand et Liv Sansoz, remportent les Internationaux d'escalade.

Allemagne, dimanche 27
Sur le circuit d'Hockenheim, l'Autrichien Gerhard Berger gagne le Grand Prix d'Allemagne de F1 sur sa Benetton-Renault, devant Michael Schumacher. (→ 10.8)

La corruption mine le prestige d'Arafat

Palestine, lundi 21
Les conclusions de la commission d'enquête sur la corruption, mise en place par Yasser Arafat lui-même, sont implacables. Elles conseillent à ce dernier de limoger plusieurs de ses ministres et hauts responsables de l'Autorité palestinienne. Sources de plaisanteries désabusées dans la population, endémiques, les erreurs de gestion et la prévarication des fonctionnaires coûtent 326 millions de dollars, soit 40 % du budget de l'Autorité. Elles nuisent à son image de marque, aussi bien à l'étranger qu'auprès de ses administrés. Ces remarques accablantes ne sont pas reluisantes pour Arafat. (→ 31)

Priebke condamné à 15 ans de prison

Rome, mardi 22
Deux ans après avoir été extradé d'Argentine, l'ex-officier SS Erich Priebke est condamné à quinze ans de prison par le tribunal militaire de Rome. Il est reconnu coupable d'avoir organisé le massacre des Fosses ardéatines, dans les environs de la capitale italienne, et d'y avoir participé. Sa condamnation réduite à cinq ans et ayant déjà purgé deux ans de préventive, Priebke pourrait être libéré dans trois ans. Il y a un an, son acquittement, au nom de circonstances atténuantes, de son grand âge et de sa bonne conduite, avait alors indigné l'opinion en Italie avant que le jugement soit cassé.

L'armée déployée contre la Camorra

Naples, mardi 22
Le gouvernement italien a décidé de déployer l'armée dans les quartiers nord de la ville. Depuis deux mois, les gangs de la Camorra s'y livrent une guerre sans merci qui se traduit par plus de trois morts par semaine. Les forces de police sont débordées. Deux familles, les Licciardi et les Prestieri, se disputent le contrôle de la rue. Les enjeux sont énormes car ils englobent le racket, les trafics d'armes et de stupéfiants (en liaison avec la mafia sicilienne) et ce délit très napolitain qu'est la contrebande de cigarettes. La mort d'une femme, victime d'une balle perdue, a poussé l'armée à intervenir.

Plan social accepté par 92 % des ouvriers de Renault-Vilvorde

Vilvorde, vendredi 25
Direction et syndicats viennent de signer le volet social de la fermeture de l'usine de Vilvorde. C'est après de longues et difficiles négociations que les syndicats avaient été obligés de se contenter d'une proposition de plan social relativement maigre, au début de juillet. Renault s'engage à maintenir 400 emplois à Vilvorde pendant cinq ans, à tout faire pour en trouver 200 supplémentaires sur le site, et enfin à verser une prime de départ. Il restait aux ouvriers à se prononcer sur ce plan. A une large majorité de 92 %, ils l'ont finalement approuvé. Les 5 000 voitures qu'ils retenaient toujours en gage ont donc été libérées pour être livrées. (→ 11.9)

Karel Gacoms, syndicaliste de la FGTB, l'un des organisateurs du référendum.

Dans la nuit du 22 au 23 à Paris, un incendie détruit entre 5 et 10 % des collections du musée des Monuments français, au palais de Chaillot.

Levée de l'état d'urgence en Albanie

Tirana, jeudi 24
Issu des législatives anticipées du 6 juillet, le nouveau Parlement a, en signe d'apaisement, décidé de lever l'état d'urgence instauré le 3 mars. La moitié du territoire vit pourtant toujours sous la menace des bandes armées qui continuent leurs pillages et leurs règlements de comptes. Lors de sa première réunion, l'Assemblée a aussi élu Rexhep Medjani, 52 ans, à la présidence de la République. Ce socialiste remplace à ce poste Sali Berisha, qui a démissionné la veille comme il s'y était engagé. (→ 6.8)

Après Dolly, Polly, clone transgénique

Edimbourg, jeudi 24
La même équipe qui avait réussi le premier clonage d'une brebis vient d'annoncer la naissance, il y a deux semaines, de Polly, elle aussi clonée mais également porteuse d'un gène humain. Grâce à ce gène, Polly sera capable, adulte, de produire un lait contenant une protéine humaine à haute valeur thérapeutique, dont la nature n'a pas été révélée. L'intérêt d'associer clonage et transgenèse est de pouvoir sauter l'étape aléatoire des manipulations et des greffes de gènes sur les ovocytes. Au lieu de quoi, il serait possible de fournir « à la chaîne » des troupeaux identiques producteurs de médicaments.

Pol Pot condamné, le Cambodge reste la proie des factions

Le 6 à Phnom Penh, les civils fuient les tirs entre royalistes et ex-communistes.

Anlong Veng, samedi 26
La radio des Khmers rouges et un journaliste américain, Nate Thayer, qui a assisté au procès et l'a filmé, ont confirmé que Pol Pot avait été jugé hier dans le fief de la guérilla dans le nord du Cambodge. Thayer est le tout premier journaliste à voir l'ancien « frère numéro un » depuis dix-huit ans. Accusé de trahison par ses ex-lieutenants, le responsable du génocide de 1975-1978 a donc été condamné à la prison à vie. Cette annonce intervient alors qu'à Kuala Lumpur sont réunis les membres de l'Anase, ainsi que des représentants chinois, américains et européens. Ils envoient une mission de bons offices pour résoudre la crise entre Hun Sen et lês royalistes. (→ 12.8)

Jan Ullrich, le premier Allemand vainqueur du Tour de France

Paris, dimanche 27
Les supporters allemands étaient nombreux sur les Champs-Elysées pour saluer la victoire dans le Tour de leur nouveau héros : Jan Ullrich. A 23 ans, il est le premier cycliste d'outre-Rhin à gagner cette épreuve de légende. Originaire de l'ex-RDA, cet athlète avait déjà crevé l'écran l'an passé. Mais il avait laissé son leader, le Danois Bjarne Riis, filer vers la victoire. Cette année, Ullrich a lâché tout le monde. Le 15 juillet, il endossait le maillot jaune, qu'il ne devait plus quitter jusqu'à l'arrivée. Seul Richard Virenque a tenté, avec panache, de contester la suprématie d'Ullrich en lui livrant en montagne un duel homérique. (→ 31.8)

A 23 ans, l'un des plus jeunes vainqueurs du Tour, devant Virenque et Pantani.

« Couvre-feu » pour les enfants... « oui »

France, dimanche 27
Selon un sondage Ifop-*Journal du dimanche*, 81 % des Français disent être favorables aux arrêtés « couvre-feu » pris par plusieurs mairies. Les résultats de ce sondage sont assez paradoxaux. Si une énorme majorité des sondés approuvent l'interdiction faite aux mineurs de moins de douze ans et non accompagnés de circuler dans les rues après minuit, ils sont encore plus nombreux (92 %) à juger que « c'est aux parents et non aux municipalités de veiller à ce que les enfants ne soient pas dans la rue le soir ». Mais sont-ils prêts à exercer leur pleine autorité parentale ?

Le 26 à Ostende, un meeting aérien s'achève de façon tragique. Au cours d'une démonstration, un XT-300 jordanien s'écrase sur la foule : 10 morts.

Le 27 au nord de Marseille, l'incendie du massif de l'Etoile est maîtrisé. Il a duré trois jours et brûlé plusieurs milliers d'hectares de pinède.

Juillet

1997

Lu	Ma	Me	Je	Ve	Sa	Di
	1	2	3	4	5	6
7	8	9	10	11	12	13
14	15	16	17	18	19	20
21	22	23	24	25	26	27
28	29	30	31			

Colmar, lundi 28
Lionel Jospin effectue sa première visite aux armées sur la base aérienne de la ville.

Ile-de-France, lundi 28
Jambville accueille le 3e Jamboree national des Scouts de France.

Haïti, lundi 28
Le président René Préval désigne Eric Pierre comme nouveau Premier ministre. Celui-ci est partisan de la libéralisation économique du pays.

Algérie, lundi 28
Un nouveau massacre perpétré à Larbâa, à 35 km au sud de la capitale algérienne, a fait 51 morts. (→ 10.8)

Alpes, mardi 29
L'hécatombe, due aux conditions climatiques ou à l'imprudence, continue en haute montagne. Quatre alpinistes ont été tués, ce qui porte le bilan à quinze morts depuis le 13 juillet.

Grozny, mercredi 30
Un attentat à la bombe fait trois morts dans la capitale tchétchène. Non revendiquée, cette action coïncide avec la suspension, la veille, des négociations entre les autorités indépendantistes et Moscou.

Comores, jeudi 31
Sur l'île d'Anjouan, l'agitation séparatiste semble se calmer. Les émeutiers, qui réclament le rattachement de leur île à la France, ont levé la plupart de leurs barrages. (→ 1.8)

France, jeudi 31
Le chômage a encore augmenté en juin de 0,6 % pour atteindre le taux record de 12,6 % de la population active, soit 3 551 800 personnes. (→ 10.10)

New York, jeudi 31
La police anti terroriste investit un appartement de Brooklyn et arrête trois hommes originaires du Moyen-Orient en possession d'explosifs. Selon les autorités, ces hommes se préparaient à commettre de nouveaux attentats dans Manhattan.

DECES

Paris, lundi 28
André Giraud, ancien ministre de l'Industrie et de la Défense (*3.4.1925).

Les touristes étrangers préfèrent la France

France, mardi 29
Le touriste étranger fait un retour en force dans l'Hexagone. Les chiffres de 1996 (62,4 millions de visiteurs) devraient être largement dépassés. Ce qui fait de la France la première destination touristique du monde. Cette embellie s'explique en partie par une amélioration générale de la conjoncture économique et par la hausse du dollar. Les Allemands et les Britanniques arrivent en tête des visiteurs européens (respectivement 13,3 et 10 millions de touristes). Disneyland-Paris est devenu le site le plus visité devant la tour Eiffel, le Centre Beaubourg et le Louvre. En dépit de réelles améliorations, les Français déçoivent encore pour ce qui est de l'hospitalité.

Mais ils jugent aussi les Français « suffisants et vantards »...

Redéploiement des Français en Afrique

Gabon, mardi 29
Le ministre français de la Défense, Alain Richard, entame une tournée cruciale en Afrique. Il doit expliquer aux dirigeants des trois pays qu'il va visiter – Gabon, Centrafrique et Tchad – les raisons et les modalités du redéploiement de la présence militaire française sur le continent. Les effectifs vont être ramenés de 8 400 à 5 200 hommes et deux bases vont être fermées, celles de Bouar et Bangui en Centrafrique. Des raisons budgétaires autant que politiques expliquent ce tournant. Paris, qui ne veut plus faire le « gendarme dans le pré carré », encourage des « forces interafricaines de paix ». (→ 7.10)

La scientologie est-elle une religion ?

Lyon, mardi 29
Le malaise est grand chez les élus et dans les associations qui se battent depuis des années pour dénoncer les dangers des sectes. Le verdict rendu hier par la cour d'appel allège les peines infligées aux responsables de l'Eglise de scientologie lyonnaise. Ils avaient été inculpés après le suicide d'un adepte. Tout en reconnaissant des « manœuvres frauduleuses », la cour estime que la scientologie peut « revendiquer le titre de religion et développer ses activités ».

Défaite des talibans sur plusieurs fronts

Afghanistan, mercredi 30
Même s'ils contrôlent toujours les deux tiers du pays, les talibans en sont à reculer face à l'offensive du commandant Massoud. Ceux-là, en mai, étaient donnés comme maîtres virtuels de tout le pays et celui-ci, coincé dans son fief du Panshir au nord, était considéré comme fini. La trahison d'un chef de guerre rallié aux talibans a suffi à refaire passer Ahmed Shah Massoud à l'offensive. Son élan a été arrêté à une dizaine de kilomètres de Kaboul.

Andreotti serait très lié avec Cosa Nostra

Rome, mercredi 30
Interrogé dans le cadre du procès pour « association mafieuse » de Giulio Andreotti, Giovanni Brusca a fait un témoignage accablant pour l'ancien président du Conseil italien. Celui qui fut un temps le numéro un de Cosa Nostra est d'autant plus écouté, lorsqu'il explique quels ont été les liens profonds et durables entre Andreotti et la Mafia, qu'il n'est pas un repenti. S'estimant trahi par le sénateur, l'ancien parrain n'a pas hésité à l'enfoncer.

Pourparlers suspendus après un attentat-suicide à Jérusalem

Jérusalem, jeudi 31
Après l'horrible attentat de la veille, Benyamin Netanyahou en a encore une fois rejeté la responsabilité sur l'Autorité palestinienne et Yasser Arafat. Les négociations de paix, déjà au point mort, sont suspendues, et des mesures coercitives à l'égard de la population palestinienne ont été prises. Israël menace même de faire intervenir directement Tsahal dans les villes et régions autonomes, ce qui serait une « déclaration de guerre » pour Arafat. Hier, sur un marché juif de Jérusalem, vers 13 h, deux kamikazes du Hamas se sont fait sauter au milieu de la foule des chalands. L'attentat a fait quatorze morts. De quoi attiser la haine des extrémistes des deux bords. (→ 3.8)

Deux Palestiniens transformés en bombes humaines ont tué 14 personnes.

Août

1997

Lu	Ma	Me	Je	Ve	Sa	Di
				1	2	3
4	5	6	7	8	9	10
11	12	13	14	15	16	17
18	19	20	21	22	23	24
25	26	27	28	29	30	31

Paris, vendredi 1er
Le chef de l'opposition comorienne, Abbas Djoussouf, en appelle à une médiation française dans la crise sécessionniste qui oppose l'île d'Anjouan au gouvernement central de Moroni. (→ 3)

Pacifique, mardi 5
Un Boeing 747 sud-coréen s'écrase alors qu'il s'apprêtait à atterrir sur l'île américaine de Guam. Le crash fait 224 victimes.

Kazakhstan, mardi 5
Deux cosmonautes russes décollent de Baïkonour. Ils doivent relever l'équipage russo-américain de la station Mir et entamer des réparations. (→ 14)

Bordeaux, jeudi 7
La chambre d'accusation de la Gironde décide de placer Maurice Papon sous contrôle judiciaire, deux mois avant son procès. (→ 10.10)

Normandie, vendredi 8
Les plages sont interdites aux promeneurs et à la baignade, au sud du Havre, à la suite de la mini marée noire provoquée par un pétrolier venu décharger sa cargaison au Havre.

France, vendredi 8
7e édition de la Nuit des étoiles. Près de 100 000 amateurs d'astronomie se rassemblent sur 200 sites en France.

Budapest, dimanche 10
Le pilote canadien Jacques Villeneuve remporte le Grand Prix de Hongrie sur sa Williams-Renault. (→ 24)

Londres, dimanche 10
Les tabloïds s'arrachent des clichés de la princesse Diana en compagnie d'un milliardaire anglo-égyptien. Vendues aux enchères, les photos se négocient 2,5 millions de francs. (→ 31)

Comores, dimanche 10
Arrivée du médiateur mandaté par l'OUA pour tenter de régler la crise à Anjouan. (→ 22)

DECES

Moscou, vendredi 1er
Sviatoslav Richter, pianiste (*20.3.1915).

Lagos, samedi 2
Fela Anikulapo Kuti, chanteur, roi de l'*afro-beat* (*15.10.1938).

Débat sur le contrôle des adresses Internet

Etats-Unis, vendredi 1er
Network Solutions est la société qui gère les adresses et les noms de tous les sites sur Internet. Il s'en dépose 100 000 par mois, souvent objets de procès ou de rachats. Ces noms, suivis des fameux suffixes *.com*, *.gov*, *.net* sont un véritable état civil du réseau Internet. Ils sont essentiels pour assurer la parfaite navigation des utilisateurs, et leur gestion doit donc être sans faille. Le contrat de Network Solutions expire. Personne ne sait encore quel type d'instance va remplacer cette firme : étatique, internationale ou privée ? (→ 25)

Bao Dai avait régné vingt ans sur l'Annam

Son exil en France a duré 43 ans.

Paris, vendredi 1er
L'ancien et dernier empereur du Viêt-nam s'est éteint en France sans avoir jamais revu sa patrie. Bao Dai (*22.10.1913) est monté sur le trône de Hué, la capitale impériale, en 1932. Il engage des réformes mais la mauvaise volonté du « protecteur » français et son absence de pouvoir effectif vont paralyser son action. Les jeunes nationalistes reportent alors leurs espoirs sur le Viêt-minh. Le coup de force japonais du 9 mars 1945 redonne vie au projet impérial mais le retour des Français l'oblige à abdiquer. Replacé à la tête de l'Etat en 1949, il est déposé par Ngo Dinh Diem en 1955.

Burroughs, père de la *Beat Generation*, sondait toutes les limites

Kansas, samedi 2
Quatre mois après son compagnon de route Allen Ginsberg, William Burroughs (*5.2.1914) a quitté la scène. Ecrivain halluciné du très sulfureux *Festin nu*, il laisse derrière lui une génération d'orphelins. De David Bowie au mouvement punk en passant par Mick Jagger, ils sont nombreux à se réclamer de lui. Bien avant de devenir écrivain, il aura été tour à tour détective privé, barman, trafiquant d'armes, publicitaire et journaliste. Acquitté pour crime par imprudence contre sa femme, il se réfugie dans la drogue. Toute sa vie, il aura provoqué le puritanisme des Américains et aura ainsi justifié sa réputation scandaleuse.

Homosexuel, drogué, l'auteur du « Festin nu » est devenu un écrivain reconnu.

Le 2 à Hasselt (Belgique), chaque samedi, un garagiste propose une nouvelle attraction : le lavage des voitures par des femmes en bikini.

Puccini triomphe aux Chorégies d'Orange

Orange, samedi 2
Sur les marches du Théâtre antique, il ne restait plus une place ce soir pour savourer ce *Turandot* servi par la voix foudroyante de Giovanna Casolla. Interprétant à merveille le rôle de la princesse sanguinaire qui donne son nom à la pièce, la diva a littéralement tétanisé les neuf mille spectateurs ! Egalement mobilisé par un Calaf de haute tenue, Vladimir Galouzine, le public a apprécié la prestation du duo. La participation de Barbara Hendricks a offert une note douce à cette pièce implacable. Conduits avec une grande justesse par la baguette de Michel Plasson, les musiciens ont contribué au grand succès de la soirée.

B. Hendricks et Giacomo Prestia.

▷

Même avec moins de spectacles, le public reste fidèle à Avignon

Avignon, samedi 2
Malgré la réduction des budgets qui a amputé le Festival de près de 40 % de ses spectacles, la fréquention n'a diminué que de 10 %. Il faut avouer que les « grosses pointures » telles que Zingaro et les trois pièces de la cour d'honneur ont rassemblé à elles seules la moitié des spectateurs de cette 51e édition. Les neuf pièces russes, qui ont également fait salles combles mais dans des espaces plus confidentiels, n'ont pu être vues que par 7 700 personnes. Avec *le Visage d'Orphée*, d'Olivier Py, et l'*Eclipse* en noir et blanc de Zingaro, cette série de spectacles russes apporte la touche exotique qui fait oublier le temps des fastes d'Avignon.

« Eclipse », nouvelle création de Zingaro, a attiré un cinquième des spectateurs.

Arafat doit faire face à une crise politique

Gaza, dimanche 3
Le chef de l'Autorité palestinienne se retrouve sous les feux croisés des Israéliens, des Américains et de son Conseil législatif, le parlement des territoires autonomes. Les premiers et les seconds le pressent de mettre un terme aux agissements terroristes du Hamas. Quant au troisième, à force de protestations, il a obtenu la démission de seize des membres du cabinet de Yasser Arafat. Ces ministres, accusés dans un rapport récent de détournements de fonds et de corruption, empêchaient Arafat de se consacrer à la seule relance du processus de paix. (→ 20)

Anjouan proclame son indépendance

Comores, dimanche 3
Le mouvement séparatiste proclame l'indépendance unilatérale de l'île d'Anjouan. Depuis la mi-juillet, le mécontentement de la population a fait se succéder manifestations et journées d'émeute. Les causes de cette colère sont économiques bien sûr mais viennent aussi du sentiment des Anjouanais d'être négligés par le gouvernement central de Moroni sur la Grande Comore, la principale île de cette République fédérale et islamique. A Mutsamudu, capitale d'Anjouan, les séparatistes lorgnent sur le niveau de vie de Mayotte. Ils demandent leur rattachement à une France qui n'en peut mais. (→ 10)

Décès de Jeanne Calment… la doyenne

CARTE D'IDENTITÉ
Nom Calment
Prénoms Jeanne ép. Calment
Profession ou qualité s. p.
Née le 21 février 1875
à Arles s/Rhône
Domicile Arles s/Rhône
Signature du Titulaire,
J. Calment

Arles, lundi 4
Considérée comme la « doyenne de l'humanité » depuis 1995, Jeanne Calment (*21.2.1875) s'est éteinte. Cette exceptionnelle longévité (122 années), ce miracle biologique en avaient fait une vedette courtisée, une curiosité pour les médias et la science. Elle est née la même année que la IIIe République, au moment du conflit institutionnel opposant le président Mac-Mahon à Adolphe Thiers. Son âge illustre mieux que n'importe quelle courbe la tendance des habitants des pays les plus riches à vivre de plus en plus vieux. Il y a 6 000 centenaires en France, parmi lesquels les femmes sont sept fois plus nombreuses que les hommes. Ils seront 150 000 en 2050.

Les soldats français ont quitté l'Albanie

Albanie, mercredi 6
Pour les 900 militaires français qui y participaient, l'opération *Alba* est terminée et ils ont tous été rapatriés sur Toulon. Pour les dix contingents européens qui participaient à la FMP, la Force multinationale de protection, le bilan est mitigé. Il s'agissait pour ces 6 000 hommes de rétablir un semblant d'ordre dans un pays en pleine anarchie. Certes, les élections se sont déroulées dans des conditions « acceptables », ce qui a permis de résoudre la crise politique avec le départ de Sali Berisha. Mais le pays est toujours livré aux bandes armées et 60 personnes ont encore été tuées la semaine dernière.

En Bolivie, retour au pouvoir de l'ex-dictateur Hugo Banzer

La Paz, mardi 5
Le général Hugo Banzer est devenu le premier ex-dictateur d'Amérique du Sud à revenir au pouvoir par la voie des urnes. Il a été élu par les sénateurs et les députés réunis en Congrès. Celui qui fut appelé au pouvoir par les civils en 1971, pour sortir le pays du chaos, le dirigea d'une main de fer jusqu'en 1978, où il s'effaça après un échec électoral. Si sa conversion et ses convictions démocratiques ne sont pas remises en cause, ses adversaires doutent de la coalition qui le soutient et qui mêle conservateurs, populistes et sociaux-démocrates.

Le général à l'élection présidentielle de juillet 1985. Il avait alors failli gagner.

Industriels russes et banquiers en guerre

Moscou, jeudi 7
C'est d'une guerre par médias et hommes politiques interposés qu'il s'agit. Vladimir Potanine, Vladimir Goussinski et Boris Berezovski ont en commun d'être puissants et de se détester. Ils contrôlent des groupes industrialo-financiers. Le premier a réussi à prendre le contrôle, lors de leur privatisation, des géants russes des télécoms et du nickel. Ce sont des « joyaux », gros pourvoyeurs de devises. Le pouvoir avait promis la transparence mais les accusations de corruption se multiplient. (→ 12)

Regain de tension au Proche-Orient

Liban Sud, vendredi 8
Pour la première fois depuis quatre jours, un village israélien, Kyriat Shmona, a été pris pour cible par des roquettes tirées du Liban Sud. Ce nouveau cycle de violence et de tension a débuté par l'opération-commando de Tsahal contre une base du Hezbollah. Les échanges de tirs vont depuis en s'amplifiant entre la milice chiite du sud du Liban et l'armée israélienne. Israël lance des raids aussitôt suivis de représailles d'artillerie. Le Liban et la Syrie ont menacé d'intervenir. Dennis Ross, l'émissaire américain, est attendu demain pour « calmer le jeu ». (→ 27)

Grève des routiers d'UPS aux Etats-Unis

Etats-Unis, vendredi 8
Les négociations entre la direction d'UPS (United Parcel Service) et le syndicat des teamsters (chauffeurs routiers) n'ont rien donné. A son cinquième jour, cette grève très dure commence à se répercuter sur toute l'économie américaine. UPS assure en effet 80 % des transports de colis par voie terrestre et 60 % du marché total, en comptant l'aérien. Malgré les liens passés de ce syndicat avec la Mafia, cette grève est bien vue par les salariés américains. Les 185 000 grévistes réclament la fin du recours au temps partiel et de meilleures conditions de travail. (→ 21)

Trois chefs de l'ETA extradés vers l'Espagne

Saint-Domingue, samedi 9
Ce sont trois dirigeants historiques de l'ETA, dont Madrid demandait l'extradition depuis un mois, qui ont pris de force l'avion pour l'Espagne. Eugenio Etxebeste Arizcuren, dit « Antxon », José Maria Gantxegui Arruti et Ignacio Aracama Mendia vivaient en résidence surveillée en République dominicaine depuis que la tentative de dialogue à Alger avait échoué en 1989. Numéro deux de l'organisation séparatiste entre 1978 et 1984, Antxon n'aurait participé à aucun attentat, ce qui n'est pas le cas des deux autres extradés. (→ 13.12)

Les massacres ne s'arrêtent pas en Algérie

Algérie, dimanche 10
Dans son bulletin clandestin, le GIA explique que « les ennemis de l'islam doivent être égorgés » et qu'il ne fait là qu'appliquer « les préceptes de Dieu et du Prophète ». Depuis huit jours, 175 personnes ont été tuées dans des massacres de villageois ou des attentats. Toutes les régions du pays sont touchées : des bombes sur les marchés, des faux barrages de police, des commandos fondant de nuit sur des villages pour y tuer tous les habitants. Le pouvoir continue d'observer un mutisme complet sur ces atrocités. (→ 30)

Le 7 aux Antilles, la moitié des 10 000 habitants de l'île britannique de Montserrat sont encore sur place, après l'éruption de la Soufrière le 3.

Pas de record en athlétisme à Athènes

Stéphane Diagana sauve l'honneur des Français : médaille d'or au 400 m haies.

L'Ukrainien Sergueï Bubka : un 6e titre mondial au saut à la perche.

Athènes, dimanche 10
L'Ukrainien Sergueï Bubka a réalisé l'exploit de ces championnats du monde d'athlétisme en décrochant son sixième titre mondial... quatorze ans après le premier. A 33 ans, Bubka, malgré une opération l'hiver dernier, a gagné en franchissant 6,01 m. En revanche, Jean Galfione a complètement raté son concours. Le champion olympique d'Atlanta a échoué dans toutes ses tentatives à 5,70 m. Pour l'équipe de France, ces championnats ont consacré le talent de Stéphane Diagana, en or sur 400 m haies, et la belle vitalité du sprint féminin avec la médaille de bronze sur 4 x 100 m remportée par Christine Arron, Delphine Combe, Sylviane Félix, Frédérique Bangué. Marie-Jo Pérec, blessée lors d'un échauffement, renonça avant les demi-finales du 200 m. (→ 13)

Borealis, une *rave* géante à Montpellier

Montpellier, dimanche 10
S'il est le lieu privilégié par toutes les stars de rock qui passent dans la région, le parc Grammont n'avait jamais vu une telle foule. Venus de Lyon, d'Espagne ou d'Italie, près de 20 000 personnes ont répondu cette nuit au grand rendez-vous techno des Borealis. En fluo et semelles compensées ou en jeans et baskets, la fête a réuni les pros et les novices autour de quatre scènes menées par une trentaine de DJ confirmés. Sur des écrans géants, des faisceaux de lumières et toutes sortes d'images cybernétiques suivaient le rythme des synthétiseurs hallucinés.

20 000 personnes pour une « party ».

Août

1997						
Lu	Ma	Me	Je	Ve	Sa	Di
				1	2	3
4	5	6	7	8	9	10
11	12	13	14	15	16	17
18	19	20	21	22	23	24
25	26	27	28	29	30	31

La Havane, lundi 11
Le Journal du Congo, d'Ernesto Guevara, est pour la première fois présenté et publié dans son intégralité à Cuba. (→ 17.10)

Nancy, mardi 12
Au cours d'un hold-up, le directeur d'une agence bancaire neutralise un braqueur cagoulé grâce à un direct du droit tellement énergique qu'il s'est cassé le poignet.

Arizona, mardi 12
Dans la région du lac Powell, onze randonneurs et leur guide qui cheminaient au fond d'un canyon très étroit sont emportés par la crue provoquée par un orage soudain et violent. Parmi eux figuraient sept Français.

Landes, mercredi 13
Sur la nationale 10, un tragique accident entre un autocar portugais et un camion qui débouchait d'un chantier fait 8 morts et 24 blessés. Depuis des années, cette portion de route est dénoncée comme dangereuse.

Prague, mercredi 13
Le gouvernement évalue le montant des dégâts dus aux inondations à 12 milliards de francs. Un emprunt est lancé pour venir en aide aux victimes.

Paris, jeudi 14
Pour lutter contre la pollution de l'air en ville, Dominique Voynet, ministre de l'Environnement, propose l'instauration d'une « pastille verte » réservée aux voitures les moins polluantes et qui seules pourraient rouler les jours d'alerte. (→ 21)

Chine, vendredi 15
Trois consortiums européens, dont GEC-Alsthom, sont choisis par le gouvernement pour fournir des turbines au barrage des Trois-Gorges en construction. (→ 8.11)

Belgique, dimanche 17
Un an après l'arrestation de Marc Dutroux et la découverte des corps de Julie et Mélissa, une marche du souvenir a lieu à Sars-la-Bussière. (→ 19.10)

DECES

Wisconsin, mardi 12
Luther Allison, guitariste de jazz (*17.8.1939).

Attentats dans les stades de Stockholm

Suède, lundi 11
Un mystérieux groupe a revendiqué l'attentat de vendredi dernier contre la salle de presse du vieux stade de Stockholm. Depuis trois mois, des actions similaires ont visé diverses installations sportives de la capitale suédoise. Or Stockholm a posé sa candidature aux Jeux olympiques d'été de 2004. Si les promoteurs de ce projet refusent de faire le lien, la lettre de revendication, elle, est des plus claires. Elle affirme que le pays doit mettre fin au délabrement de son système de santé avant même de penser à « s'offrir » un événement aussi dispendieux. (→ 5.9)

Règlements de comptes autour du Kremlin

Korjakov, surnommé « Raspoutine ».

Moscou, mardi 12
Alexandre Korjakov présente son livre de mémoires, *Boris Eltsine : de l'aube au crépuscule*. Les journalistes se sont déplacés en grand nombre car Korjakov fut pendant onze ans le garde du corps d'Eltsine avant d'être brutalement limogé en juin 1996. Au fil des années, il devint son partenaire de tennis, son éminence grise et son premier conseiller privé. Son influence lui valut le surnom de « Raspoutine ». Son livre ne révèle rien sur les turpitudes sexuelles du numéro un russe, comme la rumeur le laissait entendre. Il confirme en revanche son fort penchant pour l'alcool, ses dépressions et le rôle néfaste des autres conseillers.

Hun Sen est reçu par le roi Sihanouk

Pékin, mardi 12
Le roi Norodom Sihanouk a reçu la nouvelle troïka au pouvoir à Phnom Penh : Hun Sen et Ung Huot, qui a remplacé le prince Ranariddh au poste de co-Premier ministre, et le président de l'Assemblée nationale, Chea Sim. Comme à son habitude, le roi a manié le paradoxe, se disant prêt à abdiquer comme à retourner au Cambodge pour « prier pour la paix ». Il refuse de reconnaître une légitimité à Ung Huot, qui occupe le poste de son fils, mais ne s'oppose pas à une éventuelle reconnaissance du fait accompli. (→ 24)

Seize ans pour battre le record du 800 m

W. Kipketer prend le record à Coe.

Zurich, mercredi 13
Folle soirée, où ont été battus trois records du monde, sur 800, 3 000 steeple et 5 000 m. Boit Kipketer (Kenya) a pris le record du 3 000 m steeple à son compatriote Moses J. Kiptanui pour un centième en 7 min 59 s 8/100. Un autre Kipketer s'est illustré. Il s'agit de Wilson, Danois depuis peu et d'origine kenyane. Wilson Kipketer, avec sa longue foulée, a pu effacer des tablettes le record du monde qu'il codétenait avec le Britannique Sebastian Coe en 1 min 41 s 24/100. Enfin Hailé Gebreselassié a amélioré son propre record sur 5 000 m de trois secondes en 12 min 41 s 86/100. (→ 13.9)

Castro fête ses 71 ans après une série d'attentats inexpliqués

La Havane, mercredi 13
Fidel Castro a fêté son anniversaire dans la plus grande discrétion. Car l'atmosphère est en effet quelque peu différente ces derniers temps à Cuba et témoigne du désarroi du régime. Les rumeurs sur l'état de santé du *lider maximo* ont pris un caractère alarmiste. La répression de la police politique est plus féroce, aussi bien contre les intellectuels et les esprits « libres » que contre les entrepreneurs privés. L'inquiétude diffuse du régime est nourrie par des attentats non revendiqués qui ont visé des emblèmes du tourisme, la manne de l'île. S'agit-il d'opposants de l'intérieur ou bien d'anticastristes exilés ? (→ 4.9)

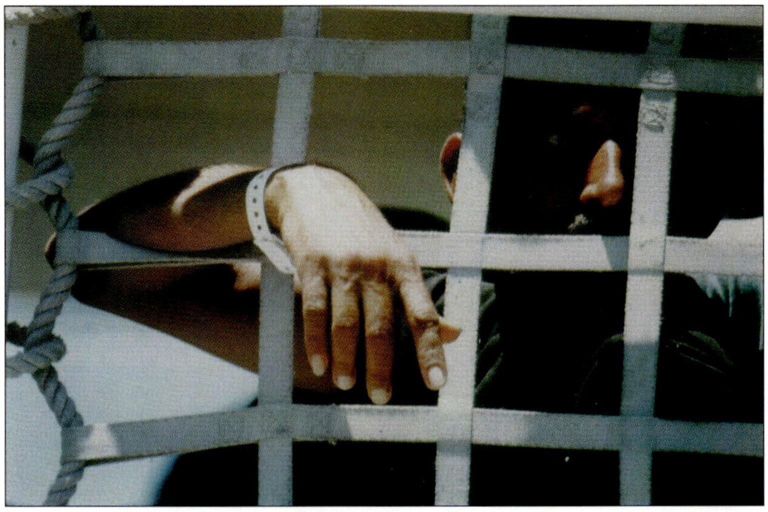
La répression frappe toujours les dissidents : 50 arrestations ces derniers temps.

Débat télévisé inédit en Ulster, sur la BBC

Belfast, mercredi 13
Les réactions sont majoritairement positives au débat qui a eu lieu hier sur la BBC. Pour la première fois, un parlementaire unioniste, Ken Maginnis, et un haut responsable du Sinn Fein, Martin McGuinness, se sont retrouvés face à face, sur le plateau de l'émission *Newsnight*. Le face-à-face a tourné à l'échange de récriminations, le premier parlant des attentats de l'IRA et le second de l'oppression des catholiques par la majorité protestante. Le fait que Maginnis ait accepté le « débat » est un bon signe pour la négociation qui s'ouvrira le 15 septembre. (→ 9.9)

Accusations contre les cosmonautes russes

Kazakhstan, jeudi 14
Revenus sur Terre sans encombre en laissant dans l'espace Michael Foale, leur coéquipier américain, les deux cosmonautes de Mir, Vassili Tsibliev et Alexandre Lazutkin, vont devoir affronter une toute nouvelle épreuve. Il va s'agir pour eux de faire face aux accusations portées à demi-mot par Boris Eltsine et par des responsables du programme. Ceux-ci affirment que la série de pannes et d'incidents sur Mir n'est pas imputable à des défaillances ou à un dysfonctionnement technique mais au « facteur humain ». Une manière comme une autre de dire que les cosmonautes ont mal fait leur travail. (→ 18)

V. Tsibliev, le commandant de bord.

Pas encore d'avenir pour l'île de Chypre

Suisse, vendredi 15
Après cinq jours de discussions à huis clos sous l'égide des Nations unies, les négociateurs chypriotes se séparent sur un constat de complet désaccord. Glafcos Cléridès, qui préside la République de Chypre, seule reconnue internationalement, s'est heurté à l'intransigeance de Rauf Denktash, chef de la partie turque de l'île. Aucune formule de réunification n'a pu être évoquée. Denktash exige avant tout l'arrêt du processus d'adhésion de la partie grecque à l'Union européenne, alors qu'Ankara fait antichambre depuis plusieurs années. (→ 13.12)

Cinquante ans d'indépendance en Inde et au Pakistan… la paix ?

New Delhi, vendredi 15
A l'occasion du 50e anniversaire de leurs indépendances respectives, les dirigeants indiens et pakistanais ont échangé, une fois n'est pas coutume, des propos presque cordiaux. Inder Kumar Gujral, le Premier ministre indien, a souhaité en ce jour que s'établisse une véritable coopération avec le Pakistan. La veille, Nawaz Shariff, son homologue pakistanais, déclarait à Islamabad qu'une « ère de confiance s'était ouverte dans les relations avec l'Inde ». Hormis ces bonnes intentions affichées, les deux pays fêtent ce cinquantenaire dans une atmosphère désabusée, avec des populations indifférentes. (→ 16.10)

La majorité des 950 millions d'Indiens n'a pas suivi les commémorations.

Délire à Salzbourg pour Renée Fleming

Salzbourg, dimanche 17
Comme chaque année, ce grand rendez-vous de la passion lyrique est un succès. Près de quarante-cinq minutes de rappel ont couronné le récital de lieder de Renée Fleming ! C'est sans doute le plus beau cadeau qui pouvait être offert à cette jeune soprano américaine pour sa toute première représentation au Festival. Mais la chanteuse connaissait déjà le Mozarteum où elle avait remporté le concours Mozart. Ce soir, sa voix parfaite et pétillante est passée avec une gracieuse aisance de Schubert à Wolf et de Barber à Strauss.

Le 16 à Memphis, des milliers de fans d'Elvis Presley célèbrent autour de Graceland – sa résidence – le 20e anniversaire de sa disparition.

Karadzic veut rester le maître bosno-serbe

Bosnie, dimanche 17
Dans son bras de fer avec Radovan Karadzic, la présidente de l'entité serbe de Bosnie, Biljana Plavsic, a perdu une manche. Les juges du Conseil constitutionnel, favorables au premier, viennent d'annuler son décret de dissolution du Parlement serbe, arguant de plusieurs erreurs de procédure. La partie est pourtant loin d'être perdue pour Plavsic. Elle bénéficie toujours du soutien des partis de l'opposition et de celui des Américains, prêts à se débarrasser du dirigeant de Pale. A Banja Luka, des unités de la police, restées fidèles à Plavsic, ont investi avec l'aide de l'Otan un commissariat tenu par des fidèles de Karadzic. (→ 21)

Biljana Plavsic, la présidente élue.

Août

1997

Lu	Ma	Me	Je	Ve	Sa	Di
				1	2	3
4	5	6	7	8	9	10
11	12	13	14	15	16	17
18	19	20	21	22	23	24
25	26	27	28	29	30	31

Espace, lundi 18
La station spatiale Mir accumule les ennuis. C'est au tour de l'ordinateur central de tomber en panne. Mir tourne autour de la Terre sans contrôle. (→ 22)

Ariège, lundi 18
La foule des curieux et des admirateurs s'est déplacée pour la première sortie de Tony Blair. Le Premier ministre britannique passe des vacances en famille dans le petit village de Saint-Martin-d'Oydes.

Bosnie, jeudi 21
L'Otan maintient son dispositif en République serbe. La Sfor a déployé 250 de ses soldats à Banja Luka pour protéger la présidente serbo-bosniaque, Biljana Plavsic. (→ 9.9)

Etats-Unis, jeudi 21
Les grévistes d'UPS obtiennent finalement gain de cause. La direction satisfait l'essentiel de leurs revendications.

Comores, vendredi 22
La mission de médiation de l'OUA réussit à faire retomber la tension. Les indépendantistes d'Anjouan et le gouvernement de Moroni se disent prêts à entamer des négociations dès le début du mois prochain. (→ 2.9)

Séville, vendredi 22
La nageuse belge Brigitte Bécue décroche la médaille de bronze au 100 m brasse féminin des championnats d'Europe de natation, après avoir obtenu mercredi le bronze sur 200 m brasse. (→ 24)

Congo, dimanche 24
Le pays s'enfonce dans la guerre. Les combats continuent dans Brazzaville après l'échec de toutes les médiations et l'absence de pressions occidentales. (→ 21.9)

Cambodge, dimanche 24
Les troupes royalistes fidèles au prince Ranariddh perdent O Smach, leur dernière place forte dans le nord du pays. Les soldats rejoignent les colonnes de civils qui fuient vers la Thaïlande. (→ 29)

DECES

Paris, samedi 23
Jean Poperen, ancien numéro deux du Parti socialiste (*9.1.1925).

« Bourde » au PSG... Un carton jaune

Genève, lundi 18
Faut-il en rire ou en pleurer ? Pour avoir fait jouer un match européen à un joueur suspendu, le PSG a été déclaré battu 3 à 0, alors que le club ne s'était incliné que 3 à 2 sur le terrain de Bucarest. Cette « gaffe » commise par la direction du club a bien amusé l'Europe du football. En fait, Ricardo n'aurait jamais dû, le 13 août, aligner Laurent Fournier face au Steaua de Bucarest. Ayant reçu deux avertissements, au mois de janvier contre la Juventus puis en finale contre Barcelone, le milieu de terrain était donc automatiquement suspendu... Pour le PSG, la tâche est simple : il lui faut gagner le match retour au moins 4 à 0 ! (→ 27)

Dramatique explosion d'un silo à grains

A Blaye, les silos éventrés se sont écroulés sur les bureaux administratifs.

Blaye, mercredi 20
C'est dans la zone industrielle du port autonome de Bordeaux qu'a eu lieu en milieu de matinée l'explosion meurtrière. Plusieurs centaines de sauveteurs sont sur les lieux. De la poussière et des gaz provenant des céréales s'accumulent toujours au sommet des silos. C'est ce mélange détonant qui est à l'origine de ce drame. Une étincelle, la chaleur ou un court-circuit – l'enquête, seule, le déterminera – a servi de détonateur et a fait exploser l'ensemble : 30 000 tonnes de céréales, de gravats et de plaques de béton se sont effondrés sur les bureaux de la société. Onze personnes ont été tuées.

Arafat discute avec les chefs du Hamas

Gaza, mercredi 20
Yasser Arafat a convié toutes les factions politiques palestiniennes à un sommet baptisé « Conférence de l'unité nationale face aux défis ». Face au bouclage des territoires, au manque d'argent et à l'enlisement du processus de paix, Arafat n'avait pas d'autre choix que de resserrer les rangs. C'est ainsi qu'il a serré avec effusion la main d'Abdel Aziz Rantissi, l'un des responsables du Hamas, avant de lui laisser la parole et qu'il a appelé au dialogue avec les mouvements islamistes. (→ 27)

Scandale des stérilisations forcées en Suède

Stockholm, jeudi 21
Instauré par le vote d'une loi en 1934, le programme de stérilisation forcée s'est poursuivi jusqu'en 1976, touchant près de 62 000 personnes. De récentes recherches jettent un nouvel éclairage sur des faits qui n'étaient pas des secrets d'Etat mais n'avaient pas été ébruités. Au nom de l'eugénisme et d'une contestable « amélioration » de la société, de critères sociaux ou même raciaux, des « inadaptés » et des handicapés mentaux furent mutilés. (→ 10.9)

Le 18 à New York, les Rolling Stones tiennent une conférence de presse sous le pont de Brooklyn pour annoncer leur prochaine tournée mondiale.

La station Mir retrouve son énergie

Espace, vendredi 22
Depuis l'incident du 25 juin dernier, les cosmonautes avaient dû fermer le sas qui reliait le module Spektr au reste de la station pour en maintenir l'étanchéité. Ce faisant, ils avaient aussi dû débrancher les câbles qui leur fournissaient 50 à 60 % de leur électricité. Après quatre heures de travail en scaphandre spatial, Pavel Vinogradov et Anatoli Soloviev ont réussi leur mission de dépannage, en dépit de quelques incidents. Après la pose d'un nouveau sas, neuf câbles ont été reconnectés entre la station et les panneaux solaires. (→ 15.9)

Voynet déclare la guerre aux automobiles

Paris, jeudi 21
Après avoir essuyé des critiques pour des mesures antipollution qui n'étaient même pas de son ressort mais de celui de la préfecture, le ministre de l'Environnement a enfin dévoilé son plan de bataille pour non seulement lutter contre les pics de pollution atmosphérique mais aussi améliorer la qualité de l'air sur le long terme. Ces mesures radicales visent d'abord les voitures avec une limitation de leur puissance et une hausse du gasoil. Avec le projet de « pastille verte » présenté la semaine dernière, le projet de relance du rail et celui de circulation alternée les jours d'alerte, Dominique Voynet défend des mesures contraignantes pour l'auto, et il n'est pas sûr que le gouvernement ose la suivre. (→9.9)

En Iran, une femme à la vice-présidence

Téhéran, samedi 23
Pour la première fois, une femme figure parmi les sept vice-présidents que vient de nommer Mohamad Khatami. Massoumeh Ebtekar est âgée de 36 ans. Cette spécialiste de l'immunologie, formée aux Etats-Unis, est professeur d'université. Elle a été également journaliste, en travaillant pour le journal *Kayhan International* et le magazine féminin *Farzaneh*. Elle représentait l'Iran à la conférence de l'ONU sur les femmes à Pékin en septembre 1995. Massoumeh Ebtekar est chargée de la protection de l'environnement. Le président Khatami n'a pas oublié qu'il doit une part de son élection à l'électorat féminin.

Esposito redevient un papillon en or

Séville, dimanche 24
Franck Esposito est un bon leader. En remportant le titre européen, hier, sur 200 m papilllon, le nageur antibois a montré la voie à suivre à ses partenaires. Au passage, six ans après son premier titre européen, il améliore son record de France en finale en signant 1 min 57 s 24/100. Les bonnes surprises françaises sont à mettre à l'actif de Julien Sicot (3e sur 50 m), Xavier Marchand, avec une médaille d'argent sur 200 m en quatre nages. Roxana Maracineanu, de son côté, a obtenu l'argent sur 100 m et le bronze sur 200 m dos. A l'heure du bilan, la France peut s'enorgueillir de six médailles, dont quatre décrochées en un week-end.

Schumacher a fait le bon choix en Belgique

Alesi devant Schumacher au départ.

Spa-Francorchamps, dimanche 24
Michael Schumacher aime la pluie. Surtout au volant de sa Ferrari. Le pilote allemand a une fois de plus parfaitement maîtrisé les conditions climatiques pour s'imposer sur le circuit belge. A l'arrivée, Michael Schumacher réalise une excellente opération au championnat puisque Jacques Villeneuve ne finit que sixième. Sous le déluge, Ferrari avait fait le choix de partir avec des pneus intermédiaires. Villeneuve, comme à Monaco, a fait le mauvais choix de pneus. Il était trop tard pour les changer quand l'orage prit fin trois minutes avant le départ... (→7.9)

Le 21 en Angleterre sort le troisième album du groupe Oasis : *Be Here Now*. La photo de couverture a été prise dans un hôtel du Bedfordshire.

Jean-Paul II clôt les JMJ

Le saint-père durant les 12es Journées mondiales de la jeunesse.

Paris, dimanche 24
L'Eglise de France, qui doutait de sa capacité à mobiliser les foules il y a encore quelques semaines, peut être rassurée. Ils furent plus d'un million de croyants à assister à la messe de clôture des Journée mondiales de la jeunesse (les JMJ), célébrée par le pape Jean-Paul II à Longchamp. La veillée de prières, samedi soir, avait déjà rassemblé la presque totalité des jeunes venus du monde entier pour ces JMJ et les hôtes français, soit 600 000 personnes. Le saint-père est arrivé jeudi à Paris, attendu avec ferveur par les cohortes d'une jeunesse catholique venue des cinq continents. Ces foules bruyantes mais bon enfant avaient envahi les rues de la capitale depuis le début de la semaine, alternant les rencontres, le tourisme et les séances de prières, improvisant parfois un chant dans une rame de métro ou à la terrasse d'un café. Le programme du pape a été des plus chargés. Il a rendu un vibrant hommage au père Joseph Wresinski, fondateur d'ATD-Quart Monde, béatifié Frédéric Ozanam, apôtre du catholicisme social au XIXe siècle, et célébré une première messe au Champ-de-Mars. (→26)

Août

1997

Lu	Ma	Me	Je	Ve	Sa	Di
				1	2	3
4	5	6	7	8	9	10
11	12	13	14	15	16	17
18	19	20	21	22	23	24
25	26	27	28	29	30	31

Paris, lundi 25
Prenant exemple sur les Etats-Unis, Lionel Jospin présente un projet visant à mettre Internet à la portée de tous et des élèves en particulier. (→ 28.9)

Séoul, lundi 25
Une chaîne de télévision annonce que l'ambassadeur nord-coréen au Caire a fait défection le week-end dernier avec sa famille et se trouve désormais aux Etats-Unis.

Paris, mardi 26
Le comité d'organisation des JMJ se félicite de leur succès mais se retrouve confronté à un gros déficit dû aux mauvais payeurs et aux resquilleurs en tout genre.

Berlin, jeudi 28
Présentation du DVD, *Digital Versatile Disk*, le vidéodisque numérique. Rien ne distingue le DVD d'un CD-Rom mais il contient huit fois plus d'informations. Ce qui lui permet par exemple d'enregistrer et de stocker un film.

Espagne, jeudi 28
Des spéléologues et des paléontologues annoncent la découverte en Cantabrie de l'une des plus grandes fresques paléolithiques jamais mises au jour. Elle serait vieille de 22 000 ans.

Etats-Unis, jeudi 28
L'écrivain britannique Salman Rushdie se marie pour la troisième fois, à Long Island. Il épouse la femme qui partage sa vie de clandestin depuis trois ans déjà.

Phnom Penh, vendredi 29
Après six mois d'absence, le roi Norodom Sihanouk rentre au Cambodge. (→ 23.10)

Nantes, dimanche 31
Jean-Claude Lamorandière, un Martiniquais de 42 ans, entame une marche vers Paris sur des échasses pour célébrer le 150e anniversaire de l'abolition de l'esclavage.

DECES

Tours, lundi 25
Robert Pinget, écrivain (*19.7.1919).

Paris, mardi 26
Clément Lépidis, poète et romancier (*2.4.1920).

Krenz écope de six ans et demi de prison

Berlin, lundi 25
Egon Krenz, le dernier dirigeant de l'ex-République démocratique allemande, est condamné à six ans et demi de prison ferme. Il est reconnu coresponsable de la mort de fugitifs abattus alors qu'ils tentaient de fuir la RDA. Günther Kleiber et Günter Schabowski, coaccusés et membres du Politburo est-allemand jusqu'en novembre 1989, écopent de trois ans. Krenz s'est défendu en faisant valoir qu'il n'a fait qu'appliquer les consignes de Moscou.

Les Israéliens lèvent le blocus à Bethléem

Cisjordanie, mercredi 27
Le gouvernement israélien accepte de lever le blocus de la ville natale du Christ. Les barrages ont disparu et la population de Bethléem peut de nouveau circuler à l'intérieur de la Cisjordanie. Le siège durait depuis vingt-huit jours et les heurts entre les soldats de Tsahal et les lanceurs de pierres devenaient de jour en jour plus violents. Le bouclage de tous les territoires palestiniens reste en revanche maintenu. (→ 5.9)

Ligue des Champions : « miracle » du PSG

Le club se qualifie en match retour face au Steaua Bucarest (Ritzi et Maurice).

Paris, mercredi 27
Vexés et piqués au vif par la bourde du carton jaune au match aller, les joueurs parisiens ont donc entamé le match contre Bucarest à cent à l'heure. Poussé par son public, le PSG trouve rapidement la faille. Dès la 2e minute, Florian Maurice, l'avant-centre parisien, est bousculé dans la surface. Le penalty est réussi par le capitaine Rai. Et quelques minutes plus tard, sur un corner, Leonardo dépose le ballon sur la tête de Rai qui inscrit son deuxième but de la soirée. Dans une ambiance survoltée, Paris SG a dominé des Roumains décontenancés. Après Marco Simone, Maurice (42e) a lui aussi trouvé le chemin des filets pour la plus grande joie des 43 000 spectateurs. La seconde période a confirmé la domination parisienne. Rai ajoute un cinquième et dernier but sur une passe de Leonardo. Le miracle a eu lieu et Paris peut penser à la Ligue des Champions. (→ 5.11)

Jospin se rend à Bonn pour une concertation... sans Chirac

Allemagne, jeudi 28
La première visite de Lionel Jospin en tant que Premier ministre a duré moins de trois heures. Cet échange de vue a permis aux deux chefs de gouvernement de préparer le menu du sommet franco-allemand prévu les 18 et 19 septembre à Weimar. Les propos de campagne de Jospin sur la monnaie unique et le pacte de stabilité avaient fortement inquiété les dirigeants allemands. Helmut Kohl a pu constater que le nouveau Premier ministre français avait, sur ce point, rejoint la ligne européenne en échange de quelques concessions. Cette visite éclair sans le président de la République annonce-t-elle que Matignon a acquis une autonomie en matière de politique étrangère ? Rien n'est moins sûr. Hier à Paris, devant 169 ambassadeurs, Jacques Chirac a réaffirmé que la France devait parler « d'une seule voix », la sienne en l'occurrence. (→ 19.9)

Helmut Kohl a reçu le Premier ministre français avec les honneurs militaires.

« Jeudi noir » pour les Bourses en Asie

Asie du Sud-Est, jeudi 28
En fin de journée, les indices des places boursières sont tous entrés dans le rouge. Manille a perdu 9,3 % et Kuala Lumpur chutait de 8 %. A Hong Kong et Singapour, réputés plus « solides », le recul n'est que de 4,3 % et 3,2 %. Malgré le prêt du FMI à la Thaïlande, où s'est levée la tempête monétaire, la situation a été en s'aggravant pour se transformer en véritable krach boursier. En trois mois, les marchés ont perdu entre 30 et 60 % sur le marché des actions. Ce repli général des investisseurs, suivi d'une hausse des taux d'intérêt, s'est accompagné partout d'une chute des devises, révélant les faiblesses de ces « dragons » asiatiques. (→ 17.9)

La barbarie sans limite

Algérie, samedi 30
Au lendemain du carnage – 200 à 300 morts – commis dans le village de Reis, à 20 km au sud d'Alger, de nombreuses voix se font entendre pour critiquer la manière dont les autorités militaires et politiques ont « géré » les suites du massacre. Les critiques ont aussi visé l'inertie de la police et de l'armée, lentes à réagir aux appels à l'aide. La tuerie, d'une ampleur sans précédent, a eu lieu dans la nuit de jeudi à vendredi. Elle a duré quatre heures sans que, dans une région urbanisée et quadrillée par les militaires, le moindre secours extérieur n'intervienne. Des enfants, des femmes et des vieillards ont été égorgés, souvent mutilés à la hache, des hommes brûlés vifs. (→ 5.9)

Une survivante de Reis, traumatisée.

Six médailles d'or aux cyclistes français

Perth, dimanche 31
Les cyclistes français sont bien les étoiles de la piste. En Australie, ils ont gagné six médailles d'or et deux de bronze. Du jamais vu sur piste au cours d'un championnat du monde. La Vendéenne Félicia Ballanger et Florian Rousseau, les deux leaders de l'équipe de France, ont gagné à eux deux quatre titres. Rousseau est resté l'homme le plus rapide du monde sur un vélo en gagnant ce jour la médaille d'or en vitesse. Le Français possède à 23 ans un des plus exceptionnels palmarès avec déjà un titre mondial par équipe et quatre titres individuels ! La jeune génération, sur laquelle avait parié l'entraîneur, n'a pas déçu. (→ 12.10)

La course folle tourne au drame pour Lady Diana

Le tunnel du pont de l'Alma, lieu du drame, sur la rive droite de la Seine.

Paris, dimanche 31
L'ex-épouse du prince de Galles, la cible favorite des tabloïds et le sujet préféré de la presse à sensation du monde entier, est morte ce matin à 4 heures à l'hôpital parisien de la Pitié-Salpêtrière. C'est vers minuit que Lady Diana (*1.7.1961) et Dodi al-Fayed, richissime égyptien, ont quitté le Ritz, place Vendôme. Ils rejoignaient l'appartement de celui-ci. La Mercedes, conduite par un homme de confiance de l'hôtel, à côté de qui est assis le garde du corps de Dodi, roule à très grande vitesse pour semer les photographes qui les suivent. Dans le souterrain de l'Alma, après avoir emprunté la voie express rive droite, la voiture va heurter le treizième pilier pour une raison encore inconnue : le garde du corps est le seul à avoir survécu au terrible choc. Dodi et le chauffeur sont tués sur le coup, Lady Diana succombera quelques heures plus tard. Cette romance était la cible des photographes depuis des mois. Dodi est le fils de Mohammed al-Fayed, milliardaire égyptien, propriétaire du Ritz et des magasins Harrods, où Dodi a son appartement, non loin de Kensington Palace. (→ 6.9)

Le 29 à Rennes, Yves Duval pilote le plus petit avion à réaction du monde lors d'un vol d'essai. Ce biréacteur mesure 4 m de long et pèse 74 kg.

Lady Diana et Dodi al-Fayed en vacances à Porto Cervo, en Sardaigne, le 29.

Septembre

1997

Lu	Ma	Me	Je	Ve	Sa	Di
1	2	3	4	5	6	7
8	9	10	11	12	13	14
15	16	17	18	19	20	21
22	23	24	25	26	27	28
29	30					

Oslo, lundi 1er
Ouverture de la Conférence internationale sur l'interdiction des mines antipersonnel en présence de 120 délégations. (→ 18)

Comores, mardi 2
Les autorités de Moroni ont brusquement choisi la manière forte. Alors que des négociations devaient s'ouvrir prochainement avec les indépendantistes, 200 soldats ont été envoyés dans l'île séparatiste d'Anjouan. (→ 5)

Moscou, vendredi 5
Ouverture des trois jours de festivités qui doivent célébrer le 850e anniversaire de la fondation de la ville, avec concerts publics et feux d'artifice.

Algérie, vendredi 5
Un nouveau massacre a ensanglanté le quartier de Sidi Youssef, situé à moins de 10 km du centre d'Alger : 80 personnes ont été abattues, égorgées ou décapitées. Les forces de l'ordre, dont les postes les plus proches étaient à quelques centaines de mètres, n'ont encore une fois pas réagi. La capitale est gagnée par la psychose. (→ 24)

Anjouan, vendredi 5
L'intervention militaire décidée a tourné à la débâcle. Les soldats des forces régulières ont quitté l'île, laissant derrière eux des dizaines de morts. (→ 26.10)

Paris, samedi 6
Près de 55 000 personnes assistent au Parc des Princes au concert du groupe irlandais U2, dans le cadre de leur tournée « Pop Mart ». (→ 23)

Italie, dimanche 7
Le pilote britannique David Coulthard remporte le Grand Prix d'Italie de F1 à Monza, sur McLaren, devant le Français Jean Alesi sur Benetton. (→ 21)

Inde, dimanche 7
Le gouvernement de New Delhi décrète un deuil national de deux jours pour la mort de mère Teresa. (→ 13)

DECES

Antibes, samedi 6
Georg Solti, chef d'orchestre britannique d'origine hongroise (*21.10.1912).

Aveux pour crimes de guerre en Croatie

Zagreb, lundi 1er
Dans l'hebdomadaire indépendant *Feral Tribune*, un ancien criminel de guerre croate a détaillé les crimes commis par son unité à l'automne 1991 contre les Serbes. Ces aveux ont conduit à son arrestation et à celle de trois autres membres des forces spéciales. Mirjo Bajramovic a reconnu avoir tué 72 personnes en précisant que ce nettoyage ethnique avait été ordonné aux sommets du pouvoir. Le président croate, Franjo Tudjman, dont les services ont voulu étouffer l'affaire, a été directement mis en cause.

Un encadrement des délinquants sexuels

Paris, mercredi 3
Tous les spécialistes de la question le reconnaissent : le grand problème des délits et crimes sexuels reste la récidive. C'est dans ce sens que le garde des Sceaux, Elisabeth Guigou, a voulu orienter son projet de loi « relatif à la protection des mineurs et à la prévention des infractions sexuelles ». Reprenant le projet de Jacques Toubon, son prédécesseur, ce texte instaure une peine de « suivi socio-judiciaire » et une « injonction de soins ». Quant aux victimes, elles seront ménagées lors des enquêtes et des interrogatoires. (→ 27.10)

Claude Allègre s'attaque à un tabou

Evry, jeudi 4
Après avoir stigmatisé en juin, en parlant de l'Education nationale, le « mammouth qu'il faut dégraisser », le ministre de l'Education s'en est pris à l'absentéisme des enseignants. Avec la franchise et dans le style qui lui sont propres, Claude Allègre a fustigé, en cette journée de rentrée scolaire et en visitant une classe de CM2, les « 12 % d'absents ». C'est donc trois fois plus que la moyenne nationale des entreprises. Le corps enseignant conteste ce chiffre, mais, sur le fond, la remarque du ministre garde toute sa pertinence.

Multiplication des attentats à Cuba contre l'industrie hôtelière

Le bar mythique d'Ernest Hemingway, la Bodeguita del Medio, a aussi été visé.

La Havane, jeudi 4
Le paradis touristique qu'est devenu Cuba a de nouveau été ébranlé par quatre explosions. Trois ont touché des hôtels du quartier de Miramar, à l'ouest de la capitale. Malgré leur faible intensité, un touriste italien de 32 ans a été tué au Copacabana. Dans la vieille ville, la quatrième bombe a visé le bar que fréquentait Ernest Hemingway. La déflagration n'a fait que des blessés légers. Ces attentats sont-ils imputables à une résistance intérieure anticastriste ? Ils vont en tout cas encourager une crispation du régime. Mettant un terme aux rumeurs sur son état de santé, Fidel Castro est réapparu en public il y a quatre jours. (→ 8.10)

Le CIO choisit Athènes pour les Jeux olympiques d'été de 2004

Genève, vendredi 5
Juan Antonio Samaranch, président du Comité international olympique, l'a annoncé : Athènes organisera les Jeux en 2004. La capitale grecque a été préférée par les 107 membres votants à Rome, Le Cap, Stockholm et Buenos Aires. Un temps, la ville de Lille avait représenté la France, mais elle n'a pas été retenue dans la « short list ». Athènes s'est imposée au 4e tour du scrutin en l'emportant par 66 voix contre 41 pour Rome. Candidate malheureuse en 1996, la ville a pris sa revanche. Capitale de 4 millions d'habitants, Athènes a promis de lutter contre la pollution atmosphérique pour accueillir les sportifs dans sept ans.

Le mois dernier, la ville accueillait les championnats du monde d'athlétisme.

Opération ratée de Tsahal au Sud-Liban

Liban, vendredi 5
Piège ou opération mal préparée, le fait est que l'attaque d'une unité d'élite des commandos de marine israéliens a tourné au fiasco. La nuit dernière, ils devaient attaquer une base de la milice chiite Amal. A peine débarqués sur une plage du Sud-Liban, les soldats de Tsahal ont été pris sous le feu d'un « comité d'accueil » qui a tué douze hommes. Cet échec survient après l'attentat-suicide de jeudi, à Jérusalem-Ouest. Trois kamikazes du Hamas se sont fait exploser dans une rue piétonne, tuant sept personnes. (→ 14)

Mère Teresa s'est éteinte à Calcutta

Le 18 juin dernier, mère Teresa rencontrait la princesse Diana à New York.

Inde, vendredi 5
Née le 27 août 1910 à Skopje, la grande cité de Macédoine, dans une famille d'origine albanaise, Agnès Gonxha Bojaxhiu découvre l'Inde en 1928. Elle décide de consacrer sa vie aux déshérités de Calcutta, la grande cité du Bengale. Naturalisée indienne en 1947, elle fonde l'ordre des Missionnaires de la charité en 1950. Devenue mère Teresa, revêtue de son sari blanc bordé de bleu et ayant vaincu une à une toutes les réticences, cette sainte vivante se dévoue pour les miséreux. Son prix Nobel de la paix en 1979 a rendu sa cause célèbre dans le monde. (→ 7)

Christian Blanc ne privatisera pas Air France

Paris, vendredi 5
La compagnie aérienne nationale a perdu son P-dg. Christian Blanc a annoncé qu'il démissionnait après une ultime entrevue avec Lionel Jospin. Depuis que les communistes sont entrés au gouvernement et avec Jean-Claude Gayssot au ministère des Transports, la privatisation de cette société publique est remise en cause. Blanc, nommé à Air France pour en redresser les comptes et l'image dans l'optique d'une proche privatisation, a voulu forcer la main du Premier ministre. Lionel Jospin a préféré le voir partir plutôt que de revenir sur cet engagement : l'Etat gardera 51 % d'Air France. (→ 18)

Deux médailles d'or aux rameurs français

Michel Andrieux (deux sans barreur).

Aiguebelette, dimanche 7
En Savoie, l'aviron français a atteint les sommets aux championnats du monde. Sur douze bateaux engagés et neuf placés en finale, la France obtient deux titres : en deux sans barreur (Jean-Christophe Rolland et Michel Andrieux) et en quatre sans barreur (avec Vincent Malizewski, Bernard Roche, Antoine et Laurent Beghin). Le bilan s'établit donc à cinq médailles dont deux en or. La France, après les quatre médailles olympiques obtenues à Atlanta en 1996, confirme sa place parmi l'élite mondiale de l'aviron.

Lion d'or à Takeshi Kitano pour *Hana-Bi*

Le cinéaste japonais à la 54e Mostra.

Venise, samedi 6
Si la fierté de la Mostra de Venise est de se placer en marge du star-system, le palmarès de sa 54e édition souffre de l'absence des révélations qui avaient fait ses heures de gloire. Présidé par Jane Campion, le jury a cependant distingué les vedettes incontestables de la sélection. Ainsi, le Lion d'or attribué au réalisateur japonais Takeshi Kitano pour *Hana-Bi* couronne une carrière qui a fait depuis longtemps la preuve de son excellence. Salué pour la « force et la profondeur de son humour », le film de Paolo Virzi, *Ovosodo*, gagne le Grand Prix spécial du jury. Pour clore la soirée, un hommage a été rendu au grand Mastroianni.

Victoires de Rafter et Hingis dans l'US Open

New York, dimanche 7
L'Australien Patrick Rafter (24 ans) a remporté l'US Open en battant l'Anglais Greg Rusedski en 6-3, 6-2, 4-6, 7-5. C'est le premier titre du Grand Chelem pour ce joueur porté vers l'attaque. Son adversaire Greg Rusedski, en dépit de son service de plomb chronométré à 230 km/h, n'a pas pu contrarier le jeu de volée de Patrick Rafter. Certains voient déjà en lui le digne successeur des aînés australiens, tels Rod Laver et Ken Rosewall. Chez les femmes, la petite prodige suisse, Martina Hingis, âgée de 17 ans, n'a laissé aucune chance en finale à la joueuse américaine Venus Williams en 6-0, 6-4. (→ 5.10)

Mobutu avait régné 32 ans sur le Zaïre

Maroc, dimanche 7
Miné par un cancer de la prostate depuis des années, Mobutu Sese Seko est décédé à l'hôpital militaire de Rabat. Le général Mobutu s'était emparé du pouvoir en novembre 1965, renversant le président Joseph Kasavubu. En 1971, il décidait de faire de la République démocratique du Congo le Zaïre. Dictateur sans scrupules, Mobutu (*14.10.1930) s'est maintenu 32 ans au pouvoir en réduisant ses opposants au silence et en préservant ses intérêts comme ceux des sociétés minières, avec la bénédiction des Etats-Unis. Si la France lui aura gardé son soutien jusqu'aux derniers moments, elle a pourtant refusé d'accueillir son exil.

Le maréchal-président, en 1991.

Près de deux millions de personnes assistent

Au départ du cortège à Kensington Palace, le comte Charles Edward Maurice Spencer, frère de Diana, William et Harry, ses fils, et le prince Charles.

Sur le cercueil, un mot écrit par Harry, le plus jeune fils de Diana : « Mummy ».

Londres, samedi 6

La capitale britannique fut en cette journée d'obsèques l'épicentre de l'émotion planétaire qu'a provoquée il y a six jours la mort de Diana. Deux millions de personnes étaient descendues dans les rues pour saluer une dernière fois celle qui, à côté d'une vie très « jet set », prenait le temps de visiter des malades du sida ou des jeunes handicapés et s'était engagée dans le combat contre les mines antipersonnel. L'homme que Diana avait épousé en juillet 1981 et dont elle divorcera le 28 août 1996, le prince Charles, leurs deux fils, William et Harry, le frère de Diana, Charles Spencer, et le prince Philip étaient côte à côte pour saluer le cercueil à son départ de Kensington Palace. Derrière eux, invités par le Premier ministre, se sont rassemblés plusieurs « représentants du peuple britannique ». Durant la cérémonie, Elton John rend hommage à Diana en chantant *Candle in the Wind*. Plus tard dans l'après-midi, elle est enterrée à Althorp, sur les terres des Spencer, au nord de Londres.

Elton John au piano à Westminster.

au cortège funèbre de la « princesse du peuple »

La famille royale contestée par les Anglais

Elizabeth II face aux milliers de bouquets déposés devant Buckingham Palace.

Londres, samedi 6
Charles Spencer, le frère de Diana, s'est fait l'écho des reproches que l'opinion publique britannique a adressés à la famille royale depuis la mort de la princesse. Prenant la parole à l'abbaye de Westminster, il a violemment attaqué la presse et les Windsor en dénonçant la froideur et la mesquinerie de ces derniers. A l'extérieur, la foule, qui suivait la cérémonie sur un écran, a applaudi la diatribe. A l'intérieur, entendant la clameur du dehors, certains dans l'assistance se sont mis à leur tour à applaudir le réquisitoire du comte Spencer. Jamais Elizabeth II n'avait souffert pareil outrage. La famille royale semble, il est vrai, totalement dépassée et déphasée depuis la mort de Diana. Choisissant le silence, elle a été accusée par l'opinion de réagir avec indifférence et froideur, de ne pas être sensible à l'émotion qui a secoué le pays. Tony Blair a tout de suite réagi. C'est lui qui fit de Diana la « princesse du peuple » et qui, en prenant en charge l'organisation des funérailles, poussa la reine à parler à ses « sujets ». Elle l'a fait hier à la télévision. Malgré ses mots justes, le mal était fait. La monarchie, qui est apparue dans toute sa rigidité, est acculée aux réformes. (→ 17)

M. Paul, le chauffeur, était en état d'ivresse

Diana et Dodi al-Fayed discutant avec Henri Paul le 30 août pour sortir du Ritz.

Paris, dimanche 7
L'enquête sur l'accident qui a coûté la vie à lady Diana, Dodi al-Fayed et leur chauffeur mobilise depuis une semaine des centaines d'enquêteurs de la police française. Au milieu de mille rumeurs en tout genre, ceux-ci ont acquis quelques certitudes. La troisième expertise, demandée par la famille d'Henri Paul, a confirmé que celui-ci avait bien un taux très élevé d'alcool dans le sang, 1,8 g/l, mais a aussi permis de déceler dans son corps la présence d'un calmant et d'un antidépresseur. La voiture, qui était poursuivie par les motos et les voitures des photographes, a brûlé un feu rouge place de la Concorde et s'est engagée sur la voie express à très vive allure. Sa vitesse sous le tunnel de l'Alma a été estimée à 140-150 km/h. Les sept photographes retenus en garde à vue la nuit du drame et le jour suivant ont été mis en examen. Aucun ne semble avoir accroché la voiture dans le tunnel et c'est l'un d'entre eux qui a alerté les secours sur son portable quelques secondes après l'accident. Quant à l'examen de la Mercedes, il n'a fait apparaître aucun défaut technique ou mécanique. Seule reste en lice la terrible et trop banale équation de l'alcool et de la vitesse. (→ 4.11)

Le 6 à Monza, à la veille du Grand Prix d'Italie de Formule 1, une minute de silence est observée à la mémoire de Diana par l'écurie de Damon Hill.

Septembre

1997

Lu	Ma	Me	Je	Ve	Sa	Di
1	2	3	4	5	6	7
8	9	10	11	12	13	14
15	16	17	18	19	20	21
22	23	24	25	26	27	28
29	30					

Haïti, lundi 8
Un ferry sombre au large de Port-au-Prince. Il n'y a qu'une soixantaine de rescapés sur les 500 passagers.

Le Cap, mardi 9
Le dernier président blanc du pays, Frederik De Klerk, annonce qu'il quitte la direction du Parti national. Martinus Van Schalkwyk lui succède à ce poste et prend *de facto* la tête de l'opposition. (→ 17.12)

Irlande du Nord, mardi 9
Le Sinn Fein fait son entrée officielle dans le processus de paix en s'engageant à respecter la « non-violence », l'un des six principes conditionnels édictés par le président des pourparlers, l'Américain George Mitchell. (→ 17)

Paris, jeudi 11
Renault, dont les ventes de voitures ont pourtant baissé, dégage un bénéfice net de 1,67 milliard de francs au premier semestre 1997 grâce à ses excellents résultats financiers.

Bosnie, dimanche 14
Etalées sur deux jours, les élections municipales se sont déroulées sans difficultés majeures et sous la haute surveillance de la Sfor. Seul accroc, les réfugiés ont eu toutes les peines à venir voter dans leurs villes et villages d'origine. (→ 1.10)

Israël, dimanche 14
Après le départ de Madeleine Albright, il y a deux jours, et les discussions difficiles qu'elle a eues avec le Premier ministre Benyamin Netanyahou, le gouvernement israélien esquisse des gestes de bonne volonté en débloquant une partie des aides qu'il devait reverser à l'Autorité palestinienne, en levant partiellement le blocus de la Cisjordanie et en suspendant les implantations juives dans les territoires occupés. (→ 25)

DECES

Paris, samedi 13
Roger Frey, haut fonctionnaire, grand serviteur de l'Etat (*11.6.1913).

Mougins, samedi 13
Georges Guétary, vedette de l'opérette (*8.2.1915).

Accident mortel sur un passage à niveau

Dordogne, lundi 8
A Port-Sainte-Foy, à 11 h 50, une collision entre un camion-citerne et un autorail s'est soldée par la mort de douze passagers. Les premières constatations laissent à penser que le chauffeur du semi-remorque n'a pas vu le passage à niveau, situé à la sortie d'un virage, et a enfoncé les barrières qui s'étaient abaissées. Le camion est alors resté bloqué sur le passage. Le train en provenance de Bordeaux a percuté de plein fouet la citerne qui a aussitôt explosé. Elle a été traînée sur 300 m avant que le train en flammes ne s'immobilise. Il reste en France 17 800 passages à niveau : ils sont la première cause des accidents du rail.

L'autorail calciné à Port-Sainte-Foy.

Reprise des fouilles de la Cité des morts

Alexandrie, lundi 8
Grâce au mécénat de France 2, les fouilles de la Cité des morts vont pouvoir reprendre. Découverte lors de la construction d'un autopont au printemps dernier et déjà explorée sur quelques niveaux, l'ancienne Nécropolis était le grand cimetière de l'Alexandrie des Ptolémées. Les morts y étaient embaumés et rangés dans des petites alvéoles. Jean-Yves Empereur, directeur de recherches au CNRS, a été chargé du chantier. La moisson est déjà extraordinaire, des lampes, des sarcophages, des salles à manger funéraires. Et seule une infime partie a été visitée.

Contre la pollution, La Rochelle s'offre une journée sans voitures

La Rochelle, mardi 9
Durant treize heures, les habitants ont découvert ce que pouvait être une ambiance sonore sans bruits de moteurs. Cela n'a pas été le moindre des avantages de cette journée sans voitures. Proposée à la municipalité par l'émission « Envoyé spécial » de France 2, l'initiative voulait en fait illustrer par un contre-exemple les problèmes de pollution urbaine. Des vélos, des taxis électriques et plus de bus avaient été mis gratuitement à la disposition des usagers, qui étaient invités à laisser leurs véhicules à moteur à l'entrée de la vieille cité. En dépit des grimaces de certains commerçants, l'opération a été un franc succès. (→ 1.10)

Les habitants du centre-ville surpris par le silence et... la pollution sonore.

Humiliation pour les barons de Karadzic

Bosnie, mardi 9
L'état-major du parti de Radovan Karadzic était venu défier Biljana Plavsic à Banja Luka. Ces barons qui règnent en maître sur la Bosnie serbe en ont été pour leurs frais. A peine arrivés, hier, les partisans de la présidente les ont pourchassés dans la ville et contraints à se réfugier dans un hôtel. Assiégée, conspuée et privée de ses « gros bras », la garde prétorienne ultranationaliste a dû accepter l'humiliante protection des soldats britanniques de la Sfor pour quitter les lieux, désarmée et sous les projectiles les plus divers. (→ 14)

Controverse autour des stérilisations

Paris, mercredi 10
Après les révélations suédoises, c'est au tour des autorités psychiatriques et hospitalières françaises d'être au centre d'un débat d'éthique sur la responsabilité médicale et parentale. Un hebdomadaire rappelle que près de 15 000 handicapées mentales ont été stérilisées en France. Sans en condamner le principe, le Comité national d'éthique s'est penché sur la question. Les chirurgiens opèrent à la demande des familles ou des institutions. Il s'agit bien de régler le grave problème de l'irresponsabilité sexuelle et affective des malades.

Les Ecossais veulent avoir leur Parlement

Edimbourg, jeudi 11
Quatre mois après sa nomination, Tony Blair a tenu sa promesse à l'égard des Ecossais. Ils ont voté à 74 % pour la création d'une véritable Assemblée législative écossaise et d'un gouvernement, 290 ans après le rapatriement à Londres du dernier Parlement écossais. La participation a été de 60 %, soit 13 % de moins qu'aux législatives. C'est le principe de la dévolution des pouvoirs qui se met donc en place. Ce Parlement sera souverain sauf pour l'émission de monnaie, les relations extérieures et la défense. (→ 19)

Mort annoncée de la gendarmerie belge

Bruxelles, vendredi 12
D'une part, une police communale forte de 18 000 personnes, d'autre part, une police fédérale de 18 000 membres également et regroupant la gendarmerie, la police judiciaire, le Comité supérieur de contrôle, les polices des chemins de fer, des ports et des aéroports. Voilà le nouveau paysage policier présenté à la presse par Johan Vande Lanotte, ministre de l'Intérieur. Le gouvernement met effectivement en place une police unique. Ce projet est censé répondre aux conclusions de la commission Dutroux : réorganiser la police pour éviter les erreurs du passé. (→ 12.10)

Les 1 111 villageois zapatistes achèvent leur marche à Mexico

Un Amérindien du Chiapas devant une peinture représentant Emiliano Zapata.

Mexique, vendredi 12
Trois ans et neuf mois après avoir surgi dans le paysage politique, les armes à la main, c'est pacifiquement que 1 111 délégués zapatistes du Chiapas se sont réunis au centre de la capitale mexicaine. Des milliers de sympathisants les ont rejoints. C'est l'aboutissement d'une marche (faite pour l'essentiel en autobus) à laquelle se sont joints, en cours de route, des groupes de paysans des Etats qu'ils traversaient. L'Armée zapatiste de libération nationale et le sous-commandant Marcos ont ainsi voulu profiter du bouleversement de la scène politique pour tenter de s'insérer dans le jeu démocratique et y faire entendre leur voix.

Carl Lewis fait ses adieux à la compétition

Houston, samedi 13
Sur tous les stades du monde, la haute silhouette de Carl Lewis était devenue une référence, une légende. Mais à 36 ans, le champion aux neuf titres olympiques, aux huit titres mondiaux et aux millions de dollars, a décidé de mettre un terme à son exceptionnelle carrière. Avant de quitter l'arène sportive, le roi Carl avait monnayé l'an passé son talent dans plusieurs meetings en Europe. C'est à Houston, dans une course exhibition sur 4 x 100 mètres, que Lewis a salué le public américain avant de ranger ses pointes. Carl Lewis se cherche un avenir et hésite encore entre chanteur, acteur ou bien organisateur de meetings.

Le « Dieu du stade », 9 titres aux JO.

Mark O'Meara prend le Trophée Lancôme

St-Nom-la-Bretèche, dimanche 14
L'Américain Mark O'Meara a donc remporté la 28e édition du Trophée Lancôme (Par 71) grâce à une plus grande solidité. Il a ainsi privé d'une première victoire dans cette épreuve le numéro un mondial, l'Australien Greg Norman. Pourtant O'Meara était parti avec un coup de retard sur Norman et Peter O'Malley. Ce dernier a raté le parcours (Par 72) alors que O'Meara (Par 69) restait dans le trio de tête. O'Malley avait abandonné toutes ses ambitions dès les neuf premiers trous. Le match s'est joué alors entre Norman et O'Meara. Norman, malgré un très beau bogey au trou 15, a dû s'avouer vaincu.

Il empoche 1,2 million de francs.

Le 11 à Saint-Denis débute la pose de la pelouse du Stade de France.

Le 13 à Calcutta, mère Teresa reçoit des obsèques nationales en présence de 15 000 invités dont des chefs d'Etat et des *first Ladies* (Bernadette Chirac) ; son cercueil a été posé sur l'affût de canon qui a servi à celles de Gandhi.

Septembre

1997

Lu	Ma	Me	Je	Ve	Sa	Di
1	2	3	4	5	6	7
8	9	10	11	12	13	14
15	16	17	18	19	20	21
22	23	24	25	26	27	28
29	30					

Espace, lundi 15
Nouvelle alerte pour les cosmonautes de Mir. Un satellite américain est passé à moins de 500 mètres de la station. Ce qui a obligé les deux hommes à effectuer une délicate manœuvre de déviation manuelle pour éviter la collision.

Houston, mardi 16
James Baker, ancien secrétaire d'Etat américain, a réussi là où tous les négociateurs précédents avaient échoué : obtenir un protocole d'accord entre le Maroc et le Front Polisario. Ce texte prévoit la tenue prochaine d'un référendum sur l'avenir du Sahara occidental. (→ 15.11)

Ouganda, jeudi 18
Un rapport d'Amnesty International dénonce les enlèvements d'enfants perpétrés dans le nord du pays par l'Armée de résistance du Seigneur, mouvement rebelle d'inspiration chrétienne fondamentaliste. Ces enlèvements auraient fait entre 5 000 et 8 000 victimes.

Paris, jeudi 18
Le gouvernement désigne Jean-Cyril Spinetta à la tête de la compagnie Air France, pour y remplacer Christian Blanc, démissionnaire.

Southampton, dimanche 21
Départ de la Whitbread, course autour du monde réunissant dix équipages.

Autriche, dimanche 21
Le Grand Prix d'Autriche de F1 est remporté par le Canadien Jacques Villeneuve sur Williams-Renault. Il n'est plus qu'à un point de Michael Schumacher au classement général. (→ 28)

Pologne, dimanche 21
La coalition de droite, AWS, rassemblée autour de Solidarité, arrive en tête des élections parlementaires avec 33,8 % des suffrages, devant les sociaux-démocrates du SLD, crédités de 26,6 %.

Congo, dimanche 21
Les combats ont repris et se sont intensifiés à Brazzaville entre partisans de Pascal Lissouba, le chef de l'Etat élu, et ceux de son prédécesseur, Denis Sassou N'Guesso. (→ 30)

Pour appeler, choisir entre les 7, 8 ou 9...

Paris, lundi 15
A compter du 1er janvier 1998, les usagers français auront la possibilité de choisir entre trois opérateurs pour leurs appels longue distance en France et pour l'international. C'est pourquoi l'Autorité de régulation des télécoms (ART) a organisé un tirage au sort des préfixes. Ceux-ci sont une ressource rare et ce type de répartition est une première. France Télécom a décroché le 8, Cégétel le 7 et Bouygues le 9. Les prochains arrivants devront se contenter du 2, du 4 et du 5. Le préfixe remplacera le 0 des numéros actuels. (→ 20.10)

Oslo s'offre le luxe d'une crise politique

Majoritaire, Thorbjorn Jagland, le Premier ministre norvégien, s'en va.

Norvège, mardi 16
Riche de ses hydrocarbures et sans chômage, la Norvège va s'offrir le frisson d'une crise politique sans réel enjeu de société. Le Premier ministre sortant, Thorbjorn Jagland, travailliste, avait voulu enrayer le tassement de son électorat et l'usure du pouvoir en appelant des élections anticipées. Il avait promis de donner sa démission si son parti n'obtenait pas le même score qu'en 1993, soit 36,9 %. Une manière hasardeuse de dramatiser ce scrutin. En effet, les travaillistes restent le premier parti du pays mais avec 35,1 % des voix. Jagland a démissionné, laissant la place à une coalition libérale.

Une biographie à scandale sur les Windsor

New York, mercredi 17
La sortie de *The Royals* aux Etats-Unis fait grand bruit. Kitty Kelley, « reine » des biographies indiscrètes et scandaleuses et qui a déjà épinglé Jackie Onassis, Elizabeth Taylor, Nancy Reagan et Frank Sinatra, y dresse un portrait au vitriol et sans concessions de la famille Windsor. Kitty Kelley dit elle-même qu'elle est là pour briser les mythes. Son livre ressemble à une démolition en règle de la légende, déjà largement écornée, qui entoure les occupants de Buckingham Palace. Tentatives de suicide, infidélités, mesquineries, drogue... Kelley cite tous les ragots, fondés ou non. Le livre est interdit au Royaume-Uni.

Le livre ne sort qu'aux Etats-Unis.

Pourparlers difficiles en Irlande du Nord

Belfast, mercredi 17
Pour la première fois depuis 1921, nationalistes, modérés et unionistes sont réunis sous le même toit, celui du château de Stormont, pour enfin discuter de l'avenir de l'Ulster. Sous le même toit mais pas à la même table. Ces pourparlers historiques ont commencé lundi mais sans les unionistes. Ceux-ci ont fini par venir mais David Trimble, leur leader, a déclaré qu'ils ne pouvaient prendre « le risque de ne pas être entendus ». Ils sont là non pour négocier mais pour s'opposer au Sinn Fein. Des débuts difficiles mais personne ne s'attendait à des accolades. (→ 13.10)

Des inquiétudes sur la récession au Japon

Tokyo, mercredi 17
Au deuxième trimestre, le PIB du Japon a connu son plus important recul depuis 23 ans : - 2,9 %. Cette contre-performance est due au fort tassement de la demande intérieure à la suite de l'introduction de taux de TVA plus élevés en avril. Les risques d'une récession sont réels. Les secteurs bancaire, du bâtiment et de l'immobilier croulent sous les mauvaises dettes et cela pèse sur le marché boursier. L'économie reste tirée par les industries exportatrices bénéficiant de la baisse du yen. Mais les turbulences en Asie du Sud-Est réduiront ces exportations. (→ 23.10)

Clinton refuse de signer le « traité Diana »

Des victimes des mines antipersonnel.

Oslo, jeudi 18
Parmi les causes humanitaires que défendait l'ex-princesse de Galles, celle qui prônait l'interdiction des mines antipersonnel lui tenait le plus à cœur. C'est pour cette raison que le texte que quatre-vingt-neuf pays viennent d'accepter, bannissant la fabrication, le stockage, la vente et l'utilisation de ces mines, s'est vu surnommé « traité Diana » par les journalistes. Parce qu'un moratoire leur a été refusé, les Etats-Unis ne veulent pas signer ce texte, au nom de la sécurité de leurs soldats en Corée. En dépit d'une opinion très favorable au traité, Washington a rejoint Pékin, La Havane et Bagdad dans le front du refus. (→ 10.10)

Jiang Zemin conforte sa position en Chine

Pékin, jeudi 18
Le 15e congrès du Parti communiste chinois a clos ses travaux au son de *l'Internationale*, comme de coutume. Son secrétaire général, Jiang Zemin, a renforcé son emprise. Il a obtenu l'éviction, avec un départ forcé en retraite, de Qiao Shi, le président de l'Assemblée nationale populaire, le numéro trois du régime, qui était apparu comme son principal rival. La nouvelle direction du parti va devoir superviser les prochaines et nécessaires réformes économiques, dont l'entrée du capital privé dans les entreprises d'Etat. (→ 10.11)

Ted Turner fait un don de 1 milliard de dollars aux Nations unies

Le fondateur de la chaîne CNN avec Kofi Annan, secrétaire général de l'ONU.

New York, jeudi 18
Invité vedette de l'émission télévisée de Larry King, sur sa propre chaîne, CNN, Ted Turner annonce qu'il fait un don d'un milliard de dollars (six milliards de francs) à l'ONU. Cette offre fait de Turner le plus généreux donateur privé, de loin, de l'histoire américaine. Cette somme, qui, de l'aveu même de Turner, représente seulement neuf mois de profits de ses actions Time-Warner, ne devra pas servir aux remboursements des dettes de l'organisation ou à ses frais de fonctionnement mais aller à des causes humanitaires. Turner a lancé un appel pour que les Etats-Unis versent leur contribution. (→ 22)

« Oui » des Gallois à un Parlement local

Cardiff, vendredi 19
Il s'en est fallu de peu, 6 721 voix exactement, pour que le Premier ministre britannique connaisse son premier échec au pays de Galles. Le référendum d'hier sur la dévolution des pouvoirs, voulu par Tony Blair, a néanmoins été un succès. 50,3 % des votants ont approuvé la création d'une Assemblée galloise mais avec une participation qui a péniblement atteint la barre des 50 %. Le fait est que l'identité nationale galloise est bien moins forte qu'en Ecosse. De plus, le transfert des pouvoirs est moins important. Cette Assemblée ne sera pas législative.

Ségolène Royal s'attaque aux bizutages

Orléans, vendredi 19
Ce n'est pas tant les principes sur lesquels se fondent les bizutages que les excès et les dérapages dont ils sont trop souvent l'occasion que le gouvernement s'est déclaré résolu à éradiquer. Après les mises en garde du ministre à la rentrée scolaire, les premières sanctions sont tombées. Un élève d'une section sport-études du lycée Pothier a été exclu après un bizutage à caractère sexuel mardi dernier. Ségolène Royal, ministre de l'Enseignement scolaire, est venue en urgence rencontrer les élèves, leurs parents et le proviseur : une manière de leur dire que ces rites archaïques et violents sont vraiment dans sa ligne de mire.

Un rituel qui date du Moyen Age.

La Padanie : un Etat ou... un fromage ?

Milan, samedi 20
Près d'un million d'Italiens défilent dans les rues de la cité lombarde contre les visées sécessionnistes de la Ligue du Nord. Les banderoles en faveur de l'unité de la nation font cause commune avec d'autres, plus sarcastiques, qui brocardent tous les rêves et fantasmes d'Umberto Bossi sur une « Padanie » indépendante : « La Padanie ? C'est seulement le nom d'un fromage », en référence à une marque très connue de produits laitiers de la plaine du Pô. Simples citoyens, artistes, intellectuels, tous s'accordent pourtant sur la nécessité de réformes politiques. (→ 26.10)

L'entente franco-allemande retrouvée au sommet de Weimar

Weimar, vendredi 19
Ce sommet franco-allemand dans la patrie de Goethe, ce haut lieu de l'Allemagne des Lumières, aura eu comme principal résultat de faire oublier les divergences affichées en juin à Poitiers. Jacques Chirac et Lionel Jospin, l'exécutif bicéphale français, se sont surtout attachés à rassurer leur interlocuteur sur les questions de monnaie unique et sur l'indépendance de la future banque centrale européenne. Helmut Kohl a devant lui une année électorale et il lui faut être sûr des intentions de Paris pour pouvoir répondre à son opposition intérieure. Le président français est allé se recueillir ce matin au camp de Buchenwald. (→ 2.10)

Paris et Bonn ont réaffirmé leur détermination sur la mise en place de l'euro.

Kawasaki remporte le Bol d'or au finish

Le Castellet, dimanche 21
La Kawasaki de l'équipage franco-britannique Jehan d'Orgeix, Brian Morrison et Terry Rimer a gagné le 61e Bol d'or. Ce succès représente 692 tours parcourus à 168 km/h de moyenne ! Mais la « Kawa » compte à l'arrivée moins de deux minutes d'avance sur la Honda de Christian Lavieille, le lauréat 1996. Ce dernier a dominé la course, avant qu'une chute ne le prive de la première place. Kawasaki résista jusqu'au bout malgré un retour de la Honda. En finissant à la cinquième place, Peter Goddard (Suzuki) est devenu champion du monde d'endurance.

Septembre

1997

Lu	Ma	Me	Je	Ve	Sa	Di
1	2	3	4	5	6	7
8	9	10	11	12	13	14
15	16	17	18	19	20	21
22	23	24	25	26	27	28
29	30					

Indonésie, vendredi 26
Un Airbus s'écrase au nord de Sumatra : aucun survivant parmi les 234 passagers et membres d'équipage. Les autorités incriminent la fumée qui obscurcit le ciel. (→ 30)

Moscou, vendredi 26
A l'Institut des relations internationales, Jacques Chirac annonce que les missiles nucléaires français n'auront plus pour cible la Russie.

Palerme, vendredi 26
Le procès des assassins et des instigateurs de l'attentat contre le juge anti-Mafia Giovanni Falcone s'achève. Vingt-quatre parrains de Cosa Nostra, dont Toto Riina, sont condamnés à la prison à perpétuité.

Madrid, dimanche 28
Le cycliste suisse Alex Zülle remporte sa deuxième Vuelta, le Tour d'Espagne.

Pyrénées, dimanche 28
L'ourse slovène Mellba, réintroduite au printemps 1996, est à la morgue de Luchon. Elle a été abattue par un chasseur ou un braconnier. Une enquête a été ouverte. Les gardes-chasse recherchent ses jeunes oursons.

Israël, dimanche 28
Le gouvernement de Benyamin Netanyahou donne son feu vert à une reprise des pourparlers avec l'Autorité palestinienne, décision qui fait suite aux rafles qui ont visé le Hamas. (→ 1.10)

Grande-Bretagne, lundi 29
Des scientifiques apportent la preuve de la transmission de la vache à l'homme de l'EBS. Le même jour, un trafic de viande contournant l'embargo est révélé au public.

Toulon, lundi 29
Gérard Paquet, l'ex-directeur du TNDI de Châteauvallon, est débouté aux prud'hommes sur ses demandes de réintégration et de dommages et intérêts.

Brazzaville, mardi 30
La population de la capitale congolaise a repris sa fuite vers le nord du pays et le Zaïre. Kinshasa a répliqué aux tirs venus de Brazzaville. (→ 16.10)

DECES

Paris, lundi 22
Jean Françaix, compositeur (*23.5.1912).

Chantage de Clinton à la tribune de l'ONU

New York, lundi 22
La superpuissance américaine s'est exprimée dans toute sa force par la bouche de son président. Prenant la parole à la séance inaugurale de la 52e session de l'Assemblée générale des Nations unies, Bill Clinton a posé ses conditions au paiement de la dette de son pays envers l'ONU. Devant les représentants des 185 pays membres, il a demandé que la contribution américaine soit réduite et que l'ONU engage les réformes de fonctionnement exigées par le Congrès. Ce « grand marchandage » appelle aussi à l'élargissement du Conseil de sécurité.

Milosevic obligé de nouer une coalition

Belgrade, mardi 23
La commission électorale rend son verdict sur les résultats des élections législatives et présidentielle qui se sont tenues dimanche. Le SPS, Parti socialiste serbe, a perdu la majorité absolue qu'il détenait au Parlement. Les partisans de Slobodan Milosevic n'obtiennent que 98 sièges sur les 250 de la Chambre. Le Parti radical de Vojislav Seselj, extrême droite nationaliste, conquiert 80 sièges et le parti de Vuk Draskovic arrive en troisième position. Pour le premier tour de la présidentielle, Zoran Lilic, le candidat de Milosevic, est mis en ballottage par Seselj. (→ 6.10)

De nouvelles pistes à l'aéroport de Roissy ?

Ile-de-France, mardi 23
Jean-Claude Gayssot, le ministre des Transports, annonce que deux nouvelles pistes vont être mises en chantier sur l'aéroport de Roissy-Charles-de-Gaulle. Cette décision s'accompagne de mesures visant à diminuer les nuisances sonores, à mieux les contrôler et à abaisser les seuils au-dessus desquels elles seront sanctionnées. La construction de ces deux nouvelles pistes provoque la colère des riverains, qui rappellent les promesses du PS et des Verts au cours de la campagne. Ces derniers déplorent une décision sur laquelle ils n'avaient guère de prise.

Dix-huit ans après... réussite du 100e tir d'Ariane à Kourou

Guyane, mercredi 24
Seize jeunes filles, venues des douze pays membres de l'Agence spatiale européenne, toutes prénommées Ariane et nées le 24 décembre 1979, ont pu assister au centième tir du lanceur européen. La fusée Ariane 4 a mis en orbite un satellite de l'un des meilleurs clients de l'Agence, l'organisme Intelsat. A l'occasion de ce tir anniversaire, tous les pionniers de l'aventure spatiale européenne avaient été invités. En dix-huit ans, Ariane a conquis près de 60 % du marché mondial des lancements avec le meilleur taux de réussite : 92,8 %. Seule Ariane 5 permettra de contrer une concurrence de plus en plus féroce. (→ 30.10)

Ariane Oligschlager (à g.) et Ariane Martin (à dr.), invitées pour l'anniversaire.

Le 23, U2 donne un concert à Sarajevo. Ci-dessus, Bono à son arrivée.

Enquête sur les soins hospitaliers français

France, mercredi 24
Le magazine *Science et Avenir*, dans un article intitulé « La liste noire des hôpitaux », présente les conclusions d'une vaste enquête sur l'ensemble des établissements hospitaliers du pays. Combinant ses investigations avec celles de la Sécurité sociale, le magazine lance un cri d'alarme au sujet de 478 hôpitaux : carences en matière d'hygiène des soins, hausse de la mortalité, désorganisation et manque de fiabilité dans certains services. Malgré les protestations, cela va inciter Bernard Kouchner à accélérer ses réformes.

Effroyable massacre près d'Alger

Algérie, mercredi 24
Madani Mezrag, le chef de l'Armée islamique du salut (AIS), appelle au cessez-le-feu et à l'arrêt de toutes les opérations en cours. Rendu public au lendemain du terrible massacre de Bentalha, ce communiqué est un succès pour les militaires car ce sont eux qui ont négocié avec l'AIS, mais il ne garantit aucunement l'arrêt des violences et des tueries de masse. Celle de la nuit de lundi à mardi a visé un village de la grande banlieue d'Alger. Même si l'armée a bouclé les lieux, les témoins s'accordent sur un bilan d'au moins 200 morts. Là encore, les soldats qui quadrillent la région ont fait défaut. (→ 5.10)

Cimetière de Bentalha : 200 civils, victimes de la barbarie, y sont enterrés.

Coup de filet d'Arafat contre le Hamas

Cisjordanie, jeudi 25
L'Autorité palestinienne a décidé de frapper le Hamas à la base. C'est ce que lui réclamait le gouvernement israélien depuis des mois. A Gaza et en Cisjordanie, les forces de l'ordre palestiniennes, parfois épaulées par des unités israéliennes, ont fermé plusieurs œuvres de charité et ces centres sociaux qui sont la force d'attraction, le réseau d'entraide et le vivier des islamistes. Des militants ont été arrêtés par dizaines. Yasser Arafat est passé à l'action car il a eu la preuve que les auteurs des récents attentats venaient non de l'étranger mais bien de Cisjordanie. (→ 28)

Audience record du feuilleton « Urgences » diffusé en direct

Etats-Unis, jeudi 25
Mais jusqu'où iront-ils pour faire grimper la courbe de l'audimat au zénith ? Cette nuit, onze caméras et 125 participants ont été réunis pour assurer la diffusion en direct de la série culte de NBC. Avec plus de 31,2 points d'audience et 46 % de parts de marché, la chaîne vient de s'offrir la plus belle promotion de son histoire. La performance est d'autant plus méritoire qu'elle fut répétée trois heures plus tard pour que la côte Ouest ne subisse pas les désagréments du décalage horaire. Après des mois de préparation, tout a été si bien pensé (même des ennuis techniques fictifs) que jamais série ne porta si mal son nom.

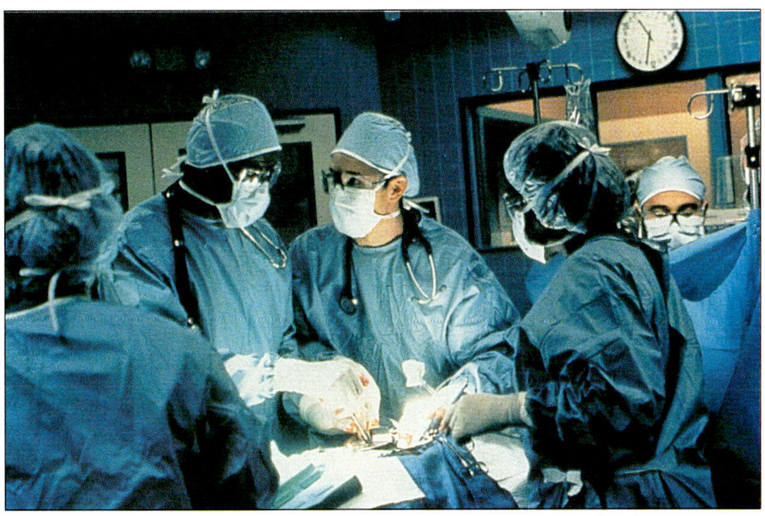

« Ambush », l'épisode diffusé sur NBC, a capté 30,5 millions de téléspectateurs.

Derochette déclaré « irresponsable »

Neufchâteau, vendredi 26
C'est l'avis des psychiatres chargés d'examiner Patrick Derochette, le ravisseur de Loubna Benaïssa. Le rapport conclut à la nécessité de « faire bénéficier l'intéressé de la loi de défense sociale ». Derochette souffre en effet d'un état de profond déséquilibre qui le rend « incapable de contrôler ses actes ». Ce rapport n'a qu'une valeur d'« avis » mais il pèsera néanmoins d'un poids très lourd sur l'issue de la procédure. Entre-temps, l'instruction continue : la reconstitution de l'enlèvement et de l'assassinat de Loubna aura lieu mardi prochain. (→ 19.10)

Enormes dégâts d'un séisme en Ombrie

Italie, vendredi 26
La première secousse s'est produite à 2 h 33, en pleine nuit, semant la panique et jetant les habitants des villes d'Ombrie dans la rue. Dans la matinée, tandis que la population évalue les dégâts, une seconde et aussi forte secousse achève le travail de la première. Des maisons, des demeures historiques, des clochers, des voûtes d'église, comme celles de la basilique Saint-François à Assise, s'écroulent. Les secours relèvent onze victimes. A Pérouge, Foligno et Assise, les monuments historiques ont perdu des joyaux artistiques, en particulier des fresques de Giotto et Cimabue, réduites en gravats.

La basilique d'Assise endommagée.

Match retour entre Brive et Pontypridd

Pontypridd, samedi 27
Deux semaines après les incidents survenus lors du match aller (une bagarre entre joueurs dans un bar), les deux équipes ont pu enterrer la « hache de guerre ». Les Brivistes, champions d'Europe en titre, ont réalisé une excellente opération en obtenant le match nul 29 à 29 sur le terrain des Gallois. L'ouvreur de Brive, Christophe Lamaison, a été l'homme du match en réussissant 24 points à lui seul. Il a offert cette victoire à son coéquipier Philippe Carbonneau, absent car blessé dans la rixe d'après-match à Brive.

Le défi de Total aux Etats-Unis, en Iran

Iran, dimanche 28
En signant avec la National Iranian Oil Company, la société Total défie ouvertement les Etats-Unis. Une loi américaine votée en 1996 menace en effet de sanctions toute firme qui investirait en Iran (ou en Libye), considéré comme un Etat terroriste. Le contrat porte sur un gisement de gaz dans le Golfe, l'un des plus riches du monde. Total, comme le gouvernement français, ne se juge pas tenu par cette loi et ne s'inquiète guère des mesures de rétorsion. Cet embargo est d'ailleurs critiqué par les sociétés américaines. ▷

En tête au Nürburgring : 4 moteurs Renault

La collision entre Ralph Schumacher (Jordan) et son frère Michael (Ferrari).

Nürburgring, dimanche 28
Le Grand Prix du Luxembourg qui s'est couru en Allemagne n'a pas vu la victoire de Michael Schumacher. Mais, pour Renault, il faut parler de consécration avec la présence de son moteur aux quatre premières places. Du vainqueur, Jacques Villeneuve, en passant par le deuxième, Jean Alesi, le troisième, Heinz-Harald Frentzen, puis Gerhardt Berger, la firme au losange s'est offert un triomphe pour sa dernière saison en Formule 1. Michael Schumacher a eu moins de chance. Son frère l'a obligé à abandonner et Villeneuve lui a soufflé la première place au classement général ! (→ 12.10)

Internet, un réseau téléphonique mondial

Des communications dans le monde entier pour le prix... d'un appel local.

Europe, dimanche 28
Utiliser Internet pour téléphoner n'importe où sur la planète au prix d'un appel local, c'est maintenant possible sans abonnement au réseau et sans ordinateur. L'usager appelle de son poste et le réseau se charge du transfert des données, ici la voix humaine, avant de les rebasculer sur le réseau du correspondant. Alors que l'Europe a peiné à préparer la libéralisation du grand marché des télécoms en instaurant une autorité de régulation et des garde-fous, les Etats-Unis ont opté pour le laisser-faire. Les opérateurs sont inquiets car ils pourraient perdre les marchés les plus rentables.

L'Eglise de France demande pardon aux Juifs

Ile-de-France, mardi 30
Au mémorial de Drancy, le camp de regroupement d'où 76 000 Juifs ont été déportés vers les camps de la mort, l'évêque du diocèse de Saint-Denis, Mgr Olivier de Berranger, lit au nom de tous les évêques français une déclaration de repentance. Ce texte confesse que, durant la guerre et face aux déportations, le silence de l'Eglise fut une faute. C'est une initiative qui a fait beaucoup de bruit depuis qu'elle a été annoncée, il y a une dizaine de jours. Salué par la majorité des catholiques et de la communauté juive, ce geste est jugé trop tardif par certains, alors que d'autres craignent que les actes de courage de nombreux chrétiens ne soient finalement occultés. (→ 7.10)

Maître du pop'art, Lichtenstein disparaît

Trop souvent catalogué dans la BD.

New York, mardi 30
Avec Andy Warhol, il avait forgé les règles du pop'art aux Etats-Unis. Roy Lichtenstein (*27.10.1923) est mort à l'âge de 73 ans, emporté par une pneumonie. D'abord attentif aux leçons du cubisme et à la vogue de l'expressionnisme abstrait, dès 1961, le peintre élabore un langage personnel. Puisant dans le catalogue des chefs-d'œuvre du XXe siècle, il transforme Picasso ou Matisse en affiche de pub façon BD. L'œuvre colorée et tramée de Lichtenstein organise ainsi la plus insolite des rencontres entre la grande culture des musées et l'imagerie populaire de la société de consommation.

L'Indonésie est en feu

Les incendies ont ravagé près d'un million d'hectares (Bornéo au centre, le 24).

Asie du Sud-Est, mardi 30
Depuis quinze jours, Sumatra est ravagée par d'immenses incendies qui ont déjà réduit en cendres plus d'un million d'hectares de forêts. Les feux se sont propagés à d'autres îles indonésiennes, Java et Bornéo. Ils se propagent maintenant vers le sud de l'archipel de la Sonde. Ainsi, la fumée dégagée couvre désormais tous les pays de la région. Les pics de pollution atteignent des sommets. Les écoles et les aéroports ont dû fermer, les hôpitaux sont débordés. Ce désastre est dû à une sécheresse persistante et surtout à l'exploitation anarchique des forêts. L'Indonésie devra importer du bois. (→ 8.10)

Octobre

1997

Lu	Ma	Me	Je	Ve	Sa	Di
		1	2	3	4	5
6	7	8	9	10	11	12
13	14	15	16	17	18	19
20	21	22	23	24	25	26
27	28	29	30	31		

Jordanie, mercredi 1er
Israël a libéré son plus encombrant prisonnier, le cheikh Ahmed Yassin , chef spirituel du Hamas, détenu depuis huit ans. Le vieillard, malade et affaibli, a été expulsé vers Amman, où il est accueilli par le roi Hussein. (→ 6)

Bosnie, mercredi 1er
Les soldats de la Sfor s'emparent de quatre émetteurs radio-télé qui étaient aux mains des partisans de Radovan Karadzic et qui déversaient leur propagande sur les zones serbes. La force multinationale les remet au camp de Biljana Plavsic. L'Otan souhaitait faire taire ces émissions depuis plusieurs mois. (→ 13.12)

Amsterdam, jeudi 2
Les ministres des Affaires étrangères des quinze pays de l'Union européenne signent le traité d'Amsterdam qui remplace et complète celui de Maastricht. Ce document prépare aussi l'élargissement de l'UE vers les pays d'Europe centrale et orientale. (→ 27)

Barcelone, samedi 4
L'infante Cristina, fille du roi Juan Carlos, épouse dans la liesse populaire un handballeur basque, Inaki Urdangarin.

Egypte, dimanche 5
De graves incidents opposent propriétaires, métayers et forces de l'ordre. Le bilan est de 9 morts, cela cinq jours après l'entrée en vigueur d'une loi agraire qui libère les prix des loyers agricoles et pénalise la petite paysannerie. (→ 18.11)

Paris, dimanche 5
A l'hippodrome de Longchamp, le Grand Prix de l'Arc-de-Triomphe est remporté par Peintre Célèbre, monté par Olivier Peslier.

Ouessant, dimanche 5
Louis Conk, le dernier curé de l'île, célèbre sa dernière messe avant de prendre sa retraite.

Algérie, dimanche 5
Depuis jeudi, les massacres ont fait 110 morts. L'Oranais, épargné jusqu'ici, est touché par les tueries. (→ 14)

Rio de Janeiro, dimanche 5
Jean-Paul II clôt sa visite par une messe à laquelle assistent deux millions de fidèles.

Première à Paris pour cause de pollution : la circulation alternée

Paris, mercredi 1er
Les Franciliens ont joué le jeu. La police n'a compté qu'une voiture « paire » sur cinq, alors même que les contrevenants n'avaient droit qu'à un avertissement. A Paris et dans 21 communes limitrophes, le gouvernement, au nom de la loi sur la qualité de l'air, avait instauré pour ce mercredi la circulation alternée. Seules pouvaient rouler les voitures dont le premier numéro de la plaque était impair. Les transports publics étaient gratuits. La circulation dans Paris *intra muros* a été réduite de 20 %, les bouchons de moitié et la qualité de l'air, en fin de journée, a fini par s'améliorer. (→ 16)

Au centre de la capitale, la rue de Rivoli à 18 heures... presque déserte.

Quarante-deux originaux de Georges de La Tour au Grand Palais

Paris, vendredi 3
Après des siècles d'oubli, l'œuvre énigmatique de ce contemporain de Rembrandt et de Velasquez a refait surface au début des années 1930. Depuis la dernière rétrospective qui lui était consacrée en 1972, treize nouvelles toiles ont été découvertes. Avec 42 originaux sur les 43 connus, l'exposition du Grand Palais est un événement de taille. L'œuvre paraît d'autant plus fascinante qu'elle est l'unique preuve de l'existence du peintre lorrain. Pas un écrit, pas un portrait de Georges de La Tour n'a survécu aux guerres et aux famines qui ont ravagé son pays au XVIIe siècle. Au cœur de la tourmente, le pinceau de l'artiste suspend la vie à la lueur tremblante d'une bougie qui se consume. Trois cents ans plus tard, l'émotion persiste.

Grâce au « Nouveau-Né » (1648), La Tour est aujourd'hui sorti de l'ombre.

De l'ordre avec les *promise keepers*

Washington, samedi 4
Les *promise keepers* (ou gardiens de la promesse) se sont retrouvés à près d'un million sur le Mall, la grande esplanade des manifestations de la capitale fédérale, pour une prière collective. Ce mouvement, issu de la mouvance évangéliste, rassemble des hommes blancs à 80 %, chrétiens et en panne de repères moraux. Ils entendent restaurer les valeurs de l'Amérique, l'ordre civil, prônent la réconciliation raciale et la défense de la famille.

Avec Noah, la Fed Cup pour les Françaises

Le capitaine avec Sandrine Testud.

Pays-Bas, dimanche 5
En battant la Hollande par quatre victoires à une, les filles de l'équipe de France de tennis ont remporté pour la première fois la Fed Cup, l'équivalent de la Coupe Davis chez les hommes. Pour les Françaises, le rapprochement avec le « saladier » masculin ne s'arrête pas là. C'est le même capitaine, Yannick Noah, qui entraîne les deux équipes, masculine et féminine. La présence de Noah a permis à Sandrine Testud, Mary Pierce, Nathalie Tauziat, Alexandra Fusai et Julie Halard de franchir un cap dans leur carrière. (→ 23.11) ▷

Octobre

1997

Lu	Ma	Me	Je	Ve	Sa	Di
		1	2	3	4	5
6	7	8	9	10	11	12
13	14	15	16	17	18	19
20	21	22	23	24	25	26
27	28	29	30	31		

Stockholm, lundi 6
Le prix Nobel de médecine est attribué à l'Américain Stanley B. Prusiner pour ses découvertes sur le prion, l'agent pathogène de la maladie de la vache folle. (→ 9)

Belgrade, lundi 6
Le Parti socialiste de Slobodan Milosevic reconnaît son échec dans le second tour de l'élection présidentielle qui s'est tenu la veille. Faute de participation suffisante, il doit être annulé. Un nouveau scrutin sera organisé en décembre.

New York, mardi 7
Selon un nouveau rapport du Congrès juif mondial, près de 85 % de l'or confisqué ou pillé par les nazis aurait transité par la Suisse. Ces chiffres vont relancer la polémique sur l'attitude des banques suisses durant la guerre. (→ 4.12)

La Havane, mercredi 8
Fidel Castro, dont des rumeurs faisaient état de la mauvaise santé, a pourtant fait un discours de 6 heures 45 minutes pour l'ouverture du congrès du Parti communiste cubain.

Rome, jeudi 9
Romano Prodi présente la démission de son gouvernement. Il n'a pas pu s'entendre avec les communistes sur le budget.

Pleine-Fougères, vendredi 10
Cette petite ville connaît une première scientifico-judiciaire. Dans le cadre de l'enquête sur le meurtre de Caroline Dickinson, tous les hommes de 15 à 35 ans sont soumis à un prélèvement de salive pour un test génétique.

Bruxelles, dimanche 12
Près de 3 000 policiers, gendarmes et magistrats défilent pour protester contre le projet de police unique. (→ 19)

Suzuka, dimanche 12
Le pilote allemand Michael Schumacher remporte le Grand Prix du Japon. Jacques Villeneuve ne termine que cinquième. Cela relance la course au titre mondial. (→ 26)

DECES

Etats-Unis, dimanche 12
John Denver, chanteur folk (*31.12.1943).

Retour triomphal du cheikh Yassin à Gaza

Gaza, lundi 6
Libéré mercredi dernier et soigné dans un hôpital jordanien, cheikh Ahmed Yassin effectue un retour triomphal auprès de ses partisans. L'accueil réservé au chef spirituel du Hamas constitue un camouflet pour Benyamin Netanyahou, mais il est clair que ce dernier n'avait guère le choix. Des fuites dans la presse ont permis d'éclaircir les conditions de sa libération. Le 19 septembre, le Mossad s'est rendu coupable d'un gros ratage à Amman. L'élimination d'un dirigeant islamiste a tourné au fiasco complet. Le roi Hussein a pu exiger la libération du cheikh pour étouffer un incident diplomatique des plus graves et remettre à Israël ses deux espions arrêtés. (→ 4.12)

Le chef spirituel du Hamas, 61 ans.

Une salle de concert fermée à Vitrolles

Vitrolles, lundi 6
C'est au nom de la sécurité et du non-respect de ses normes que la municipalité FN a, ce matin, fait fermer et murer par ses agents la salle du Sous-Marin. Lieu alternatif de concert et de réunion, le Sous-Marin était devenu le symbole de la « résistance » depuis l'élection de Catherine Mégret à la mairie. Face à la politique culturelle municipale, mettant en avant le folklore et les danses provençales face à tout ce qui ressemble à de l'avant-garde ou du rock, le Sous-Marin savait son existence menacée. Un concert de soutien a rassemblé 4 000 personnes samedi dernier.

Enquête explosive sur Yann Piat

Paris, mardi 7
Jean-Claude Gaudin et François Léotard portent plainte contre les révélations du livre de Jean-Michel Verne et André Rougeot, *l'Affaire Yann Piat*. Cités sous les surnoms de Trottinette et d'Encornet, ils sont décrits trop limpidement pour ne pas être reconnus. La thèse des deux journalistes est terrible mais n'est étayée par aucune preuve. Député UDF du Var, Yann Piat aurait été assassinée parce qu'elle s'apprêtait à faire des révélations fracassantes sur les pratiques immobilières et les liens mafieux des deux hommes.

Brouille et ultimatum entre Bangui et Paris

Centrafrique, mardi 7
Mécontent du redéploiement des troupes françaises en Afrique et des fermetures programmées des bases de Bouar et Bangui, le président Ange-Félix Patassé somme Paris de fermer ses bases centrafricaines au plus vite. Les soldats devront, selon cet ultimatum, avoir quitté le pays avant le 15 novembre. Ce délai est impossible à tenir sauf à pratiquer la politique de la terre brûlée et ne rien laisser, et ce n'est pas ce qui était prévu. Patassé a donc oublié que les Français lui ont trois fois de suite sauvé son fauteuil en deux ans.

Le 7 à Paris, Jérôme Savary présente *Cyrano de Bergerac* au TNP de Chaillot, avec Francis Huster (Cyrano) et Cristiana Reali (Roxane).

Plus de forêts sur la Terre dans 50 ans ?

Indonésie, mercredi 8
La passivité des autorités face aux incendies de forêt et à la pollution atmosphérique qu'ils entraînent est sévèrement critiquée par la presse et les pays voisins. Le Fonds mondial pour la nature (WWF) en profite pour dresser un bilan mondial de la déforestation. Le constat est plutôt accablant. La superficie boisée est passée en 1 000 ans de 8 milliards à 3 milliards d'hectares. En Asie, 88 % des forêts originelles n'existent plus. A ce rythme, qui s'accélère, la Terre n'aura plus de forêt primaire dans un demi-siècle. (→ 22)

Dehaene poursuit sa politique de rigueur

Bruxelles, jeudi 9
La Chambre vient de voter – par 80 voix contre 64 – la confiance au gouvernement, après la déclaration de Jean-Luc Dehaene sur les quatre grands thèmes de la rentrée : budget, emploi, Sécurité sociale, réforme de la justice et des polices. On a assisté à la traditionnelle volée de bois vert de la part de l'opposition libérale, qui condamne l'immobilisme de l'équipe Dehaene. Du côté flamand (la « touche communautaire »), la responsabilité de cet immobilisme est imputée à la Wallonie, et plus particulièrement au Parti socialiste.

Prix Nobel de littérature : l'Italien Dario Fo

Le dramaturge, écrivain et acteur.

Stockholm, jeudi 9
L'académie suédoise ne nous avait pas habitués à de telles surprises ! Dramaturge, metteur en scène et acteur, avec Dario Fo c'est le plus atypique des écrivains qui remporte le Nobel 97. Salué pour avoir « dans la tradition des bateleurs médiévaux fustigé le pouvoir et avoir restauré la dignité des humiliés », ce prix n'a pas manqué d'être contesté. Si la carrière de l'artiste est attestée par 47 comédies et plus de 80 mises en scène, c'est son sens de l'humour et de l'improvisation qui dérange les défenseurs de la tradition. A 71 ans, il est le sixième Italien à obtenir ce titre de noblesse littéraire. Et, parmi eux, Luigi Pirandello était un autre amoureux de la scène. (→ 10)

Les 35 heures, un objectif pour Jospin

Paris, vendredi 10
Promise depuis les législatives, la conférence sur l'emploi s'est réunie ce matin à Matignon. Sous l'égide du gouvernement, elle a rassemblé autour d'une même table patronat et syndicats. Les partenaires sociaux ont tenté de faire le tour, en une journée de discussion, des questions relatives à l'emploi, aux salaires, au temps de travail et à son partage. Le sommet social s'est déroulé sans gros accroc, jusqu'au moment où Lionel Jospin a annoncé un projet de loi sur les 35 heures. Le patronat estime avoir été berné. (→ 13)

Un Nobel de la paix contre les mines

Oslo, vendredi 10
Le prix Nobel de la paix est décerné à la campagne internationale contre les mines et à Jody Williams, une Américaine qui coordonne ce vaste mouvement humanitaire. Jamais le prix n'aura couronné autant de gens en même temps car cette campagne contre les mines antipersonnel a le mérite de fédérer un millier d'ONG dans une soixantaine de pays. Cette victoire posthume de Lady Diana, qui a toujours soutenu ce combat, fustige le ferme refus américain de ratifier le traité d'interdiction des mines antipersonnel. (→ 15)

Brochard, le champion du monde sur route

Jeannie Longo décroche un 12ᵉ titre.

San Sebastian, dimanche 12
Laurent Brochard, le coéquipier de Richard Virenque chez Festina, est devenu champion du monde sur route. Il a devancé à l'arrivée Bo Hamburger (Danemark) et Léo Van Bon (Pays-Bas). Laurent Brochard s'est imposé en lançant le sprint. Le soleil basque a profité aux couleurs françaises puisque Laurent Jalabert remporte le titre mondial du contre-la-montre alors qu'il n'avait jamais gagné une épreuve chronométrée de sa carrière ! Jeannie Longo, pour sa part, s'est offert un nouveau titre de championne du monde. Catherine Marsal a décroché le bronze dans l'épreuve sur route. (→ 18)

Le procès Papon ouvert

Maurice Papon comparaîtra libre devant la cour d'assises (ici à Margaux le 11).

Bordeaux, vendredi 10
Ouvert mercredi et suspendu à la demande de son avocat, le procès de Maurice Papon a donc repris sur une décision qui a scandalisé toutes les parties civiles. Répondant à la requête de Mᵉ Jean-Marc Varaut demandant la remise en liberté de son client pour raisons de santé, le président de la cour d'assises de la Gironde a accepté que l'accusé, âgé de 87 ans, comparaisse libre. Cela signifie que même s'il est condamné, Maurice Papon restera en liberté jusqu'à l'épuisement de ses recours, appel et cassation. Maurice Papon est jugé pour « complicité de crimes contre l'humanité ». Cette affaire a commencé en 1981 quand *le Canard enchaîné* révéla son rôle décisif dans la déportation de 1 690 Juifs partis de Bordeaux entre 1942 et 1944. A travers l'ancien secrétaire général de préfecture, ce procès sera celui des compromissions de l'administration durant l'Occupation. (→ 16)

Record des Tricolores en judo : 9 médailles

D. Douillet devient le judoka le plus médaillé (ici face au Chinois Pan Song).

Paris, dimanche 12
Sur les tatamis du palais omnisports de Bercy, neuf médailles, dont trois en or, sont tombées dans l'escarcelle tricolore. David Douillet, éloigné des salles plusieurs mois après son accident de moto, a confirmé son retour au premier plan. Il a gagné son 4ᵉ titre mondial en battant en finale des plus de 95 kg le Japonais Shinohara. A 27 ans, le Normand devient le judoka le plus titré du circuit. Christine Cicot (+72 kg) a remporté son premier titre mondial à 33 ans. L'or a également souri à Séverine Vandenhende en -61 kg. Djamel Bouras, un peu juste, a été battu en finale des -78 kg.

Octobre

1997

Lu	Ma	Me	Je	Ve	Sa	Di
		1	2	3	4	5
6	7	8	9	10	11	12
13	14	15	16	17	18	19
20	21	22	23	24	25	26
27	28	29	30	31		

France, lundi 13
Le gouvernement décide d'associer Thomson-CSF à Alcatel, Dassault et l'Aérospatiale. Matra, écarté, est le grand perdant de l'opération. Quant à Generali, le premier assureur italien, il lance une OPA sur les AGF, le deuxième du secteur en France.

Algérie, mardi 14
La région d'Oran a connu son massacre le plus meurtrier alors que le FIS appelle au boycott des élections du 23 octobre et que des personnalités demandent l'ouverture d'une enquête internationale sur les tueries. (→23)

Stockholm, mercredi 15
Le prix Nobel de physique est décerné au Français Claude Cohen-Tannoudji et à deux Américains, Steven Chu et William Phillips. Le prix Nobel de chimie va à l'Américain Paul Boyer, au Britannique John Walker et au Danois Jens Skou. Hier, le prix Nobel d'économie a été attribué aux Américains Robert Merton, Myron Sholes et, à titre posthume, Fisher Black.

St-Quentin-en-Yvelines, jeudi 16
La municipalité lance l'expérimentation des voitures électriques en libre-service.

New Delhi, jeudi 16
Le voyage officiel d'Elizabeth II est gâché par les mesquineries protocolaires des autorités indiennes et par les réactions du prince Philip.

Etats-Unis, vendredi 17
Dans l'affaire de harcèlement sexuel qui oppose Bill Clinton à Paula Jones, des tabloïds révèlent les fameuses « particularités anatomiques » du pénis présidentiel.

Italie, samedi 18
Laurent Jalabert remporte le Tour cycliste de Lombardie, son 3e succès en quinze jours.

DECES

Paris, mardi 14
Jacqueline Delubac, comédienne et égérie de Sacha Guitry (*27.6.1910).

Texas, jeudi 16
James Michener, écrivain, grand spécialiste des sagas historiques (*3.2.1907).

Tony Blair lève un tabou en Irlande

Belfast, lundi 13
La poignée de main entre Gerry Adams, le leader du Sinn Fein, et Tony Blair a eu lieu au château de Stormont, loin des caméras. Elle n'en garde pas moins une très haute portée historique et symbolique. Depuis la partition de l'Irlande en 1921, c'est la première fois qu'un Premier ministre anglais rencontre le chef des républicains irlandais. La rencontre n'a pas duré plus de dix minutes. Blair voulait ménager les susceptibilités des unionistes, qui ont parlé d'une « injure faite aux victimes de l'IRA ». (→11.12)

Jean Gandois laisse sa place au CNPF

Paris, lundi 13
Trois jours après la conférence sur l'emploi, Jean Gandois annonce sa démission de la présidence du CNPF, la plus puissante et la plus influente organisation patronale de France. Polytechnicien sans être technocrate, habitué à dire haut et fort ce qu'il pense, l'ancien P-dg de Pechiney n'a pas accepté ce qu'il juge être un *diktat* gouvernemental sur la question des 35 heures. En expliquant qu'il est « moins un tueur qu'un négociateur », il laisse très clairement entendre qu'un « dur » devra lui succéder. (→16.12)

Le football belge en pleine corruption

Bruxelles, mercredi 15
Privé de Coupe d'Europe, humilié en championnat de Belgique, le Sporting Club d'Anderlecht vit des heures noires. Accusations et aveux divers forment en effet un faisceau de présomptions de corruption de l'arbitre espagnol par Anderlecht pour sa victoire sur Nottingham Forest, en Coupe d'Europe en avril 1984. Pourquoi ce dossier a-t-il mis huit ans pour parvenir de l'Union belge à la Fédération européenne ? Même s'il y a prescription, le club le plus prestigieux du pays n'en est pas moins en situation délicate.

Polémique aux Etats-Unis autour du lancement d'une fusée Titan

Floride, mercredi 15
La fusée Titan IV a parfaitement réussi son envol et *Cassini-Huygens*, la sonde qu'elle emportait, est en route pour Saturne et sa principale lune, Titan, qu'elle devrait atteindre en juillet 2004. Les responsables de la Nasa peuvent être soulagés. La sonde américano-européenne avait en effet provoqué l'effroi et la colère des défenseurs de l'environnement. Elle emporte 30 kilos de plutonium 238. C'est le seul moyen existant de production électrique, compact et autonome, pour des voyages aux confins du système solaire. En cas d'explosion de la fusée, il aurait fallu faire face à une énorme pollution radioactive, touchant des millions de personnes.

La sonde « Cassini-Huygens » qui doit explorer un satellite de Saturne, Titan.

Le 14 dans le désert de Black Rock (Nevada), Andy Green, pilote de la RAF, devient le premier homme à franchir le mur du son (1232,724 km/h) au sol à bord d'un bolide propulsé par deux réacteurs d'avion Rolls-Royce.

Sassou N'Guesso, vainqueur au Congo

Brazzaville, jeudi 16
Pour la première fois, l'intervention d'une puissance africaine, l'Angola en l'occurrence, a damé le pion aux réseaux d'influence de l'Occident. Denis Sassou N'Guesso a déclaré officiellement que la guerre « était terminée ». L'ex-président a en effet vaincu son rival, Pascal Lissouba, et a pris Brazzaville grâce au soutien massif en hommes et en armes de Luanda. Des soldats angolais se sont emparés il y a deux jours du port pétrolier de Pointe-Noire, au sud, fief du président déchu et poumon économique du pays. (→25)

Procès Papon... des archives s'ouvrent

Bordeaux, jeudi 16
Catherine Trautmann, ministre de la Culture et, à ce titre, en charge des Archives, annonce l'ouverture aux historiens de celles concernant la soirée du 17 octobre 1961. Avant de se pencher sur la collaboration, les assises de la Gironde retracent la carrière de Maurice Papon. Celui-ci était préfet de police de Paris en 1961. Ce 17 octobre, le FLN avait appelé la communauté algérienne à défiler pacifiquement dans Paris. La réaction des policiers, victimes, il est vrai, de nombreux attentats, avait été terrible. Les témoins ont parlé de 200 à 300 morts parmi les Algériens. Papon évoque des règlements de comptes au sein du FLN. (→17.11)

Bilbao s'offre une vitrine culturelle avec le musée Guggenheim

Au bord du fleuve Nervion, le musée conçu par l'Américain Frank Gehry est recouvert de titane, métal rarement utilisé.

Bilbao, samedi 18
Quatrième ville d'Espagne, Bilbao était encore dans les années 70 le poumon industriel du pays avant d'être déclarée sinistrée au milieu des années 80. Après New York et Venise, c'est aujourd'hui le siège d'une nouvelle annexe qui abrite une partie de l'immense collection de la Fondation Guggenheim. En échange, les Basques ont payé près de 1 milliard de francs pour s'offrir l'écrin à la mesure de l'hôte. C'est la plus somptueuse réalisation de l'architecte Frank Gehry. Presque toutes américaines, les 250 œuvres qui inaugurent les 24 000 m² du musée ne souffriront pas d'exiguïté !

Nette victoire des Chicago Bulls à Bercy

Paris, samedi 18
Michael Jordan et ses équipiers des Chicago Bulls n'ont pas déçu leurs fans lors de l'Open McDonald's. Cette compétition officieuse qui a rassemblé les Bulls et les meilleures équipes d'Europe a vu la victoire de Chicago. En finale, Jordan et ses partenaires ont battu l'Olympiakos Le Pirée, champion d'Europe, par 104 à 78. Une fois de plus, la star de la NBA a fait la démonstration de son talent en inscrivant 27 points en 29 minutes. Il sera bien difficile d'oublier le génie de Jordan qui, à 34 ans, a entamé sa dernière saison professionnelle.

Michael Jordan, la légende des Bulls.

Le chômage en France : 3 ou 7 millions ?

Paris, jeudi 16
Selon un rapport du Commissariat au Plan, dont *l'Express* publie des extraits, les statistiques du chômage seraient trompeuses. Ce sont près de 7 millions de personnes qui seraient touchées par le sous-emploi. Aux 3 millions de chômeurs (au sens du Bureau international du travail), il faut ajouter les préretraités, tous les travailleurs précaires, ceux qui sont sortis du marché du travail et les temps partiels. Un tableau sombre de la précarisation du salariat.

Le 17 à Cuba, Che Guevara rejoint sa dernière sépulture à Santa Clara. Le mausolée de l'architecte Jorge Cao est dominé par une statue de 7 m.

Un an après, pas de réformes en Belgique

Neufchâteau, dimanche 19
Un an après la grande « marche blanche », plus de 3 000 personnes ont dit avec force leur insatisfaction devant la lenteur des réformes. On était évidemment loin des 300 000 personnes qui avaient déferlé dans les rues de Bruxelles le 20 octobre 1996 pour exprimer leur colère et leur honte après les révélations de l'affaire Dutroux. A Neufchâteau, centre nerveux des enquêtes sur les enfants disparus, les manifestants sont venus rappeler leurs exigences de réformes, de transparence, de vérité et d'humanité. Les promesses du gouvernement n'ont jusque-là pas été tenues. (→22)

Après la « marche blanche » de 1996, 3 000 manifestants à Neufchâteau.

Octobre

1997						
Lu	Ma	Me	Je	Ve	Sa	Di
		1	2	3	4	5
6	7	8	9	10	11	12
13	14	15	16	17	18	19
20	21	22	23	24	25	26
27	28	29	30	31		

Paris, lundi 20
Le président tunisien Zine Ben Ali est reçu à l'Assemblée nationale dans le cadre de sa visite officielle et sur fond de polémique concernant la situation des droits de l'homme en Tunisie.

Paris, mercredi 22
Ce sont 76 parachutistes, parmi lesquels certaines célébrités telles que Jean-Paul Belmondo, qui se sont posés sur le Champ-de-Mars pour fêter le bicentenaire du premier saut en parachute.

Washington, mercredi 22
Devant la National Geographic Society, Bill Clinton présente son plan de lutte contre l'effet de serre et de restriction des émissions de gaz polluants. Ce plan, très en deçà des engagements pris à Rio en 1992 que les Etats-Unis n'ont d'ailleurs jamais respectés, n'a convaincu personne. (→ 11.12)

Hong Kong, jeudi 23
L'hebdomadaire *Far Eastern Economic Review* publie une interview exclusive de Pol Pot, dans laquelle l'ancien chef des Khmers rouges dit ne rien regretter et affirme avoir la conscience tranquille en minimisant l'ampleur du génocide.

Paris, jeudi 23
Le Grand Prix du roman de l'Académie française est décerné à Patrick Rambaud pour *la Bataille*. (→ 10.11)

Brazzaville, samedi 25
Après son retour triomphal dans la capitale le 23, prestation de serment du nouveau président congolais, Denis Sassou N'Guesso.

Tarbes, dimanche 26
Le Quinze de France remporte la Coupe latine de rugby en battant l'Argentine 32 à 27. Malgré cette victoire, les joueurs français ont été sifflés par leur public. (→ 22.11)

Comores, dimanche 26
Les autorités séparatistes d'Anjouan organisent un référendum sur l'indépendance de l'île et son rattachement à la France. Comme prévu, c'est le oui qui l'emporte, mais l'OUA et la capitale, Moroni, ne reconnaissent aucune légitimité à ce plébiscite.

La justice américaine accuse Bill Gates...

Washington, lundi 20
Le service antitrust du département de la Justice américain reproche à Microsoft, la firme de Bill Gates, des pratiques anticoncurrentielles. Microsoft est accusé d'imposer son logiciel de navigation sur Internet aux fabricants et donc aux acheteurs d'ordinateurs. Selon les autorités américaines, Microsoft chercherait à étouffer le navigateur concurrent, Netscape. La firme de Seattle a onze jours pour répondre à l'accusation de pratiques monopolistiques.

Une « maison de l'horreur » à Bruxelles

Le pasteur A. Pandy, arrêté le 17.

Bruxelles, mercredi 22
Soupçonné d'avoir fait disparaître ses deux épouses ainsi que quatre de ses huit enfants, le pasteur hongrois Andras Pandy vient d'être arrêté à Bruxelles. Les investigations sont maintenant menées conjointement en Belgique et en Hongrie, non loin de Budapest. Face à la multitude de restes humains découverts dans la cave de la maison du pasteur dans la commune de Molenbeek, tant le parquet que le juge d'instruction Bulthé s'interrogent sur le nombre de personnes qui auraient ainsi été débitées à la hache. (→ 22.11)

France Télécom introduit en Bourse

Paris, lundi 20
Après la clôture des opérations de réservations d'actions et la fixation du prix de vente, 182 francs, le titre France Télécom fait une entrée en fanfare sur les places boursières. En fin de journée, l'action cotait 206,5 francs. La privatisation partielle de l'opérateur public aura donc séduit 3,9 millions de personnes. C'est un nombre d'actionnaires jamais vu en France. Sur les 165 000 salariés de France Télécom, la moitié ont déjà souscrit des actions.

Retour des dinosaures de Steven Spielberg

« Le Monde perdu » fait appel à des effets spéciaux de plus en plus sophistiqués.

Après sa sortie le 14, le nouvel album de Michel Sardou rencontre un beau succès. Il retrouve son compositeur et producteur fétiche, Jacques Revaux.

France, mercredi 22
Pour Steven Spielberg, pas question de s'endormir sur ses lauriers. A l'émotion de la veille succèdent les frissons de demain ! Après le grand succès remporté par *Jurassik Park*, c'est le retour programmé des dinos crochus et de leurs compagnons de toutes sortes ! Le premier film, qui se terminait sur un carnage aux allures d'apocalypse, permettait pourtant de croire à la ruine inéluctable de cette faune carnassière. Mais, bien au contraire, avec *le Monde perdu*, celle-ci renaît aujourd'hui de ses cendres, plus nerveuse et vengeresse que jamais. Il faut avouer que, grâce à la panoplie de techniciens et de magiciens de l'image dont il dispose, Spielberg a plus d'un tour dans son sac. D'effets spéciaux en inventions numériques, d'*Aventuriers de l'arche perdue* en *E.T.*, le grand manitou de Hollywood ne cesse de battre ses propres records d'entrées. Gageons que la résurrection des dinosaures virtuels confirmera ce phénomène.

Doutes, élections et fraudes en Algérie

Algérie, jeudi 23
Les élections pour les assemblées départementales et communales ont été gagnées par le Rassemblement national démocratique, RND, le parti du président Zeroual. Le FLN et le Mouvement de la société pour la paix, MSP, premier parti islamiste légal, arrivent derrière en deuxième et troisième positions. L'opposition laïque dénonce une fraude « massive et flagrante ». Les déclarations de témoins des massacres et d'un soldat déserteur renforcent la suspicion sur la responsabilité de l'armée dans les tueries, parlant de passivité, voire d'implication directe. (→ 27)

Krach boursier dans tous les pays d'Asie

Hong Kong, jeudi 23
Après avoir perdu 15 % ces trois derniers jours, la Bourse de Hong Kong a chuté de 10 % en une seule séance. Ce krach, d'abord rampant avant de prendre une tournure très brutale, s'est répercuté à toutes les places boursières d'Asie. L'onde de choc a aussi touché l'Europe et Wall Street. Dix ans après le krach qui avait cassé la reprise de la croissance mondiale, celui en cours inquiète les analystes. S'ils ne s'étonnent guère de ce qui se passe en Asie, avec le prévisible éclatement d'une énorme bulle spéculative, ils redoutent les conséquences de ce krach sur les économies occidentales, encore en convalescence. (→ 31)

A Hong Kong, plus de 10 % de pertes.

Transat en double aux frères Bourgnon

Carthagène, samedi 25
Il n'y a pas eu de mauvaise surprise pour les frères Bourgnon (Yvan et Laurent). En tête depuis le début de la course Le Havre-Carthagène (en Colombie), les deux frères ont franchi la ligne en vainqueurs à bord de leur trimaran *Primagaz*. Pour Laurent Bourgnon, la première nuit en Manche a été la plus délicate. Avec des vents soufflant à plus de 50 nœuds et une mer très agitée, nombre de navigateurs ont eu leurs bateaux endommagés. *Primagaz* est arrivé à Carthagène avec plus de vingt heures d'avance sur Jean-Luc Nelias et Paul Vatine. (→ 31)

Trois footballeurs, un judoka, un handballeur accusés de dopage

France, vendredi 24
Coup de tonnerre pour le sport. En l'espace de trois jours, cinq sportifs de haut niveau ont été suspectés de dopage. L'international et milieu de terrain Vincent Guérin, du PSG, Dominique Arribagé, de Toulouse, le judoka et champion olympique Djamel Bouras (PSG), Christophe Zuniga (PSG, handball) et Antoine Sibierski (Auxerre) seraient dopés. Les athlètes incriminés contestent les résultats du seul laboratoire qui procède aux contrôles en France. Ils exigent une contre-expertise, tout comme Cyrille Pouget, joueur du Havre, qui a été contrôlé positif aux anabolisants.

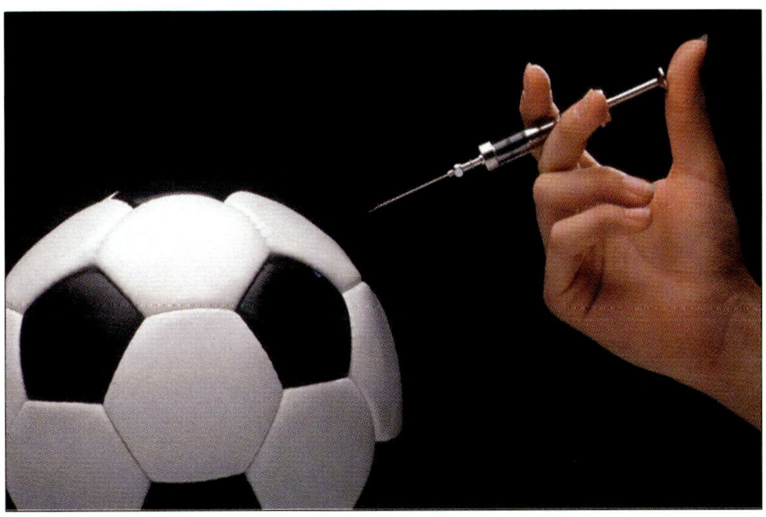

Massacres au Zaïre : l'ONU peut enquêter

Kinshasa, dimanche 26
Laurent-Désiré Kabila a accepté que soit enfin menée une enquête sur les massacres de réfugiés hutus rwandais commis au cours de sa conquête du Zaïre. C'est l'ONU qui doit superviser ces investigations. Après de nombreux revirements et le refus d'accorder aux enquêteurs une autorisation de déplacement, il semble que Kabila ait finalement cédé à la pression des Occidentaux, des Américains en particulier, qui conditionnaient l'octroi d'une aide économique au bon déroulement de cette enquête.

Bossi organise des élections en Padanie

Italie, dimanche 26
Cinq mois après avoir organisé un référendum sur l'indépendance de la « Padanie », cette mythique Italie du Nord dont Umberto Bossi réclame la sécession, le bouillant leader de la Ligue du Nord a une nouvelle fois défié Rome. Ce dimanche, il a donc organisé des élections législatives « fantômes » pour la désignation du Parlement de Padanie. Ce scrutin n'a bien sûr aucune valeur légale aux yeux des autorités centrales. Bossi assure que six millions de personnes se sont déplacées alors que la presse et la police évaluent ces électeurs à un peu moins de 700 000...

Jacques Villeneuve sacré champion du monde des pilotes à Jerez

Schumacher, qui a accroché son challenger au 47e tour, a dû abandonner.

Jerez, dimanche 26
Le Canadien de 26 ans a été sacré champion du monde au cours du dernier Grand Prix de l'année. Dès sa deuxième saison parmi l'élite, Jacques Villeneuve est parvenu avec sa Williams-Renault à décrocher le titre mondial. Cette année, il a gagné sept fois et réalise le doublé puisque son écurie remporte aussi le titre des constructeurs. Si Mika Hakkinen a enlevé sa première victoire à Jerez, c'est le duel Michael Schumacher-Jacques Villeneuve qui a vraiment retenu l'attention. La chance a fini par sourire au jeune Canadien après l'abandon de Schumacher qui suivit l'accrochage volontaire qu'il avait provoqué sur Villeneuve. (→ 11.11)

Octobre

1997						
Lu	Ma	Me	Je	Ve	Sa	Di
		1	2	3	4	5
6	7	8	9	10	11	12
13	14	15	16	17	18	19
20	21	22	23	24	25	26
27	28	29	30	31		

Europe, lundi 27
L'Italie rejoint l'espace Schengen de libre circulation des personnes. Il compte désormais huit pays de l'Union européenne : la France, la Belgique, l'Espagne, le Portugal, l'Allemagne, les Pays-Bas, le Luxembourg et l'Italie. (→ 21.11)

Alger, lundi 27
Près de 50 000 personnes manifestent à l'appel du FFS, le Front des forces socialistes. Elles protestent contre la fraude massive lors des élections quatre jours avant. (→ 3.11)

Lorraine, lundi 27
Jacques Chirac et Helmut Kohl inaugurent l'usine construite par Mercedes pour produire la Smart, la voiture conçue avec la firme suisse Swatch. L'usine est à Hambach près de Sarreguemines. (→ 11.11)

Washington, mardi 28
Début de la visite officielle de Jiang Zemin. Les défenseurs des droits de l'homme protestent contre l'accueil que l'administration Clinton lui a réservé. (→ 8.12)

Argentine, jeudi 30
Pour la 8e fois, mais il assure que cette fois-ci est la bonne, Diego Maradona annonce qu'il quitte le football professionnel.

Paris, jeudi 30
La cour d'assises spéciale condamne Francis Temperville à neuf ans de prison. Cet ingénieur du CEA avait vendu des secrets aux Soviétiques.

Colombie, vendredi 31
Eric Tabarly, 66 ans, et Yves Parlier, 36 ans, remportent la transat en double Le Havre-Carthagène dans la catégorie des monocoques.

Irlande, vendredi 31
L'élection présidentielle est remportée par Mary McAleese, 46 ans et candidate du Fianna Fail, la coalition de centre droit au pouvoir. Elle a la particularité d'habiter Belfast.

DECES

Marly-le-Roi, lundi 27
François-Henri de Virieu, journaliste (*18.12.1931).

Ile-de-France, vendredi 31
Aimable (Pluchart), accordéoniste (*10.5.1922).

Procès en France pour tourisme sexuel

Draguignan, lundi 27
Sept hommes, âgé de 25 à 72 ans, comparaissent en correctionnelle dans le premier procès en France pour tourisme sexuel. Une enquête de la gendarmerie a démantelé un réseau de cassettes pédophiles. En remontant la filière, ils ont alors pu découvrir que les prévenus allaient quérir leurs victimes en Roumanie et en Thaïlande. Deux mineurs ont été retrouvés à Bucarest. L'ACPE, l'Association contre la prostitution enfantine, qui traque les touristes sexuels en Europe et en Asie, s'est portée partie civile.

Une nouvelle crise Washington-Bagdad

Bagdad, mercredi 29
Saddam Hussein a-t-il cru, à tort, que la coalition anti-irakienne avait volé en éclats ? Il déclare qu'il refuse la nouvelle résolution de l'ONU qui durcit les sanctions contre l'Irak. Cela parce que la France, la Russie et la Chine s'étaient abstenues lors du vote de cette résolution le 23. Le leader irakien a également ordonné l'expulsion des experts américains de l'Unscom, la commission qui est chargée de surveiller le déroulement du désarmement irakien. Ces trois pays ne sont pourtant pas prêts à défendre ses rodomontades. (→ 3.11)

La folle semaine des Bourses du monde

Wall Street, vendredi 31
La Bourse de New York, la dernière à clore sa séance, finit la semaine sur une petite hausse. Durant cinq jours les places financières de la planète ont joué au Yo-Yo et avec les nerfs des professionnels des indices et des petits épargnants. Lundi, New York et les Bourses européennes avaient perdu près de 10 %, contrecoup de l'onde de choc venue d'Asie. Les jours suivants avaient accordé un répit et les marchés connaissaient un timide début de reprise. Malgré les déclarations rassurantes, le krach rampant n'est pas terminé. (→ 21.11)

Paul Guth part sans gagner l'Académie

Le « Naïf » dans son antre (janvier).

Ville-d'Avray, jeudi 30
L'éternel candidat à l'Académie française est mort sans avoir trouvé la formule d'entrée dans le temple des belles-lettres. L'adolescence de Paul Guth (*5.3.1910) est marquée par son échec au concours d'entrée à Normale. Après dix années peu concluantes dans l'enseignement, il se lance dans la critique littéraire et collabore notamment au *Figaro*. En 1953, grâce aux *Mémoires d'un naïf*, roman aux forts accents de vérité, il obtient le prix Courteline et se fait connaître du grand public. A la fin des années 70, sa série de pamphlets à l'encontre de toutes formes de progrès sociaux lui vaudra d'être qualifié d'écrivain réactionnaire.

Le 2e tir d'Ariane 5, succès pour l'Europe

A Kourou, 10 h 43, heure locale...

Guyane, jeudi 30
Après l'échec cuisant de juin 1996, Ariane 5 n'avait plus droit à l'erreur. Le développement de ce nouveau lanceur européen a déjà coûté 40 milliards de francs. Ce sont deux cents lignes de code d'un logiciel, sur les centaines de milliers qui se trouvent à bord, qui avaient été la cause de l'explosion. Les ingénieurs ont tout épluché pendant plus d'un an. Le tir 502 de ce matin a été une réussite complète. Ariane 5 avait sous sa coiffe deux « faux » satellites bardés de capteurs. Ce lanceur peut placer 20 tonnes en orbite basse ou 7 tonnes en orbite géostationnaire à 36 000 km. L'Europe réaffirme sa puissance spatiale.

Samuel Fuller laisse *Shock Corridor*

Le réalisateur et son éternel cigare.

Los Angeles, jeudi 30
Samuel Fuller (*12.8.1911) était l'un des cinéastes les plus indomptables de Hollywood. Dès l'âge de 17 ans, il est engagé comme journaliste de faits divers dans un quotidien new-yorkais. Cette expérience lui servira à bâtir l'intrigue de ses premiers scénarios et romans policiers. Entre 1942 et 1945, il combat dans la 1re division d'infanterie américaine en Afrique de Nord puis en Allemagne, où il découvre l'horreur des camps de concentration. Il ne pourra plus jamais l'oublier. De *J'ai tué Jesse James* à *The Big Red One*, tous ses films témoigneront de son dégoût pour la violence humaine, dont il montrera les plus tragiques effets.

Novembre

1997

Lu	Ma	Me	Je	Ve	Sa	Di
					1	2
3	4	5	6	7	8	9
10	11	12	13	14	15	16
17	18	19	20	21	22	23
24	25	26	27	28	29	30

Luxembourg, dimanche 2
Après la découverte d'un cas de vache folle dans le grand-duché, des négociants belges sont mis en cause pour avoir vendu des farines animales suspectes.

Thonon-les-Bains, dimanche 2
Jacques Chirac inaugure un mémorial dédié aux Justes, ces hommes et ces femmes qui ont sauvé des Juifs durant la guerre. Le président de la République a réaffirmé la responsabilité de l'Etat français et de Vichy, « complice de l'occupant ».

Viêt-nam, mardi 4
Le bilan du passage et des ravages du typhon *Linda* s'élève à 235 morts.

Monde, mercredi 5
La Russie et l'Iran ratifient à leur tour la Convention sur l'interdiction des armes chimiques, portant à 104 le nombre de pays signataires.

Europe, mercredi 5
Lors de la 4e journée de la Ligue des Champions, en football, le PSG bat à domicile le Bayern de Munich 3 à 1, et Monaco va battre chez eux les Belges de Lierse 1-0.

Paris, jeudi 6
Dominique Voynet rend public l'inventaire des sites pollués en France : 896 ont été recensés.

Moscou, vendredi 7
Seuls quelques milliers de communistes nostalgiques défilent pour l'anniversaire de la révolution d'Octobre. Boris Eltsine évoque une « erreur fatale » et s'interroge sur le sort à réserver au corps embaumé de Lénine. (→ 25)

Las Vegas, samedi 8
Fabrice Tiozzo est champion du monde WBA des lourds-légers en battant l'Américain Nat Miller et il devient le premier Français à remporter deux titres mondiaux dans deux catégories différentes.

Bruxelles, dimanche 9
Manifestation de colère après la mort d'un dealer présumé, abattu par la police vendredi.

DECES

Charleville, samedi 1er
Roger Marche, arrière de légende du football, surnommé le Sanglier des Ardennes (*5.3.1923).

La Russie et le Japon veulent faire la paix

Krasnoïarsk, samedi 1er
Le sommet russo-japonais sur les bords du fleuve sibérien Ienisseï marque un net réchauffement dans les relations entre les deux pays. Le Premier ministre nippon, Ryutaro Hashimoto, et Boris Eltsine se sont engagés à régler la question des îles Kouriles, réclamées par Tokyo, d'ici à l'an 2000. Cela devrait permettre la signature solennelle d'un traité de paix, le premier depuis 1945. Et, derrière cette nouvelle amitié entre les deux capitales, se profilent les enjeux économiques (les ressources russes contre les capitaux japonais) et politiques, pour contrebalancer la puissance chinoise. (→ 10)

Pete Sampras s'impose à l'Open de Paris

Il empoche aussi 393 000 dollars...

Bercy, dimanche 2
Pete Sampras a encore confirmé sa suprématie mondiale en remportant son deuxième trophée à l'Open de Bercy. L'Américain a battu en finale le Suédois Jonas Bjorkman par 6-3, 4-6, 6-3, 6-1. Une victoire tranquille en quatre sets. Bien que diminué depuis quelques jours à cause d'une blessure à l'épaule, il a quand même réussi à s'imposer. Un détail qui en dit long sur la marge que possède Sampras sur tous ses adversaires. Roi incontesté des surfaces rapides, Sampras, numéro un depuis quatre ans, n'attend plus à 26 ans qu'un sacre au tournoi de Roland-Garros. Bjorkman lui a donné rendez-vous pour la finale de la Coupe Davis, qui opposera la Suède aux USA. (→ 23)

Gallimard décroche le Fémina et le Médicis

Paris, lundi 3
Belle journée pour Gallimard qui, grâce à Noguez pour le Fémina et à Le Guillou pour le Médicis, se fait un prestigieux doublé ! Dominique Noguez, 54 ans, auteur d'essais sur le cinéma et professeur d'esthétique à Paris-I, a signé *Amour noir*. C'est une descente aux enfers, l'histoire d'un homme pris dans les méandres de la passion. Philippe Le Guillou, 38 ans, inspecteur à l'académie de Versailles, emporte son prix après sept tours de scrutin pour... *les Sept Noms du peintre*. Ce deuxième volet d'un « triptyque initiatique » retrace l'apprentissage d'un jeune peintre dominé par son maître. (→ 10)

Philippe Le Guillou a le prix Médicis.

Saddam fait monter la tension avec l'ONU

Bagdad, lundi 3
Alors que Kofi Annan, le secrétaire général de l'ONU, tente encore de désamorcer la crise et d'éviter une nouvelle action militaire, Saddam Hussein joue la carte de la tension. Face aux injonctions du Conseil de sécurité lui demandant de respecter les résolutions de l'ONU et surtout de laisser travailler la commission de surveillance, le maître de Bagdad se dit prêt à l'affrontement armé. Il maintient l'ultimatum expulsant les experts américains et déclare qu'il fera abattre l'U2, l'avion espion qui survole le territoire irakien. (→ 14)

Le 2 à New York, c'est le Kenyan John Kagwe qui remporte la 28e édition du marathon avec un temps de 2 heures 8 minutes et 12 secondes.

US Air commande... 400 avions à Airbus

Toulouse, lundi 3
La compagnie américaine US Air confirme à Airbus la commande de 400 appareils de la famille des A320 dont 124 achats fermes, pour un montant d'environ 30 milliards de francs. Le consortium européen a donc atteint cette année un niveau de commandes jamais vu depuis sa création en 1972 : 425 avions en dix mois. Airbus a droit à deux autres bonnes nouvelles. Continental et Delta renoncent à la fameuse clause d'exclusivité qui les liait à Boeing, et ce dernier arrête la production civile de McDonnell-Douglas. (→ 18) ▷

Refus de la fraude électorale en Algérie

Le 30 octobre, pour la première fois, tous les partis d'opposition étaient réunis.

Alger, lundi 3
Les forces de police antiémeute se sont déployées dès le début de la matinée dans le centre de la capitale pour empêcher tout rassemblement et tout début de manifestation. Deux regroupements ont été violemment dispersés. Il faut dire que le pouvoir a été impressionné par le succès du défilé de jeudi dernier. La fraude électorale a réussi ce qui était tenu jusque-là pour une gageure : réunir dans un défilé unitaire l'ensemble des partis politiques à l'exception de la formation présidentielle. Il semble que les trucages et manipulations lors des récentes élections locales aient atteint des sommets et que la légitimité électorale dont se prévaut la junte militaire ait volé en éclats. La présidence peut s'inquiéter du fait que cette colère démocratique a été depuis longtemps plus forte que la peur des attentats. (→ 10)

Mort de Diana : une mystérieuse Fiat Uno

Paris, mardi 4
Les enquêteurs qui travaillent sur l'accident qui a coûté la vie à Diana se sont lancés dans une fastidieuse et énorme vérification. Sur les lieux du drame ont été retrouvés en effet les débris d'un feu arrière de Fiat Uno. Les expertises ont amené la police à privilégier comme « hypothèse assez vraisemblable » un petit accrochage entre une Fiat Uno roulant à vitesse normale et la Mercedes de Diana et Dodi al-Fayed arrivant derrière à très grande allure. Ils vont devoir interroger les 40 000 possesseurs de ce type de véhicule en France un par un. Ce travail de fourmi est inédit dans les annales policières. (→ 19.12)

Fin de la mission Pathfinder sur Mars

Californie, mardi 4
Les ingénieurs du Jet Propulsion Laboratory à Pasadena ont décidé de jeter l'éponge. Ils abandonnent leurs tentatives quotidiennes pour reprendre contact avec Pathfinder, la sonde martienne, et Sojourner, son petit robot sur roues. Depuis le 27 septembre, les deux engins sont restés désespérément silencieux. Et même si les « soins » intensifs ont pris fin, la mission n'en demeure pas moins un succès scientifique et technique. Les appareils ont duré trois mois au lieu des trente jours prévus. Des photos aux analyses, la masse d'informations recueillie est mirifique.

Un livre très attendu sur l'ordre communiste

France, mercredi 5
Ouvrage collectif d'historiens, *le Livre noir du communisme : crimes, terreur, répression* offre un terrifiant panorama des méfaits d'un des deux totalitarismes qui ont ensanglanté le XXe siècle. Ce sont tous les avatars à travers le monde d'une idéologie présentée comme mortifère que les auteurs ont disséqués, recensant les victimes des purges, des exécutions et des déportations de masse. Au terme de leurs recherches, ils sont arrivés à l'évaluation suivante : entre 85 et 100 millions de morts. Une polémique est aussitôt apparue sur la validité de ces résultats et sur leurs implications politiques.

En grève, les avocats veulent des moyens

Ils réclament plus de magistrats afin de désengorger les tribunaux.

France, jeudi 6
C'est une première. La quasi-totalité des 33 000 avocats que comptent les barreaux du pays sont en grève. Une fois n'est pas coutume, ils ont le plein soutien des magistrats et des fonctionnaires de la justice. C'est qu'ils protestent contre la misère de l'institution judiciaire. Le manque de moyens, la longueur anormale des procédures et l'engorgement des tribunaux les desservent à double titre. D'une part, ils ne peuvent pas exercer leur métier dans de bonnes conditions et, de l'autre, ces lenteurs débouchent sur une justice à deux vitesses qui provoque une croissante insatisfaction des justiciables.

Le dernier tour de piste de Paul Ricard

Mort à l'âge de 88 ans, il avait inventé la formule du pastis moderne en 1932.

Var, vendredi 7
Paul Ricard (*9.7.1909) s'est éteint dans la vaste propriété qui domine le circuit automobile qui porte son nom. Ce nom, le roi du pastis en a fait un label, un terme générique connu dans le monde entier. Au même titre que la 2 CV, le stylo Bic ou les Gauloises, le pastis Ricard fait partie des mythologies françaises. Cet homme, qui, pendant la guerre, sillonnait la Camargue en criant : « J'emmerde le maréchal Pétain... », était un patron atypique : généreux envers ses salariés, paternaliste et ultralibéral. Peintre amateur, grand mécène, il était fou d'écologie et d'océanographie.

Un test en paternité pour Yves Montand

Paris, jeudi 6
Pour mettre fin au doute, la cour d'appel ordonne l'exhumation du corps d'Yves Montand, mort il y a près de six ans. Aurore Drossart, qui revendique être sa fille devant la justice depuis 1989, est à l'origine de la macabre décision. Sa mère, qui a eu une liaison avec le comédien sur un tournage en 1974, affirme qu'elle a été conçue à cette occasion. Yves Montand a reconnu cette liaison mais a toujours refusé la paternité et les tests sanguins que les Drossart réclamaient. De l'ADN sera prélevé sur ses restes pour effectuer une comparaison avec celui d'Aurore. A la clef, une part de l'héritage.

Levée des barrages des routiers après six jours de conflit

Le 5 à Bordeaux, des transporteurs en colère bloquaient la rocade de la ville.

France, vendredi 7
La grève des routiers n'aura, cette année, duré que cinq jours. Des 150 barrages installés dimanche dernier, il n'en reste que quelques-uns, tenus par le dernier carré des opposants aux accords signés par les syndicats et les organisations patronales du secteur. Le gouvernement n'a pas voulu laisser pourrir le conflit et s'est donc très vite attelé à réunir les deux camps pour des négociations. Elles ont eu lieu au ministère des Transports. Les routiers se sont mis en grève parce que les accords de 1996 n'avaient pas été respectés. En plus d'une loi sur l'organisation de la profession, les syndicats ont voulu que l'Etat surveille l'application du nouveau protocole d'accord.

Travaux pharaoniques des Chinois sur le Yang-tsé

Hubei, samedi 8
Le président chinois, Jiang Zemin, et le Premier ministre, Li Peng, ont assisté au comblement des quarante derniers mètres encore libres du lit du Yang-tsé. Le plus grand fleuve de Chine passe entièrement désormais dans un canal de dérivation. Cette cérémonie a reçu une couverture médiatique digne du gigantisme de ce chantier. La télévision chinoise a diffusé plusieurs heures de direct, agrémentées de discours à la gloire du régime, montrant une noria de camions déversant des milliers de blocs de béton, des rochers et de la terre pour combler cette dernière brèche, profonde de 60 m et d'un débit de 17 000 m^3 par seconde. Dans l'espace asséché, les ouvriers vont pouvoir entamer l'édification du plus grand barrage du monde, haut de 175 m, qui sera achevé en 2009. L'usine hydroélectrique, là encore la plus grande du monde, devrait produire 18 200 mégawatts par an avec 26 turbines géantes. Le lac de retenue, en amont, sera long de 600 km, imposant le déplacement de 1,2 million de personnes. Mais cet ouvrage est très controversé. Ses détracteurs évoquent, en plus de son coût énorme, le gâchis et les risques écologiques indéniables alors que ses partisans expliquent qu'il doit, outre la production d'électricité, permettre de réguler le cours du fleuve en aval et... de symboliser la superpuissance chinoise.

Le cours du fleuve est détourné pour permettre de construire la digue du barrage des Trois-Gorges, haute de 175 m.

Novembre

1997

Lu	Ma	Me	Je	Ve	Sa	Di
					1	2
3	4	5	6	7	8	9
10	11	12	13	14	15	16
17	18	19	20	21	22	23
24	25	26	27	28	29	30

France, lundi 10
A l'occasion de la Journée de mobilisation en faveur du peuple algérien, 25 000 personnes défilent dans les rues de Paris en hommage aux 80 000 morts des cinq années de guerre. (→ 24)

New York, lundi 10
La vente aux enchères par Christie's de la collection Ganz bat des records : 1,2 milliard de francs. Victor et Sally Ganz avaient rassemblé l'une des plus belles collections privées de Picasso, ainsi que des Jasper Johns, Franck Stella et Robert Rauschenberg.

Pékin, lundi 10
Signature d'un accord frontalier sino-russe qui met fin à 300 ans de frictions et de contestations territoriales en Sibérie orientale et en Mandchourie.

Ankara, mardi 11
Le premier procureur du pays demande devant la Cour constitutionnelle la dissolution du Refah, le parti islamiste, pour avoir remis en cause la laïcité de l'Etat. (→ 13.12)

Bruxelles, mercredi 12
Un des fleurons de la finance belge, la deuxième banque du pays, est cédé à l'étranger avec le début de la cession de la BBL, Banque Bruxelles Lambert, à l'assureur néerlandais ING.

Paris, mercredi 12
Gerry Adams, leader du Sinn Fein, effectue sa première visite officielle en France à l'invitation de Jack Lang, président de la commission des Affaires étrangères de l'Assemblée. (→ 11.12)

France, jeudi 13
Selon les autorités sanitaires, l'amiante a directement provoqué la mort de 1 950 personnes en 1996.

Lyon, samedi 15
Dans le cadre de leur tournée en France, les Springboks, l'équipe de rugby sud-africaine, battent le Quinze de France 36 à 32 lors de leur premier test-match. (→ 22)

Chine, dimanche 16
Wei Jingsheng, le plus célèbre dissident chinois, est libéré de prison et aussitôt expulsé vers les Etats-Unis. (→ 8.12)

Grasset prend le Goncourt et le Renaudot

Paris, lundi 10
Déjà lauréat du prix de l'Académie française, Patrick Rambaud s'offre de justesse le prix Goncourt avec *la Bataille*. Après Andreï Makine qui emportait le Médicis et le Goncourt en 1995, il est le deuxième « coup double » de toute l'histoire des prix littéraires. Mais il s'en est fallu de peu. Décerné au 4e tour avec 6 voix contre 4 à Lydie Salvayre, le roman de Rambaud porte bien son nom ! Les académiciens, réunis comme de coutume chez Drouant, ont fini par se mettre d'accord sur le choix de cette épopée populaire et historique. A 51 ans, l'auteur a signé plusieurs ouvrages avec son cousin Michel-Antoine Burnier. Et le Renaudot a été attribué à Pascal Bruckner pour *les Voleurs de beauté*. (→ 19)

Rambaud : le Goncourt après le prix du roman de l'Académie française.

Le délit de Louise Woodward requalifié

Massachusetts, lundi 10
Après réexamen de l'affaire Louise Woodward, un juge de Cambridge a décidé de casser sa condamnation à perpétuité et de requalifier son cas en « coups et blessures ». Elle écope de 279 jours de prison, ce qui va correspondre à la peine préventive qu'elle a purgée. Agée de 19 ans, cette jeune Anglaise avait été, le 30 octobre dernier, jugée coupable du meurtre du bébé dont elle avait la garde. La publicité donnée par les médias américains au procès, ses zones d'ombre et la sévérité de ce jugement avaient choqué l'opinion publique britannique. Une vaste campagne de soutien en était née. Louise a recouvré la liberté.

Schumacher exclu du classement en F1

Londres, mardi 11
Michael Schumacher n'est pas près de conserver un très bon souvenir de cette saison. Il a perdu sa couronne de champion du monde au profit de Jacques Villeneuve et il est exclu du palmarès pour son accrochage avec le Canadien à Jerez. C'est le conseil mondial de l'automobile qui l'a jugé responsable de la collision. Le pilote allemand conserve cependant les gains correspondant à ses victoires. Il échappe aussi à une amende et à une suspension. Mais il devra faire campagne pour la sécurité routière en faveur du port de la ceinture !

Déboires pour la Mercedes Classe A

Allemagne, mardi 11
La direction de Daimler-Benz a fini par suspendre les livraisons de la Mercedes Classe A, son tout dernier modèle. En octobre, plusieurs tests effectués par un magazine suédois, dont celui de « la baïonnette » ou « d'évitement de l'élan » (ces bêtes provoquent souvent des accidents sur les routes scandinaves), avaient montré une telle faiblesse de la tenue de route et des supensions que la voiture s'était même retournée. Le constructeur avait crié au trucage mais il a dû finalement admettre la validité des résultats.

10 000 emplois en moins chez Kodak

Etats-Unis, mardi 11
Le géant américain de la photo a annoncé la suppression de 10 000 emplois, soit 11 % de ses effectifs. Comme Electrolux, Kodak a dégagé des bénéfices qui se sont élevés au troisième trimestre à 232 millions de dollars, mais les milieux boursiers estiment que le taux de profits et le rendement des capitaux investis ne sont pas assez hauts. C'est donc sous la pression des analystes financiers que cette vague de licenciements a été décidée. Chalon-sur-Saône abrite le plus gros site européen de Kodak avec 3 000 salariés.

Le 10 à Paris, Kim Phuc, 34 ans, la fillette brûlée au napalm en juin 1972 au Viêt-nam (9 ans), devient ambassadrice de l'Unesco.

Le 13 à Paris, après avoir « essuyé les plâtres » en 1954, Gilbert Bécaud « fait » la réouverture de l'Olympia, reconstruit à l'identique mais agrandi.

Expulsion des experts de l'ONU en Irak

Le porte-avions « George Washington » rejoint le Golfe sur ordre de Clinton.

Washington, vendredi 14
Bill Clinton a annoncé l'envoi d'un second porte-avions de l'US Navy dans le golfe Persique. Sa décision fait suite à l'expulsion *sine die*, hier, des experts américains de l'Unscom, la commission des Nations unies qui enquête en Irak sur le programme nucléaire militaire et sur les caches d'armes chimiques et biologiques. L'Unscom veille au démantèlement de cet arsenal secret dont aucun spécialiste ne nie plus l'existence. L'ONU a aussitôt réagi et a rappelé tous les membres de l'Unscom. Les Etats-Unis envisagent à haute voix le recours à la force et évoquent une intervention militaire. Au sein de la coalition anti-irakienne, la Russie et la France renâclent face à cette idée, en estimant que la diplomatie peut encore résoudre la crise. A Bagdad des centaines d'Irakiens « s'offrent » comme boucliers humains. (→ 20)

Laetitia Hubert sur le podium du Lalique

Paris, samedi 15
Laetitia Hubert est de retour au tout premier plan et le mérite. A 23 ans, elle a remporté le Trophée Lalique devant Tara Lipinski, championne du monde âgée de 15 ans. Reine chez les juniors en 1992, ce succès peut relancer la carrière de Laetitia, jusqu'à présent chaotique. Blessée à plusieurs reprises au genou puis à la cheville, Laetitia s'interrogeait sur son avenir au plus haut niveau. Ses angoisses semblent avoir disparu : une bonne nouvelle à quelques mois des Jeux olympiques de Nagano. Et Philippe Candeloro (deuxième place derrière le Russe Alexei Yagudin) a patiné pour la dernière fois habillé en Napoléon. Il va bientôt endosser le costume de D'Artagnan sur un thème de cape et d'épée... (→ 14.12)

Elle a chaussé des patins à... 3 ans.

Premières élections démocratiques au Maroc

Rabat, samedi 15
Hier, pour la première fois depuis 35 ans, les Marocains ont élu les 325 députés de la Chambre basse du Parlement au suffrage universel direct. C'est une étape historique dans la démocratisation de la vie politique du royaume chérifien, et l'opposition attendait beaucoup de ce scrutin uninominal à un seul tour. Les résultats sont connus depuis ce matin. Le Bloc démocratique, qui regroupe l'opposition de gauche et laïque, rate de loin la majorité qu'il espérait, avec 102 sièges. Les partis de gouvernement en ont 100 et le centre 97. Faute d'alternance, ces trois blocs devront composer.

Boutros-Ghali représente la francophonie

Jacques Chirac et le président Tran Duc Luong lors de la signature des accords franco-vietnamiens.

Hanoi, dimanche 16
Boutros Boutros-Ghali a été désigné par consensus unanime mais sans vote au nouveau poste de secrétaire général de la Francophonie. Il n'a pas assisté à la session de clôture de ce VIIe Sommet des pays « ayant le français en partage » : c'est un signe du malaise exprimé par l'Afrique noire face à cette désignation prévue de longue date. Ouvert vendredi, ce sommet marque aussi pour le pays hôte, le Viêt-nam, un retour sur la scène internationale. Hanoi, pour l'occasion, a été nettoyé de fond en comble et ses plus belles façades restaurées et repeintes. L'ambition du président français, en changeant les structures de l'organisation, est de lui donner enfin une dimension politique, à l'image de son pendant anglophone, le Commonwealth. Les Canadiens ont demandé que soit imposé un minimum démocratique aux pays membres. Ce dont Jacques Chirac ne veut pas.

« Taisez-vous »... Georges Marchais

Le secrétaire général du PC en meeting à Toulouse en 1986 pour les législatives.

Paris, dimanche 16
Georges Marchais (*7.6.1920), qui souffrait de problèmes cardiaques depuis plusieurs années, s'est éteint au petit matin. Après les messages de condoléances évoquant « l'une des figures les plus hautes en couleur de la vie politique française », les commentaires sur le bilan de son action se sont faits beaucoup plus mitigés. Secrétaire général (donc numéro un du PCF) de 1972 à 1994, Marchais est tenu par bon nombre de politologues comme responsable du déclin du Parti communiste. En résistant à la moindre évolution, en sabordant le programme commun et l'eurocommunisme, fidèle d'abord à Moscou, Marchais laisse surtout le souvenir de sa truculence télévisée.

Novembre

1997

Lu	Ma	Me	Je	Ve	Sa	Di
					1	2
3	4	5	6	7	8	9
10	11	12	13	14	15	16
17	18	19	20	21	22	23
24	25	26	27	28	29	30

Angleterre, lundi 17
Le château de Windsor rouvre ses portes pour les noces d'or de la reine Elizabeth II. Après l'incendie de novembre 1992, la restauration à l'identique des plus belles salles a coûté 327 millions de francs pour cinq années de travaux.

Paris, lundi 17
Claude Allègre et Ségolène Royal, les ministres en charge de l'Education, présentent et lancent le programme des nouvelles technologies dans les classes : quinze milliards de francs sont débloqués sur trois ans.

Bordeaux, lundi 17
Maurice Papon est hospitalisé à la suite d'une pleuropneumopathie des deux poumons. Les médecins lui ont accordé dix jours de repos. Son procès est donc interrompu pour une durée au moins équivalente. (→ 9.12)

Belgique, mardi 18
La compagnie aérienne nationale, la Sabena, annonce la plus grosse commande d'avions de son histoire : 34 Airbus A320. Ils remplaceront sa flotte vieillissante de Boeing 737.

La Haye, mardi 18
La juge américaine Gabrielle Kirk-McDonald est élue à la tête du Tribunal pénal international pour l'ex-Yougoslavie. (→ 13.12)

Saint-Denis, mercredi 19
Le premier match de football disputé sur la pelouse du Stade de France oppose l'équipe du Variétés Club à celle des Bâtisseurs, les ouvriers qui ont construit l'édifice (6-1).

Moscou, jeudi 20
Mis en cause dans une affaire de rémunérations douteuses, Anatoli Tchoubaïs est limogé de son poste de ministre des Finances. Tchoubaïs reste néanmoins premier vice-Premier ministre. Son homologue à ce poste, Boris Nemtsov, perd aussi son autre ministère, celui de l'Energie.

Séoul, vendredi 21
Le gouvernement sud-coréen se résout à demander une aide d'urgence au Fonds monétaire international pour enrayer la crise monétaire. (→ 3.12)

Massacre de 57 touristes en Egypte

Louxor, mardi 18
Accompagné de plusieurs ministres, Hosni Moubarak s'est rendu sur les lieux du carnage de la veille avant de rendre visite aux blessés dans les hôpitaux de la ville. Les messages de sympathie et d'indignation mêlées ont continué d'affluer. Hier, vers 10 heures du matin, un commando de 10 à 11 hommes a violé, et de quelle manière, la sérénité de l'un des hauts lieux de l'Antiquité et du tourisme pharaonique. Au couteau et à l'arme automatique, ils ont tué 57 touristes – suisses, allemands et japonais – ainsi que 4 Egyptiens. Cet attentat, revendiqué par la Jamaa al-Islamiya (les groupes islamistes), va ruiner la saison touristique, la première ressource du pays.

Le temple d'Hatshepsout à Louxor après le carnage perpétré par des islamistes.

Le Sentier au cœur d'une carambouille

Paris, mardi 18
Le Sentier, le quartier parisien de la confection, a été la cible d'une vaste opération policière ce matin. Près de 80 personnes ont été placées en garde à vue. Il s'agit sûrement de la plus belle carambouille jamais mise au jour. Dans l'argot des spécialistes de l'escroquerie bancaire, il s'agit aussi de cavalerie. Une société vend de la marchandise. Elle escompte ensuite sa traite à une banque qui lui avance la trésorerie. A cette nuance près que la traite est fictive et que des milliers d'opérations similaires ont coûté un milliard aux banques.

Le prix Interallié décerné à Eric Neuhoff

Devant Les Deux Magots en 1996.

Paris, mercredi 19
Puisqu'un prix littéraire est d'abord un cadeau pour la maison d'édition de l'écrivain élu, il est de bon ton de saluer Albin Michel pour son entrée à l'Interallié. Ancien journaliste au *Quotidien de Paris* et responsable des articles littéraires pour *le Figaro Madame*, Eric Neuhoff l'a emporté à six voix contre cinq. Passionné par Nimier ou Drieu, dandy insolent et chic en toutes circonstances, il porte sans amertume le qualificatif de « nouveau hussard ». Selon l'auteur lui-même, *la Petite Française* est le « meilleur roman de l'année ». Le jury n'a pas résisté face à tant de conviction !

Le 18 à Paris, à l'Espace Cardin, le mime Marceau fête les 50 ans de création de son alter ego, Bip.

Des septuplés voient le jour aux Etats-Unis

Iowa, mercredi 19
Brandon, Alexis, Joel, Kelsey-Ann, Kenneth, Natalie-Sue et Nathaniel sont les premiers septuplés à être venus au monde avec de grandes chances de survie. Agée de 29 ans, Bobby McCaughey leur a donné naissance par césarienne. L'heureux événement a déclenché une vague de solidarité dans tout le pays. Une maison, une camionnette et un stock illimité de couches ont été offerts au couple et une souscription ouverte. Cette mère comblée avait suivi un traitement contre la stérilité.

La diplomatie russe revient sur la scène

Genève, jeudi 20
Grâce à la médiation russe, saluée par tous les membres du Conseil de sécurité, la crise entre l'Irak et les Etats-Unis est dénouée. Du moins provisoirement car certains points restent à éclaircir. Par l'entremise d'Evgueni Primakov, ministre russe des Affaires étrangères, Bagdad a accepté le retour de l'Unscom dans sa composition initiale, donc avec les experts américains. Moscou s'est engagé à plaider la cause irakienne en vue d'un assouplissement des sanctions et de l'embargo. (→ 27)

Sommet des Quinze sur l'emploi

Luxembourg, vendredi 21
Cette réunion extraordinaire des Quinze sur l'emploi se termine sur un satisfecit général. Pour obtenir ce consensus, les dirigeants de l'UE ont dû se contenter de contraintes et d'objectifs très modestes : donner une formation à 20 % des chômeurs, harmoniser les statistiques et mettre en pratique chez soi les méthodes efficaces chez les voisins. Obtenu par Lionel Jospin en échange de son acceptation du calendrier de l'euro, ce sommet a permis aux syndicats européens de faire la preuve de leur unité en défilant ensemble. (→ 13.12)

Face aux Springboks, le Quinze de France prend une claque

Les rugbymen français sont battus par 52 à 10 (ici Gary Teichmann en action).

Paris, samedi 22
Pour leurs adieux au public du Parc des Princes, les rugbymen français ont raté leur sortie (ils joueront au Stade de France l'année prochaine). Ils ont littéralement explosé face aux Springboks : 52-10 ! Sept essais pour les Sud-Africains, dont quatre de l'ailier Peter Rossouw, contre un seul pour les Français, inscrit par Raphaël Ibanez. C'est la plus lourde défaite concédée depuis 1909. Un record dont le XV de France aurait bien pu se passer face à la meilleure équipe du monde. Battus dans tous les domaines, les Français ont été tout simplement ridicules face au rugby inspiré des « Boks ».

Agnès Pandy avoue ses crimes à Bruxelles

Bruxelles, samedi 22
Les aveux faits jeudi soir par Agnès Pandy et rendus publics ce matin sont horrifiants. La fille du pasteur Andras Pandy, qui s'était posée en victime de son père jusqu'ici, avoue avoir tué sa mère seule et quatre autres membres de sa famille « avec la collaboration » de Pandy. Elle a indiqué que son père, avec qui elle entretenait une relation incestueuse, pourrait être l'auteur d'une dizaine d'autres crimes. Les corps ont été dépecés ou dissouts dans l'acide.

Hollande devient secrétaire général du PS

Brest, dimanche 23
Lionel Jospin a passé son relais de premier secrétaire du PS à François Hollande. Ce dernier sera désigné officiellement jeudi par le vote des militants. Ce congrès socialiste a donné lieu à un concert d'éloges à l'égard du Premier ministre mais en évitant tout triomphalisme. Chirac a dénoncé les « expérimentations hasardeuses » du gouvernement... Jospin a répondu que, en matière d'expérimentations, la dissolution avait été une réussite... (→ 21.12)

Mary Pierce vaincue par Jana Novotna

Pierce et Novotna aux Masters.

New York, dimanche 23
Mary Pierce a échoué en finale des Masters. Battue par la Tchèque Jana Novotna en trois sets (7-6, 6-2, 6-3), Pierce n'a pu aller juqu'au bout de son rêve en Amérique. Après une première manche disputée, conclue par un *tie-break* au bout d'une heure de jeu, Pierce a peu à peu lâché prise. Puis les deux derniers sets tournaient nettement à l'avantage de Jana Novotna, 29 ans, beaucoup plus consistante que la Française. Pierce a toutefois réalisé un beau parcours en gagnant contre Martina Hingis et sa compatriote Nathalie Tauziat en demi-finale. Un match où elle laissa beaucoup d'énergie. (→ 30)

Le 22 aux Seychelles, l'Indienne Diana Hayden, 24 ans, est élue Miss Monde 1997. (→ 13.12)

Le 22 à Portsmouth, après son dernier voyage, le *Britannia* rentre à son port d'attache, où il sera désarmé.

Novembre

1997

Lu	Ma	Me	Je	Ve	Sa	Di
					1	2
3	4	5	6	7	8	9
10	11	12	13	14	15	16
17	18	19	20	21	22	23
24	25	26	27	28	29	30

France, lundi 24
Le syndicat de la boucherie s'insurge contre l'usage qui est fait dans les médias des mots « bouchers » et « boucherie » pour désigner les massacres et tueries qui ont lieu partout dans le monde, et en particulier en Algérie. (→ 17.12)

Paris, lundi 24
Le prestigieux chef d'orchestre autrichien Nikolaus Harnoncourt commence un cycle de concerts consacrés à l'intégrale des symphonies de Schubert au théâtre du Châtelet.

Espace, mardi 25
Les astronautes de la navette *Columbia* récupèrent à la main, après plusieurs heures de travail, le satellite d'observation solaire *Spartan*.

Suisse, mardi 25
Lénine avait laissé un compte en déshérence dans une banque helvétique. Il y reste moins de 100 francs suisses.

Etats-Unis, mercredi 26
Après les conclusions de la commission d'enquête sur l'explosion du Boeing 747 du vol 800 de la TWA, les autorités de l'aviation civile imposent des mesures de sécurité renforcées sur tous les appareils de ce type et ordonnent le remplacement immédiat de toutes les pompes à vidange des réservoirs centraux des 747.

Melbourne, samedi 29
En arrachant le match nul face aux Australiens, les footballeurs iraniens se qualifient pour le Mondial 1998, qui aura lieu en juin en France. (→ 4.12)

Prague, dimanche 30
Le Premier ministre tchèque, Vaclav Klaus, démissionne. Considéré comme le principal artisan du « miracle » et de la reconversion économiques, il est impliqué dans une affaire de financement occulte de son parti. (→ 16.12)

DECES

France, vendredi 28
Georges Marchal, acteur de cinéma et de télévision (*10.1.1920).

Paris, dimanche 30
Françoise Prévost, comédienne (*13.1.1930).

New British Library... trente ans de travaux

Londres, lundi 24
Avec près d'un quart de siècle de retard, la nouvelle British Library ouvre enfin la partie de son édifice réservée aux chercheurs. La reine devrait inaugurer le reste au début de 1999. Considérée comme la plus riche du monde, cette bibliothèque regroupe 12 millions de volumes, 8 millions de timbres, 2 millions de cartes et des dizaines de milliers de journaux, manuscrits et partitions ! Ce bâtiment dessiné par Colin St John Wilson ne fait pas l'unanimité. Son architecture paraît même déjà si démodée que le prince Charles lui-même la compare à une « académie pour la police secrète » !

Chirac va soutenir les jeunes en Guyane

Cayenne, lundi 24
Deux heures durant, le président de la République s'est prêté au jeu des questions-réponses. Face à lui, dans la salle, une centaine de lycéens, de collégiens et d'étudiants ont évoqué les difficultés qu'ils rencontraient dans leur vie de jeunes Français de Guyane. Plusieurs d'entre eux, l'an dernier, avaient participé aux grèves et émeutes nocturnes qui, pendant trois semaines, avaient secoué cette ville. Le dialogue a mêlé spontanéité et incompréhension. Tous ont parlé de leurs peurs face à l'avenir. Le président, attentif, a bousculé son emploi du temps pour tenter de les rassurer et leur redonner confiance en leur pays, parlant de morale, des droits et des devoirs de tous.

« Merci et chapeau bas »

Neuilly-sur-Seine, lundi 24
C'est une des plus belles pages de la chanson française qui vient de se tourner. Cette nuit, sur la pointe des pieds, Barbara (*9.6.1930/Monique Serf) a rejoint son aigle noir. Née à Paris, elle sait très vite que sa vie sera vouée à la chanson. Après un bref passage au Conservatoire et des tentatives dans les cabarets, elle part à Bruxelles et enregistre son premier album. A son retour à Paris, elle est engagée à l'Ecluse où elle chante Brassens, Ferré et Mac Orlan. Puis c'est Bobino, l'Olympia et enfin ses premiers textes d'auteur et la gloire, la passion. Sa voix sublime comme ses paroles chavirantes ont bercé trois générations, de Saint-Germain-des-Prés à Tokyo ou San Francisco.

Barbara au théâtre du Châtelet en 1987, où elle crée « Sid'amour à mort ».

Vague de grève des conducteurs de bus

France, lundi 24
Dans plusieurs villes, dont Nancy, La Seyne-sur-Mer, Montpellier et Mulhouse, les chauffeurs des régies de transports en commun se sont mis en grève. Ils protestent contre la multiplication des agressions dont ils sont les victimes. Les scénarios sont toujours les mêmes. Les bus qui traversent les quartiers sensibles ou difficiles sont pris pour cibles : jets de cailloux, insultes, coups de poing. Partout, le stade des « incivilités » a été dépassé. Et leurs auteurs sont de plus en plus jeunes. Les chauffeurs réclament des renforts de police lors de leur tournée et une protection contre cette délinquance.

Baisse du pouvoir d'achat des retraités

Paris, mardi 25
A l'appel d'associations autonomes et des syndicats, 3 000 retraités ont défilé pour la défense et le maintien de leur pouvoir d'achat. Arborant des slogans tels que « Pas croulants et pas contents », ils réclament que les retraites soient indexées non plus sur l'évolution des prix mais sur celle des salaires. Depuis qu'ils sont assujettis à la CSG, les retraités ont subi une vraie baisse de leur pouvoir d'achat, pour laquelle ils demandent une compensation.

Pas de pitié pour les grands chauffards

Paris, mercredi 26

Jean-Claude Gayssot, le ministre des Transports, veut, en cinq ans, réduire de moitié le nombre des morts sur les routes françaises. A l'issue d'un comité interministériel sur la sécurité routière, il annonce que les grands excès de vitesse (plus de 50 km/h au-dessus de la vitesse autorisée) vont être passibles d'une amende de 10 000 francs, assortie d'une suspension de permis de trois mois. En cas de récidive, l'infraction deviendra un délit et sera inscrite au casier judiciaire. Le ministre a aussi présenté un volet préventif visant les jeunes automobilistes. Ce sera au Parlement de décider.

Polémique autour du dernier film d'Annaud, *Sept Ans au Tibet*

Brad Pitt incarne Heinrich Harrer, l'alpiniste autrichien et nazi, héros du film.

France, mercredi 26

Adaptation cinématographique des mémoires de l'alpiniste autrichien Heinrich Harrer, *Sept Ans au Tibet* provoque des réactions. Juste avant la sortie de cette superproduction réalisée par Jean-Jacques Annaud, l'hebdomadaire *Stern* divulguait le passé nazi du héros du film. Incarné par « l'idole des jeunes » Brad Pitt, ce représentant zélé du IIIe Reich apparaît comme un repenti à qui la cause tibétaine révéla le sentiment de compassion. Le récit de l'exploit himalayen et du séjour de cinq ans à Lhassa estompe l'ampleur de la faute. L'erreur du film est de dresser le portrait d'un homme ordinaire qui semble ne pas être conscient des conséquences de son engagement.

Un édifice fantôme de 400 millions de F

Paris, jeudi 27

Toujours très attendu par ceux des contribuables qui sont soucieux de la bonne utilisation de leurs impôts, le rapport annuel de la Cour des comptes révèle encore une fois des gâchis énormes. Comme le Centre de conférences internationales, quai Branly à Paris, sur le terrain d'une ancienne caserne. Ce Centre, voulu par François Mitterrand, n'a jamais été construit. Entre les études des architectes, les annulations et tous les dédits, ce bâtiment proprement virtuel aura déjà coûté 400 millions.

Le maïs transgénique autorisé en France

France, jeudi 27

Accédant au souhait des céréaliers, le gouvernement donne son feu vert à la culture du maïs transgénique. Les généticiens ont introduit dans cette plante un gène qui lui permet de produire une toxine anti-pyrale, un insecte parasite du maïs. Les producteurs font ainsi des gains de productivité et économisent sur les insecticides. L'Europe était l'une des dernières zones agricoles du monde où la culture de ces plantes était interdite. Les scientifiques ont jugé que c'était sans danger pour le consommateur. Les autres plantes transgéniques restent hors la loi.

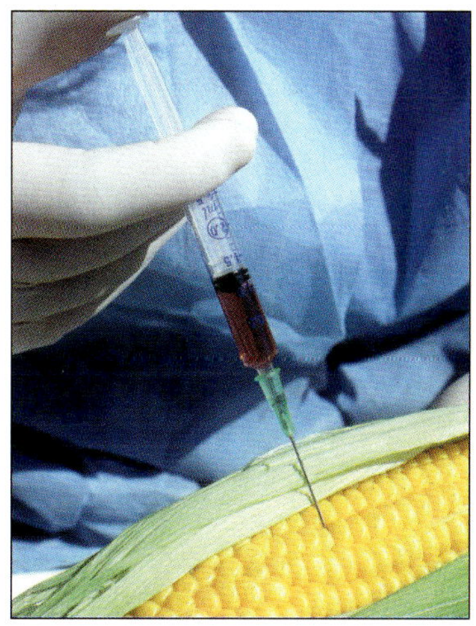

Volte-face de Bagdad auprès de l'ONU

Irak, jeudi 27

Le régime irakien souffle le chaud et le froid sur les experts de l'ONU. Après avoir annoncé que les sites dits présidentiels (regroupant aussi bien des palais que des terrains et des casernes) étaient grands ouverts à la visite de l'Unscom, les autorités se sont rétractées, précisant qu'elles avaient été mal comprises et que ces visites n'étaient réservées qu'à des personnes n'ayant aucun lien avec la commission d'enquête. L'Irak, de plus, menace encore d'abattre le U2 de surveillance aérienne. (→ 4.12)

Mécontentement des étudiants allemands

Bonn, jeudi 27

Plus de 40 000 étudiants, venus de trente universités allemandes, ont défilé dans le calme dans les rues de la capitale fédérale. Cette grogne estudiantine dure depuis plusieurs semaines. C'est le projet budgétaire du gouvernement Kohl qui a tout déclenché. Il prévoit en effet une nouvelle réduction du budget de l'enseignement supérieur et surtout une hausse drastique des frais de scolarité. Comme dans nombre de pays européens, les facultés crient misère, manquant de professeurs et d'équipements. Tous les partis ont exprimé leur sympathie pour les grévistes, rejetant sur l'adversaire la responsabilité de la situation.

Ils sont 40 000 à défiler dans Bonn.

Victoire de la Suède dans la Coupe Davis

Göteborg, dimanche 30

Battus sur leurs terres l'an passé par les Français, les Suédois ont gagné une nouvelle fois la Coupe Davis en dominant largement les Américains par cinq victoires à rien ! L'équipe américaine n'a pas eu de chance puisque son leader, Pete Sampras, s'est blessé dès le premier match. A cause d'une élongation au mollet, Sampras abandonnait au troisième set contre Magnus Larsson. A cet instant, la Suède menait par 2 à 0. Dans le double décisif, la paire Todd Martin-Jonathan Stark s'inclinait en trois sets (6-4, 6-4, 6-4) face à Jonas Bjorkman et Nicklas Kulti. Dans les deux derniers simples, Stark puis Michael Chang étaient battus.

Bjorkman face à Chang, vendredi.

Décembre

1997

Lu	Ma	Me	Je	Ve	Sa	Di
1	2	3	4	5	6	7
8	9	10	11	12	13	14
15	16	17	18	19	20	21
22	23	24	25	26	27	28
29	30	31				

Bruxelles, lundi 1er
Le rapport de la commission d'enquête sur le Rwanda dénonce la responsabilité indirecte du gouvernement dans les massacres de 1994 et critique le retrait unilatéral du contingent belge de la Minuar.

Madrid, lundi 1er
Les 23 membres de la direction d'Herri Batasuna, le parti nationaliste basque, sont condamnés à 7 ans de prison chacun pour collaboration avec l'ETA. (→ 13)

Monde, lundi 1er
Neuvième journée mondiale contre le sida. Plus de trente millions de personnes sont touchées dans le monde, et, chaque jour, 16 000 sont contaminées. La maladie recule dans les pays industrialisés mais progresse fortement en Afrique et en Asie. (→ 7)

Lorraine, mercredi 3
Pour la dernière fois, les mineurs descendent dans le puits Simon, à Forbach. C'est la première étape de la fermeture programmée jusqu'en 2005 du bassin houiller lorrain.

Australie, jeudi 4
D'immenses incendies ravagent les forêts d'eucalyptus de Nouvelle-Galles-du-Sud.

New York, jeudi 4
Le Conseil de sécurité renouvelle l'accord « pétrole contre nourriture » sans autoriser l'Irak à augmenter ses exportations d'hydrocarbures.

Genève, samedi 6
Après avoir rencontré Benyamin Netanyahou à Paris hier, Madeleine Albright s'entretient avec Yasser Arafat. Ces discussions ne débouchent sur aucune avancée concrète concernant le processus de paix israélo-palestinien. Netanyahou n'a toujours pas dévoilé son plan de redéploiement.

Abidjan, dimanche 7
Ouverture de la conférence sur le sida en Afrique, le continent le plus touché par l'épidémie : 7,7 % des Africains de 15 à 49 ans sont séropositifs et neuf sur dix ignorent leur état.

France, dimanche 7
Le 11e Téléthon s'achève sur un nouveau record de promesses de dons : 394 millions de francs.

Grappelli était l'âme du violon du jazz

Paris, lundi 1er
Il avait fait danser l'Aga Khan, le prince Charles, Mimi Pinson et était sans doute le violoniste de jazz le plus populaire du monde. Stéphane Grappelli (*26.1.1908) est décédé. Entre l'enfance parisienne et pauvre auprès d'un père italien trop vite veuf et la gloire de l'âge adulte, il a fait un long chemin qu'il rêvait de finir sur scène. A douze ans, son père passionné de musique lui offre son premier violon. Dans les bars d'hôtels et dans les salles de cinéma muet, le jeune Grappelli s'initie aux cordes avant de fonder le Hot Club avec son ami Django Reinhardt en 1931. Depuis, l'autodidacte génial a fait swinguer tous les standards du siècle et a partagé les « bœufs » des plus grands noms du jazz.

Avec Django Reinhardt, en 1948.

Craintes du FMI sur la crise en Asie

Séoul, mercredi 3
Le gouvernement sud-coréen s'est résolu à accepter les conditions du FMI. En échange de l'octroi d'une aide d'urgence de 55 milliards de dollars, le pays devra ouvrir son marché, les conglomérats (*chaebols*) sud-coréens devront rendre publics leurs comptes et accepter l'arrivée de capitaux étrangers. Le président du FMI, Michel Camdessus, n'a pas caché son pessimisme concernant le redressement économique des pays d'Asie du Sud-Est. (→ 12)

Winnie Mandela en pleine réconciliation

Johannesburg, jeudi 4
Devant toute la commission Vérité et Réconciliation et au cours des neuf jours qu'ont duré les auditions, Winnie Mandela a persisté à nier les crimes qui lui sont imputés, ainsi qu'à son entourage. Malgré tous les témoignages accablants, l'ex-femme du président Mandela a continué à traiter les accusations de grotesques. Il a fallu tous les dons de persuasion de Mgr Desmond Tutu, qui préside cette commission, pour que Winnie consente *in fine* à demander pardon aux parents des victimes. (→ 17)

Interdiction des mines antipersonnel ?

Ottawa, jeudi 4
Les représentants de 125 pays ont signé l'accord interdisant les mines antipersonnel, leur fabrication, leur usage et leur commercialisation. Les Etats-Unis ont refusé de signer ce traité et se retrouvent ainsi aux côtés de la Chine, de l'Inde, de la Russie, de la Libye, du Pakistan, de l'Irak, de l'Iran, d'Israël et de Cuba, dans le camp des réfractaires. Le texte a prévu en aval un vaste programme d'aide à la destruction et surtout au déminage. Les pays riches doivent non seulement fournir des experts et en former, mais aussi financer les campagnes de déminage. Les mines disséminées dans le monde seraient au nombre de 60 à 110 millions et font chaque mois des centaines de victimes civiles, tuées ou mutilées, surtout des paysans et des enfants. Les zones les plus touchées sont le Cambodge, la Bosnie et l'Afrique.

Tirage au sort des groupes de la Coupe du monde de foot 98

Sur le Vieux Port, 35 000 personnes assistent à la cérémonie de sélection.

Marseille, jeudi 4
La première des soixante-quatre rencontres de la 16e édition du Mondial de football opposera le Brésil à l'Ecosse le 10 juin 1998, au Stade de France de Saint-Denis.
Groupe A : Brésil, Ecosse, Maroc, Norvège.
Groupe B : Italie, Chili, Cameroun, Autriche.
Groupe C : France, Afrique du Sud, Arabie Saoudite, Danemark.
Groupe D : Espagne, Nigeria, Paraguay, Bulgarie.
Groupe E : Pays-Bas, Belgique, Corée du Sud, Mexique.
Groupe F : Allemagne, Etats-Unis, Yougoslavie, Iran.
Groupe G : Roumanie, Colombie, Angleterre, Tunisie.
Groupe H : Argentine, Japon, Jamaïque, Croatie.

Un espion israélien inventait… sa source

Israël, jeudi 4
Les journaux révèlent une affaire rocambolesque qui aurait pu très mal tourner. Un agent haut placé du Mossad – son nom est couvert par la censure – s'était inventé une source syrienne. Pendant des années, il a fourni des informations sur Damas et le régime syrien censées être de première main. Plusieurs fois mais heureusement sans être suivis, ses supérieurs ont exigé des opérations militaires préventives. L'homme est proche des nationalistes.

Banque centrale de l'UE : un compromis

Bruxelles, jeudi 4
L'Allemagne et le Luxembourg, qui préside l'Union européenne, ont fini par proposer un compromis sur la présidence de la banque centrale européenne qui doit être mise en place au printemps prochain. Le candidat néerlandais semblait avoir l'assentiment de tous. Sauf de la France, qui estimait que la première présidence lui revenait puisqu'elle avait accepté que le siège de cette banque soit à Francfort. Elle a donc proposé Jean-Claude Trichet face à Wim Duisenberg. Sur le fond, cela ne change rien, les deux hommes partagent la même vision monétaire. Le mandat sera coupé en deux.

Création d'un fonds international à la conférence sur l'or nazi

Londres, jeudi 4
Le bilan de la conférence sur l'or nazi (et les biens pillés par ceux-ci) est plutôt positif. Pour la première fois, des pays ont affirmé, certes tardivement, leur ferme volonté de restituer des biens spoliés aux ayants droit. Au nom de la justice et de la vérité, une dizaine de pays ont donc décidé de créer un fonds commun pour dédommager les victimes du nazisme et du génocide juif. Paris n'a pas souhaité en faire partie et préfère indemniser directement les rescapés des persécutions commises sur le sol français. Cette conférence a eu aussi le mérite de montrer que tous les pays – alliés, vainqueurs ou neutres – se sont compromis après le conflit, préférant enterrer ou même ignorer cette question.

Après la famine, la Somalie victime de dramatiques inondations

Les ruelles de Marere sont devenues des canaux avec la crue du fleuve Juba.

Mogadiscio, dimanche 7
Après les affrontements claniques et la guerre civile, un nouveau fléau ravage ce pays. Depuis un mois, des pluies diluviennes ont provoqué des inondations dans tout le sud de la Somalie, dans les vallées de la Juba et de la Shebelle. La Croix-Rouge rencontre d'énormes problèmes de logistique pour acheminer les vivres et les secours. Près d'un million de personnes, paysans et réfugiés, se trouvent déplacées. Les crues ont déjà fait 1 541 victimes recensées et ravagé des milliers d'hectares.

Le 3 à Paris, Jean-Claude Trichet, gouverneur de la Banque de France, présente le nouveau billet de 100 francs, à l'effigie de Paul Cézanne.

Le 6 à Irkoutsk, un avion-cargo militaire Antonov 124, l'un des plus gros porteurs du monde, s'écrase sur un immeuble après le décollage : 57 morts.

Décembre

1997

Lu	Ma	Me	Je	Ve	Sa	Di
1	2	3	4	5	6	7
8	9	10	11	12	13	14
15	16	17	18	19	20	21
22	23	24	25	26	27	28
29	30	31				

Washington, lundi 8
Le président américain, Bill Clinton, rencontre le dissident chinois récemment exilé aux Etats-Unis, Wei Jingsheng.

France, mardi 9
Alors que Philippe Séguin, le leader du RPR, qualifie la cohabitation de « régime détestable », un sondage montre que 59 % des Français s'en disent satisfaits.

Genève, mardi 9
Sous l'égide de la Chine et des Etats-Unis s'ouvrent des pourparlers historiques directs entre la Corée du Sud et la Corée du Nord sur l'avenir de la péninsule coréenne. Les discussions s'engagent mal car Pyongyang réclame comme préalable à toute avancée le retrait des 38 000 soldats américains stationnés en Corée du Sud.

Bruxelles, mardi 9
Première journée du débat sur l'euthanasie au Sénat.

Téhéran, jeudi 11
Le sommet de l'Organisation de la conférence islamique (OCI) prend fin. Il a marqué le retour en force de l'Iran sur la scène diplomatique et son retour en grâce dans la communauté musulmane. (→ 14)

La Haye, samedi 13
Le procureur du TPI sur l'ex-Yougoslavie dénonce le « mépris » du ministre français de la Défense, Alain Richard. Celui-ci a demandé aux officiers français ayant servi en Bosnie de ne pas aller témoigner devant le Tribunal pénal international.

Téhéran, dimanche 14
Le président iranien Mohamad Khatami change de ton à l'égard des Etats-Unis. Lors d'une conférence de presse, il en appelle à l'apaisement des tensions entre les deux pays, à une reprise rapide du dialogue et rend hommage au « grand peuple américain ».

DECES

Paris, lundi 8
Léon Poliakov, historien (*25.11.1910).

Paris, samedi 13
Claude Roy, écrivain et journaliste (*28.8.1915).

Toutankhamon a eu une nourrice, Maya

Egypte, lundi 8
Soixante-quinze ans après la grande découverte britannique de la tombe de Toutankhamon, c'est une équipe française qui met au jour le caveau de sa nourrice. Le site de Saqqarah se trouve à 30 kilomètres du Caire. Parmi les découvertes récentes de la nécropole, la sépulture de Maya est la plus éblouissante. Sur une paroi rocheuse de l'entrée, la femme est représentée par son profil droit. Elle protège de sa main fine le pharaon assis sur ses genoux. Cette image tendre répond à quelques-unes des très nombreuses interrogations que continue de susciter la vie de ce roi, mort mystérieusement à 18 ans.

Fusion UBS-SBS, des géants de la finance

Suisse, lundi 8
La première et la troisième banque helvétiques, l'Union des banques suisses (UBS) et la SBS, Société de banque suisse, précipitent l'annonce de leur fusion pour couper court aux rumeurs. Cette nouvelle entité, qui sera le deuxième groupe bancaire au monde derrière la Bank of Tokyo-Mitsubishi, s'appellera United Bank of Switzerland. Pour la gestion de fonds et de patrimoine, la nouvelle UBS va se placer au premier rang mondial avec près de 5 400 milliards de francs français. La naissance de ce géant de la finance ne doit pas entamer le profit des actionnaires : 13 000 emplois vont disparaître.

Le procès Papon... dans le vif du sujet

Bordeaux, mardi 9
Le procès de Maurice Papon prend un nouveau tournant. Les assises vont à partir de ce jour examiner le premier ordre de déportation signé de la main du prévenu, à l'époque secrétaire général de la préfecture de la Gironde. Après deux mois au cours desquels des historiens et des témoins, tels Robert Paxton ou, plus controversé, Henri Amouroux, sont venus à la barre pour expliquer et examiner le contexte historique et dresser un tableau des mentalités de l'époque et de l'administration sous l'Occupation, l'accusé se retrouve face aux pièces à charge du dossier et face aux faits bruts.

Accord historique pour lutter contre le réchauffement de la Terre

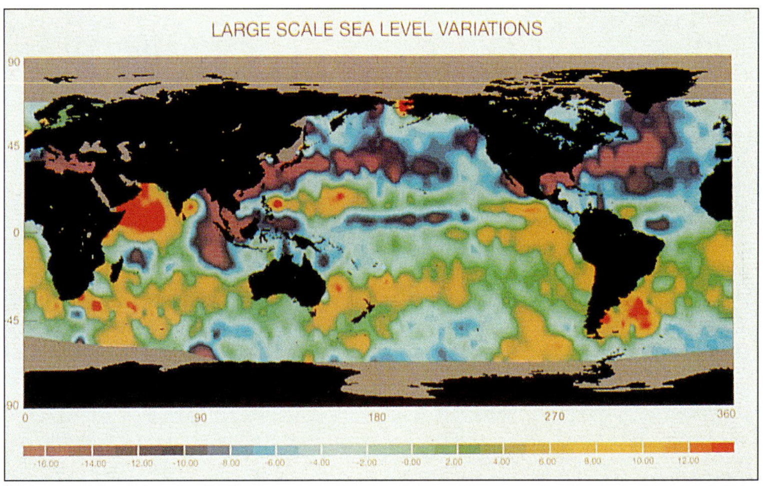

Les variations de niveau des océans sont surveillées à cause de l'effet de serre.

Kyoto, jeudi 11
Onze jours de travaux et d'intenses tractations n'auront pas abouti à une impasse. La conférence sur la réduction de l'effet de serre s'achève par un accord. Pour une fois unis et déterminés à ne pas céder, les pays européens ont réussi à imposer leur point de vue. Les Etats-Unis, qui, par la voix d'Al Gore, refusaient il y a quelques jours encore le moindre « diktat » international, ont fini par admettre qu'il leur serait nécessaire de restreindre leurs émissions de gaz carbonique. Ils en sont les plus gros émetteurs de la planète. L'Europe, face à l'inertie de la Chine et des USA, consent le plus gros effort.

Toyota implante une usine en France

Onnaing, mardi 9
Située au nord-est de Valenciennes, cette petite ville va bientôt accueillir une usine d'assemblage Toyota. La décision est officiellement annoncée à Paris puis dans le Nord par une délégation japonaise conduite par Hiroshi Okuda, le président de la firme automobile. L'implantation, acquise à l'issue d'une compétition acharnée entre plusieurs sites en Europe et qui bénéficiera des aides publiques, va créer de 1 500 à 2 000 emplois. L'usine Toyota permettra la commercialisation vers l'an 2000 d'une petite voiture urbaine.

Le 10, Paola et Albert de Belgique inaugurent la liaison Paris-Bruxelles en 85 min. Désormais, le TGV Thalys effectue tout le voyage à 300 km/h.

Gerry Adams reçu au 10 Downing Street !

Londres, jeudi 11
Après la poignée de main de Belfast, le Premier ministre britannique a de nouveau pris le risque de choquer une partie de son opinion et surtout les unionistes d'Ulster. Il reçoit une délégation du Sinn Fein conduite par Gerry Adams. Pareil événement n'avait pas eu lieu depuis 1921, lors de la ratification de la partition de l'Irlande par Michael Collins et le Premier ministre de l'époque, Lloyd George. Si Tony Blair a décidé de briser ce tabou, c'est que le cabinet britannique mise sur la bonne foi du Sinn Fein et des nationalistes et sur la réussite, même à long terme, des négociations de paix.

Ouverture du procès du terroriste Carlos

Paris, vendredi 12
Ilitch Ramirez Sanchez, plus connu sous le nom de Carlos, se retrouve devant la justice. Les assises vont le juger pour le triple meurtre de la rue Toullier à Paris, en juin 1975. Deux policiers et un informateur, venus au domicile du terroriste pour une vérification d'identité, avaient été froidement abattus avant que Carlos ne prenne la fuite. Après des années de traque, l'ex-ennemi numéro un, à qui les Français reprochent d'autres attentats, avait été enlevé en août 1994 à Khartoum par la DST. Il a déjà donné l'orientation à venir du procès en récusant le qualificatif de terroriste et en se présentant comme un « révolutionnaire professionnel » de la cause palestinienne. (→ 24)

Ilitch Ramirez Sanchez avec sa fille Rosa et sa femme Magdalena Kopp.

Des krachs boursiers en cascade en Asie

Séoul, vendredi 12
La devise nationale, le won, et la Bourse ont donc perdu 12 % en deux jours et un tiers de leur valeur en une semaine. L'accord conclu avec le FMI n'a pas réussi à rétablir la confiance et à freiner la spirale de baisse. A Hong Kong, Bangkok et Djakarta, l'effet domino a joué à plein sur des places financières déjà fragilisées. La faillite potentielle et l'énorme endettement de la Corée du Sud poussent les opérateurs à se désengager de la région. Le Japon ne devrait pas rester longtemps à l'écart de ces krachs, car il réalise 40 % de ses exportations avec les pays d'Asie. (→ 17)

Nouveaux défilés en Espagne contre l'ETA

San Sebastian, samedi 13
Une marche silencieuse réunit des dizaines de milliers de personnes qui protestent dans la dignité contre l'assassinat de José Luis Caso, jeudi soir. Ce conseiller municipal du PP, le Parti populaire, au pouvoir, a été abattu d'une balle dans la tête dans un bar où il avait ses habitudes. La dérive sanglante de l'ETA, redoutée depuis la condamnation collective des dirigeants d'Herri Batasuna, a donc repris. Mais, signe que la peur a cédé la place à l'indignation, les Basques sont descendus dans la rue pour crier leur colère contre l'ETA.

Centre Getty à Los Angeles : le plus grand musée privé du monde

Conçu par l'architecte Richard Meier, le centre a coûté 1 milliard de dollars.

Los Angeles, samedi 13
Il porte le nom du milliardaire du pétrole et collectionneur Jean-Paul Getty, mort en 1976. Il est construit par l'un des plus grands architectes vivants, Richard Meier. Au sommet d'une colline, entre Los Angeles et l'océan Pacifique, la vue est dégagée sur des kilomètres. Le Centre Getty, qui s'étend sur 45 hectares, vient d'ouvrir ses portes au public et aux chercheurs du monde entier. Avec ses espaces de musée, d'éducation, de restauration, d'information et de conférences, c'est une vaste citadelle dédiée à l'art d'hier et d'aujourd'hui. La Cité des Anges réalise ainsi un rêve à la mesure de sa démesure.

Le 13 à Deauville, Miss Lorraine, Sophie Thalmann, 21 ans, 1,80 m, étudiante, est élue Miss France.

L'Union européenne rejette la Turquie

Luxembourg, samedi 13
La « question turque » a occupé une bonne partie des discussions de ce sommet sur l'élargissement futur de l'Union européenne. Le résultat de cette rencontre marque pourtant une étape historique. Ce sont cinq anciennes démocraties populaires (l'Estonie, la Slovénie, la Hongrie, la Pologne et le République tchèque) ainsi que Chypre qui vont entamer des négociations pour leur adhésion prochaine. Les refus d'Athènes et de Bonn, associés à la question des droits de l'homme, ont conduit l'UE à rejeter la candidature turque.

De nouvelles lames en patinage artistique

Thierry Cérez a aligné 7 triples sauts.

Besançon, dimanche 14
Ce week-end a été l'occasion d'un véritable passage de flambeau au sein du patinage artistique français. Les championnats de France ont vu Surya Bonaly et Philippe Candeloro passer la main. Chez les hommes, le tenant du titre a dû déclarer forfait à l'issue de l'échauffement, miné par une fièvre et une défaillance de sa volonté de vaincre. Son successeur s'appelle Thierry Cérez, 21 ans, qui fait preuve d'une maîtrise technique étonnante. Chez les femmes, Surya Bonaly, classée deuxième, laisse la place à l'étoile montante du patin français, la brillante Laetitia Hubert qui est âgée de 23 ans.

Décembre

1997

Lu	Ma	Me	Je	Ve	Sa	Di
1	2	3	4	5	6	7
8	9	10	11	12	13	14
15	16	17	18	19	20	21
22	23	24	25	26	27	28
29	30	31				

Tokyo, lundi 15
Près de 650 enfants sont pris de convulsions après la diffusion d'un dessin animé très populaire, *Pocket Monster*. Les médecins qui les ont examinés parlent de manifestations épileptiques dont les causes sont bien connues : le visionnage d'éclairs de couleur très violents et très rapides.

Prague, mardi 16
Vaclav Havel désigne un nouveau Premier ministre, Josef Tosovsky.

Belgique, mardi 16
Cinquième jour de grève dans les transports en commun de Liège. Les chauffeurs se plaignent de l'absence de mesures contre les agressions dont ils sont les victimes.

Grèce, mercredi 17
Un Iakovlev-42 ukrainien, qui assurait la liaison entre Kiev et Salonique, disparaît en mer avec 34 passagers et 8 membres d'équipage.

Strasbourg, mercredi 17
Salima Ghezali, directrice de l'hedomadaire indépendant algérien *la Nation*, reçoit le prix Sakharov des droits de l'homme.

Paris, jeudi 18
Jean-Cyril Spinetta, le président d'Air France, annonce que la compagnie a dégagé un bénéfice de 1,76 milliard de francs pour le premier semestre de son exercice comptable 1997-1998.

Bosnie, jeudi 18
Les troupes néerlandaises de la Sfor arrêtent, après une brève fusillade, deux criminels de guerre croates à Vitez, en zone bosno-croate.

Indonésie, vendredi 19
Un Boeing 737 singapourien s'écrase au sud de Sumatra avec 105 personnes à son bord.

Paris, vendredi 19
Le garde du corps de Dodi al-Fayed, Trevor Rees-Jones, est entendu deux heures par le juge mais sans résultat car il est toujours amnésique.

Serbie, dimanche 21
Slobodan Milosevic passe la main. Le second tour de l'élection présidentielle serbe voit la victoire de son dauphin, Milan Milutinovic.

Seillière est le nouveau patron du CNPF

Paris, mardi 16
En devenant président du CNPF, Ernest-Antoine Seillière de Laborde endosse avec réticence les habits de « tueur » que Jean Gandois lui a laissés lorsqu'il fit le portrait de ce que devrait être son successeur. Il a été élu avec 394 voix sur les 480 que compte l'assemblée générale de la première organisation patronale de France. Ernest-Antoine Seillière a partagé un bureau de 1965 à 1968 avec Lionel Jospin, son condisciple de l'ENA, au Quai d'Orsay. Il quitte en 1976 les cabinets ministériels et va diriger le holding familial, celui des Wendel. Son programme ? Une opposition ferme et résolue à la loi sur les 35 heures.

Ernest-Antoine Seillière, le « tueur ».

Emmanuelli, député et… démissionnaire

Paris, mercredi 17
L'ancien trésorier du Parti socialiste a démissionné de son mandat de député des Landes. Cette décision fait suite au jugement de la Cour de cassation rendu hier. Il confirme sa condamnation à dix-huit mois de prison avec sursis, 30 000 francs d'amende et surtout, sanction très douloureuse pour un politique, à deux ans de privation de ses droits civiques, donc l'inéligibilité. C'est l'épilogue de l'affaire Urba et de celle du financement occulte du PS. Henri Emmanuelli évite au PS, avec cette démission, d'avoir à demander sa grâce à Jacques Chirac.

Avec *Demain ne meurt jamais*, James Bond s'attaque aux médias

France, mercredi 17
Dix-huitième épisode des aventures de l'infaillible James Bond, *Demain ne meurt jamais* marque un nouveau départ. La chute du mur de Berlin avait provoqué aussi celle de l'agent secret qui, dépourvu d'ennemi à sa mesure, se trouvait subitement en chômage technique ! Un dangereux magnat de la presse prêt à organiser une troisième guerre mondiale pour faire parler de lui a tiré le héros de sa torpeur. D'autant plus que, pour une fois, son alter ego féminin est incarné par une vraie actrice. Si l'on excepte la présence imposante des marques qui ont sponsorisé le film, l'honneur de 007 est sauf !

Pierce Brosnan (deuxième rôle en 007) avec Michelle Yeoh, ex-Miss Malaisie.

Le 15 à Paris (Palais omnisport de Bercy), le ténor italien Andrea Bocelli donne un concert unique.

A la tête de l'ANC, Mandela passe la main

Afrique du Sud, mercredi 17
La 50e Conférence de l'ANC, le Congrès national africain, est donc le cadre d'une émouvante passation de pouvoirs. Nelson Mandela, qui se désengage progressivement de la vie politique, laisse la présidence à son dauphin désigné, Thabo Mbeki, âgé de 55 ans. Pour celui-ci, l'héritage sera lourd à porter. Assuré d'être le futur président du pays en 1999, il doit succéder à un Nelson Mandela devenu héros national, le père du miracle sud-africain, une véritable légende vivante. Modéré et apprécié à l'étranger, Mbeki devra gérer une situation économique très dégradée que seule l'aura de Mandela faisait supporter aux *townships*.

Avec Thabo Mbeki, son successeur.

Une baisse d'impôts drastique au Japon

Tokyo, mercredi 17
Ryutaro Hashimoto a annoncé lors de sa conférence de presse télévisée un plan de relance massif. Mais les responsables économiques nippons ont changé leur fusil d'épaule : ce n'est plus l'investissement mais la demande qu'ils veulent aiguillonner. C'est pourquoi le Premier ministre a programmé une baisse immédiate et drastique des impôts de 90 milliards de francs. Ce n'est pas une crise des liquidités et de l'endettement que connaît le Japon, à la différence de la Corée du Sud, mais un marasme de la consommation des ménages. La Bourse a bien réagi.

Démocratisation de la Corée du Sud

Séoul, jeudi 18
L'arrivée au pouvoir d'un opposant historique marque partout l'ultime étape de la démocratisation de la vie politique. C'est ce qui vient d'arriver en Corée du Sud avec l'élection à la présidence du pays de Kim Dae-jung. Eternel opposant de la junte militaire durant des décennies, âgé de 76 ans, il hérite d'un pays menacé par la banqueroute.

Bavure policière à Lyon dans une cité

Lyon, samedi 20
Dans la nuit de jeudi à vendredi, un jeune homme de 24 ans est mort d'une balle dans la tête dans un des commissariats de la ville, tirée par le policier qui l'interrogeait. Le juge d'instruction chargé de l'affaire a requalifié, en fin de journée, cet acte en « homicide volontaire », et son auteur a été incarcéré. Cette bavure manifeste a été condamnée par le ministre de l'Intérieur après avoir provoqué des heurts et des incendies de voitures, hier soir, à la Duchère, le quartier où vivait la victime. La tension reste très vive. Comme dans la cité de Dammarie-les-Lys près de Melun. Les faits sont plus confus mais ont provoqué la même colère. Mercredi soir, un jeune homme de 16 ans a été abattu en forçant en voiture un barrage de police.

Le chantier du Grand Louvre achevé

Avec l'ouverture des salles d'antiquités égyptiennes, 10 % de cette collection du musée – 55 000 pièces – est exposée.

Paris, vendredi 19
Commencé il y a 16 ans, le chantier du Grand Louvre touche à sa fin. Après l'ouverture de la pyramide de verre en 1989 et des salles de l'aile Richelieu quatre ans plus tard, le réaménagement du département des antiquités égyptiennes marque la dernière étape. Parmi les 55 000 pièces égyptiennes de la collection du musée, aujourd'hui encore, 10 % seulement peuvent être exposées. Depuis leur création en 1826, ces salles fascinantes sont disputées par les archéologues et les historiens de l'art. Judicieusement, le Louvre a choisi de présenter le meilleur de l'art égyptien dans deux parcours distincts. Le premier, thématique, s'attache à la vie quotidienne, tandis que l'autre respecte la chronologie.

Chronique sur Internet ? Tapez http ://www.chroniques.com

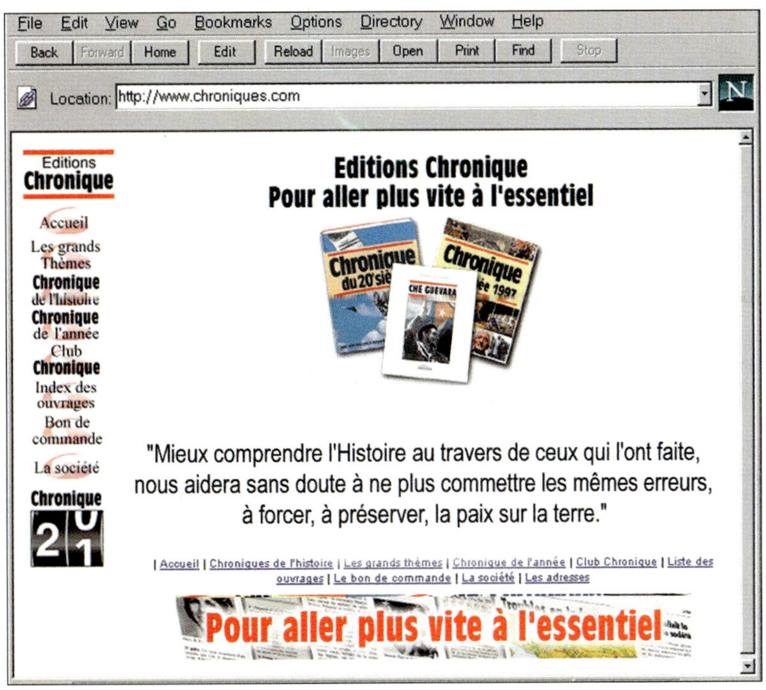

France, dimanche 21
Timidement pour certains, avec un entrain indéniable pour d'autres, l'édition française arrive sur le Net. Des libraires mais aussi de plus en plus d'éditeurs lancent des sites. Les éditions Chronique font partie de ceux-là. Leur nouveau site, dont le titre de l'article reproduit l'adresse, propose aux utilisateurs du monde entier, francophones ou non, écoles ou universités lointaines, expatriés en mal du pays, un panorama très complet des collections Chronique. Chroniques de l'histoire – une série de biographies –, les Annuels et les Chroniques à grands thèmes – le 20e siècle, la télévision, l'humanité ou la France – y sont présentés sur près de 50 pages-écrans, mêlant textes et photos. L'utilisateur-client peut s'inscrire au ***Club Chronique*** et bien entendu acheter, grâce à un bon de commande imprimable.

Décembre

1997

Lu	Ma	Me	Je	Ve	Sa	Di
1	2	3	4	5	6	7
8	9	10	11	12	13	14
15	16	17	18	19	20	21
22	23	24	25	26	27	28
29	30	31				

Europe, lundi 22
Les journalistes européens décernent le Ballon d'or du footballeur de l'année 1997 au prodige brésilien Ronaldo.

Belgrade, lundi 22
Le Parti socialiste serbe annonce la victoire de son candidat, Milan Milutinovic. Des fraudes sont dénoncées par l'opposition.

Bosnie, lundi 22
Le Président Bill Clinton effectue une visite éclair à Sarajevo et à Tuzla où se trouve le QG du contingent américain.

Venise, mardi 23
Woody Allen, 62 ans, épouse Soon Yi, 27 ans. D'origine coréenne, celle-ci avait été adoptée à l'âge de 8 ans par son ex-compagne, Mia Farrow.

Paris, mercredi 24
Ilitch Ramirez Sanchez, dit Carlos, est condamné à la prison à perpétuité. A l'énoncé du verdict, à deux heures du matin, il s'écrie : « Vive la révolution ! Allah Akhbar ! »

Mer d'Irlande, jeudi 25
Parti de Camaret, le chalutier *Toul-an-Trez* sombre au large des côtes galloises. Il y avait cinq hommes à bord.

Strasbourg, mercredi 31
Poursuite de la flambée d'actes de vandalisme dans la région. Plus de 50 voitures ont été incendiées le soir du réveillon. Meaux et Toulouse ont aussi été frappés par la violence au cours des derniers jours.

Colorado, mercredi 31
Michael Kennedy (*27.2.1958), fils du sénateur Robert Kennedy, assassiné le 6 juin 1968, se tue au cours d'une descente à ski. Ses relations avec une jeune employée de maison au service de sa femme avaient défrayé la chronique.

DECES

Japon, mercredi 24
Toshiro Mifune (*1.4.1920), acteur fétiche du réalisateur de cinéma Akira Kurosawa.

Calvados, mercredi 24
Jacques Fabbri, comédien et metteur en scène (*4.7.1925).

Paris, vendredi 26
Cornelius Castoriadis, penseur et philosophe (*11.3.1922).

Coca-Cola achète Orangina, un fleuron du groupe Pernod-Ricard

France, lundi 22
En rachetant la marque à la petite bouteille ronde, le géant d'Atlanta continue d'asseoir son hégémonie mondiale sur le marché des *soft-drinks*, les boissons non alcoolisées. Propriétaire d'Orangina depuis près de treize ans, Pernod-Ricard a donc décidé de vendre la marque, qui est la deuxième du marché en France, pour 5 milliards de francs. Coca-Cola veut mondialiser une boisson qui n'est connue que dans quelques pays étrangers, et Pernod-Ricard a besoin de recentrer ses activités sur les spiritueux. Dans le monde, il se boit autant d'Orangina en un an que de « Coke » en deux jours.

Superphénix sacrifié à la politique

Creys-Malville, lundi 22
Après la décision du gouvernement de fermer Superphénix, il s'avère que l'opération va être moins aisée que prévu. D'après un rapport, les concepteurs du surgénérateur n'ont pas prévu le cas du démantèlement dans l'ingénierie de ce réacteur. Or il va falloir non seulement s'occuper de matériels qui ont été en contact avec du plutonium mais surtout il faut vider le surgénérateur des 5 000 tonnes de sodium qui assuraient son refroidissement. Pour comprendre la difficulté de cette vidange, il faut savoir que le sodium s'enflamme à l'air et explose au contact de l'eau.

La Corée du Sud au bord de la faillite

Corée du Sud, mercredi 24
Le FMI, le G7 et six autres nations industrialisées décident d'octroyer une aide immédiate d'urgence au gouvernement sud-coréen. Si le won et la Bourse continuent de chuter, cette avance de trésorerie va éviter au moins la banqueroute de la 11e économie mondiale. Habituée à des taux de croissance de 6 % par an, la Corée du Sud va devoir opter pour la rigueur. Avec un endettement de 24 000 francs par habitant, le pays a été contraint d'accepter, avec cette aide, plusieurs mesures drastiques dictées par le FMI, ce qui augure d'une difficile récession.

Massacre de paysans indiens au Chiapas

Mexique, mercredi 24
L'Eglise et l'opposition dénoncent avec véhémence l'implication des autorités locales et du PRI, le parti au pouvoir, dans le massacre avant-hier de 45 indiens tzotziles. C'est près de San Cristobal de Las Casas, la capitale du Chiapas, que la tuerie a eu lieu. Ces paysans indigènes, qui refusaient de s'armer, avaient reçu des menaces de mort de la part des gros propriétaires terriens. Après avoir quitté leurs terres, ils ont été abattus par un groupe paramilitaire. Cette action a un but clair : rallumer la guerre avec les forces zapatistes du sous-commandant Marcos.

Strehler était le créateur du Piccolo Teatro

Lugano, jeudi 25
Grand maître du théâtre européen, Giorgio Strehler (*14.8.1921) s'est éteint dans sa résidence suisse. Sa dépouille doit être rapatriée à Milan demain. Metteur en scène de génie mais aussi acteur, en 1947 Strehler avait fondé le Piccolo Teatro. Cette compagnie avait réveillé le théâtre italien de l'après-guerre, en puisant dans le répertoire classique tout en faisant appel aux jeunes auteurs. Il avait donné une nouvelle jeunesse à Carlo Goldoni, faisant d'*Arlequin, serviteur de deux maîtres*, sa pièce fétiche, jouée plus de 2 300 fois dans le monde entier. De Patrice Chéreau à Luc Bondy, une génération entière de metteurs en scène lui doit tout.

Le dramaturge à l'œuvre en 1995.

Anita Conti disparaît un jour de tempête

Douarnenez, jeudi 25
Ecologiste et océanographe avant l'heure, Anita Conti (*17.5.1899) s'est éteinte au moment où les vents marins balayaient la côte bretonne. Exploratrice et voyageuse insatiable, elle avait mêlé une vie mondaine très brillante, croisant les célébrités du siècle, à un intérêt jamais démenti pour tout ce qui se rapportait à la mer et aux océans. S'embarquant avec les terre-neuvas, étudiant les techniques de pêche en Afrique, elle multiplie les livres et notamment les premières mises en garde pour la sauvegarde de ce fragile écosystème. Elle laisse d'immenses archives.

Spiceworld – The Movie ou l'autodérision vue par les cinq Spice

France, mercredi 24
Ce phénomène aussi fulgurant que planétaire que représente le succès des cinq Spice Girls a enfin et déjà sa version filmée. Leur film, qui se contente de reprendre le titre de leur deuxième album, narre l'histoire de leur ascension vers les sommets du hit-parade. Même s'il conserve ces recettes vestimentaires et surtout cette candeur acidulée qui ont fait le succès de leurs clips, *Spiceworld* a choisi de jouer sur l'autodérision la plus débridée au lieu de se complaire dans l'hagiographie musicale. Il en arrive même à évoquer la chute des ventes et l'oubli, le cauchemar de toute chanteuse qui se respecte.

Victoria, Mel B., Mel C., Emma et Geri lors de la première aux Pays-Bas.

Soubresauts de violence en Irlande

Ulster, samedi 27
L'activisme meurtrier de factions protestantes et républicaines très minoritaires pourrait-il mettre en danger les pourparlers de paix ? En tout cas, le gouvernement Blair n'a pas caché son inquiétude après le meurtre, en prison, de Billy Wright, chef de la Loyalist Volunteer Force, une milice totalement opposée aux négociations. Cet assassinat a été revendiqué par l'INLA, un groupe dissident de l'IRA. Dans la soirée, une fusillade de représailles contre des catholiques faisait un mort et trois blessés.

Turbulence mortelle dans un Boeing 747

Tokyo, lundi 29
Attendu par des ambulances, le 747 de United Airlines se pose en pleine nuit à Narita, qu'il avait quitté cinq heures plus tôt. Les 374 passagers ont vécu un événement pénible (110 blessés) et même meurtrier pour une Japonaise qui s'envolait prendre des vacances à Honolulu. Les hôtesses venaient de servir les repas quand le Boeing est entré dans une zone de très fortes turbulences. L'avion est subitement passé d'une masse d'air chaud ascendant à une colonne d'air froid descendant : il a ainsi fait un bond de plus de 300 mètres avant de réussir à se stabiliser.

Hong Kong aux prises avec une épidémie de grippe du poulet

Après 5 morts, pour éradiquer la maladie 1,3 million de poulets seront abattus.

Hong Kong, lundi 29
Les autorités sanitaires de l'ancien comptoir britannique ont pris une mesure radicale qui entre en vigueur ce jour et devrait durer 48 heures : l'abattage et l'élimination de tous les poulets qu'abrite Hong Kong. Il va donc s'agir de se débarrasser de 1,3 million de têtes pour éradiquer un début d'épidémie (cinq morts) et surtout rassurer les habitants de la ville. L'OMS a confirmé il y a deux jours que le virus de la grippe du poulet, le H5N1, s'était transmis d'homme à homme. Malgré cela, les autorités sanitaires se défendent de tout alarmisme. En fonction de ce qu'elles savent, c'est plus la peur que le virus qui risque de se répandre.

Début de ramadan sanglant en Algérie

Algérie, mardi 30
Comme chaque année, depuis les débuts de la guerre qui ensanglante l'Algérie, l'entrée, hier soir, dans le jeûne du ramadan s'est faite sous le signe des massacres. Depuis le 23, près de 350 villageois ont été tués. La tuerie la plus récente a eu lieu dans la plaine de la Mitidja, près de Médéa, où 21 personnes ont été tuées à coups de hache. La région la plus touchée par les violences de ces derniers jours reste l'Oranais et les villes de Tiaret et Baïnem. Malgré la trêve de l'AIS, il semble que le GIA veuille « célébrer » à sa manière les six ans de l'état d'urgence.

Mécontentement des chômeurs en France

Paris, mercredi 31
Plusieurs dizaines de chômeurs ont investi des antennes parisiennes des Assedic, après avoir manifesté face à l'Opéra-Bastille. C'est au tour de la capitale et de l'Ile-de-France de connaître de telles actions d'éclat. Un mouvement de sans-emploi de grande ampleur oblige les pouvoirs publics à réagir pour la première fois. La semaine dernière, Martine Aubry, ministre de l'Emploi et de la Solidarité, a promis une aide pour les plus démunis des ménages et des RMistes. Les collectifs de chômeurs qui multiplient les occupations dans toute la France réclament une prime de fin d'année et, plus globalement, une loi contre l'exclusion.

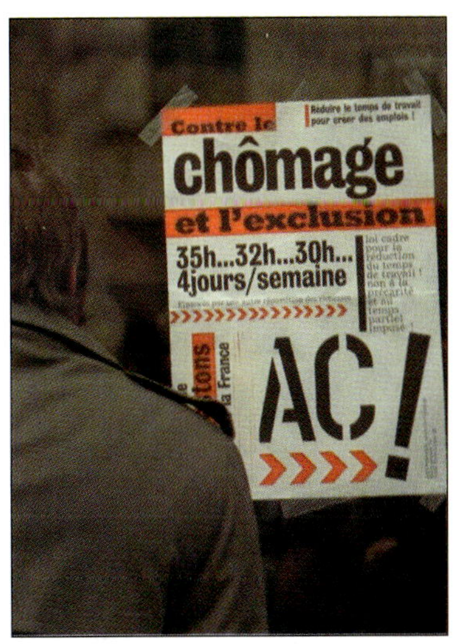

Une action bien perçue par l'opinion.

Trois opérateurs de téléphone en ligne

France, mercredi 31
Trois opérateurs vont se disputer le marché des appels internationaux et longue distance et cela, dès demain. Il s'agit de Cégétel, de Bouygues et de France Télécom. Les coups de fil locaux échapperont encore à cette concurrence. Pour appeler dans le sud-ouest de la France (préfixe : 05), il faudra remplacer le 0 par un 7 si l'on désire passer par le réseau (et la tarification) Cégétel et composer le 75 et les huit autres chiffres. Cela sans abonnement supplémentaire. Pour la Belgique, *via* Bouygues par exemple, il faudra faire 90 32 au lieu de l'habituel 00 32.

5 janvier, André Franquin
Voir page 5

12 janv., Jean-Edern Hallier
Voir page 7

20 janvier, Robert Chapatte

Cet ancien coureur cycliste avait pris sa retraite sportive au milieu des années 50 après cinq Tours de France. Robert Chapatte (4.10.1921) devint le spécialiste du vélo à l'ORTF. Il travailla ensuite à Europe 1 avant de revenir à la télévision en 1975 pour créer l'émission « Stade 2 », le grand rendez-vous hebdomadaire des sports sur Antenne 2.

28 janvier, Louis Pauwels

Journaliste et écrivain, Louis Pauwels (*2.8.1920) fit parler de lui en 1961, avec l'énorme succès du *Matin des magiciens*, co-écrit avec Jacques Bergier. L'ouvrage mêle scientisme et spiritualité. Par la suite, il crée la revue *Planète*. Son autre grande réussite journalistique sera celle du *Figaro Magazine*.

30 janvier, Jean Constantin
Jean Constantin (*9.2.1923) était l'apôtre de la chanson drôle et légère. Compositeur et interprète, il avait écrit *Mon manège à moi* pour Edith Piaf, *Mon truc en plumes* pour Zizi Jeanmaire et *Sha, Sha Persan* pour les Frères Jacques.

4 février, René Huyghe
Esthète curieux, historien de l'art couronné de succès et académicien, René Huyghe (*3.5.1906) a toujours cherché à jeter des passerelles entre les différents aspects de l'art et de la création. Il était aussi un spécialiste de la muséologie.

5 février, Pamela Harriman
Ambassadeur des Etats-Unis en France depuis quatre ans, Pamela Harriman eut une vie et une trajectoire hors norme. Née le 20 mars 1920 dans une vieille famille aristocratique anglaise, elle épouse à 19 ans Randolph Churchill, le fils de Winston. Elle passe la guerre à Londres au côté de son beau-père. C'est là qu'elle rencontre Averell Harriman, qui devient son amant et qu'elle épousera en 1971. Devenue citoyenne américaine, elle soutient les démocrates et sera l'une des premières à déceler les qualités du jeune Bill Clinton.

19 février, Deng Xiaoping
Voir page 18

25 février, Andreï Siniavski
Expulsé d'Union soviétique en 1973 et installé avec sa famille en France depuis lors, Andreï Siniavski (*8.10.1925) est un écrivain qui a toujours fait la preuve, dans ses articles, ses poèmes et ses romans, d'un sens profond de l'ironie.

25 février, Nuccio Bertone
Ce ténor du design automobile a été l'un des chefs de file du style italien et milanais. Nuccio Bertone (*4.7.1914) a travaillé autant pour des séries limitées avec Ferrari, Lamborghini et Fiat que pour Citroën. Pour la firme aux chevrons, sa société et son école ont dessiné les BX, XM, ZX et Xantia.

4 mars, Paul Préboist

Paul Préboist (*21.2.1927) fut jockey avant de débuter dans les cabarets avec son frère. Il devint vite un visage connu sur les plateaux de l'ORTF en même temps qu'il se faisait un nom au cinéma. Très vite, il se cantonna aux comédies. Cet « acteur de caractère », habitué des seconds rôles, tourna pour les réalisateurs les plus illustres comme les moins connus, de Claude Zidi à Henri Verneuil, en passant par Jean Yanne, Claude Lelouch, Philippe de Broca et Henri Verneuil.

5 mars, Jean Dréville
Jean Dréville (*20.9.1906) a commencé comme dessinateur et photographe avant de se lancer dans le cinéma. Il fut l'élève de Marcel L'Herbier pour qui il fit aussi des films documentaires. Son plus grand succès fut *les Casse-Pieds*, avec Noël-Noël en 1948.

14 mars, Fred Zinnemann
Cinéaste américain d'origine autrichienne, Fred Zinneman (*29.4.1907) s'était installé en Californie en 1929. Généreux, il mettait sa mise en scène au service de son humanisme. Son premier grand succès a été *Le train sifflera trois fois* (1952), suivi de *Tant qu'il y aura des hommes*, l'année suivante.

15 mars, Victor Vasarely
Voir page 25

19 mars, Jacques Foccart
Ancien résistant, « baron » du gaullisme et confident de De Gaulle, Jacques Foccart était né le 31 août 1916. Il a été chargé sous son septennat et celui de Georges Pompidou de mettre en place les relations privilégiées avec les chefs d'Etat africains.

19 mars, Willem de Kooning
Ce peintre américain d'origine hollandaise a créé une œuvre difficilement classable. Fuyant les écoles picturales, Willem de Kooning (*24.4.1904), malgré lui, fut considéré comme l'un des fondateurs et le meilleur artiste de l'expressionnisme abstrait.

27 mars, Ella Maillart
Avec Ella Maillart disparaît une grande aventurière, une voyageuse hors du commun. Ecrivain suisse (*20.2.1903), d'un franc-parler étonnant et d'une énergie rare, elle avait sillonné la Russie soviétique, l'Asie centrale et la Chine et navigué sur toutes les mers.

2 avril, David Shahar
Le Palais des vases brisés fit connaître cet écrivain israélien en France en 1978. C'était le début d'un cycle romanesque dans lequel David Shahar, né le 17 juin 1926, réussissait à faire revivre la Palestine sous l'Empire ottoman et sous le mandat britannique. Il fut le chantre de Jérusalem, d'une ville à la croisée des cultures et des religions.

5 avril, Allen Ginsberg
Voir page 31

6 avril, Pierre-Henri Teitgen
Juriste, catholique et ardent défenseur des libertés, Pierre-Henri Teitgen (*29.5.1908) fut un grand résistant avant d'être nommé ministre de la Justice en 1945. Fondateur du MRP, le parti démocrate-chrétien de la IVe République, il refusa de se rallier à de Gaulle ensuite.

16 avril, Roland Topor
Voir page 35

1er mai, Bo Widerberg
Journaliste et écrivain réputé, Bo Widerberg (*8.6.1930) s'est lancé dans le cinéma par le biais de la critique. Mêlant la poésie, l'engagement politique et le lyrisme, ses films, tels que *Elvira Madigan*, en 1967, et *Adalen 31*, en 1969, lui valent la consécration et renouvellent fortement le cinéma suédois.

1er mai, Sirius
De son vrai nom Max Mayeu, Sirius (*26.9.1911) était l'un des auteurs les plus fins, les plus éclectiques et prolifiques de la bande dessinée belge. A la suite de *l'Epervier bleu*, il créa, pour le journal *Spirou*, la saga historique de la famille des *Timour*.

9 mai, Marco Ferreri
Voir page 40

16 mai, Giuseppe De Santis

Giuseppe De Santis, d'abord assistant de Luchino Visconti puis de Roberto Rossellini, a tourné son premier film en 1946. Né le 11 février 1917, ce réalisateur a été au cœur du mouvement néo-réaliste avec des œuvres à la teneur sociale et engagée. *Riz amer*, sorti en 1949, reste le plus célèbre de ses films et a révélé la sauvage beauté de Silvana Mangano.

7 juin, Jacques Canetti
Jacques Canetti (*30.5.1909) avait un don rare, celui qui lui permettait de déceler le talent. Ce directeur artistique et ce producteur français a en effet découvert Jacques Brel, Serge Gainsbourg et bien d'autres.

8 juin, André Harris
Journaliste à la radio puis à la télévision, André Harris, né le 13 juillet 1933, se fit ensuite connaître avec *le Chagrin et la Pitié*, qu'il cosigna avec Marcel Ophuls. En compagnie d'Alain de Sédouy, il poursuivit cette introspection des zones les plus troubles de l'histoire récente de la France. Il travailla par la suite pour la Sept, au service de la vérité et de l'intelligence.

12 juin, Colette Magny
Cette voix magnifique s'était lancée tardivement, à 36 ans, dans la chanson. Après avoir enchaîné les petites scènes, elle triomphe en 1963 avec le titre *Melocoton*. Admiratrice des voix du blues, Colette Magny (*31.10.1926) chanta aussi de la poésie et devint une figure de la contestation artistique.

12 juin, Boulat Okoudjava

Véritable barde, surnommé le « Brassens soviétique », Boulat Okoudjava (*9.5.1924) fut le premier chanteur-poète non conformiste à profiter de la déstalinisation. Adulé par la jeunesse et l'intelligentsia, ses textes discrètement subversifs et sa guitare firent de lui un chantre de la liberté.

15 juin, Edmond Leburton
Unique Premier ministre issu du PS wallon de l'histoire de la Belgique, en 1974 lors d'une coalition tripartite, Edmond Leburton (*18.4.1915) avait été résistant, député de Huy-Waremme jusqu'en 1981. Il était un ardent défenseur de l'unité avec le PS flamand.

19 juin, Olga Georges-Picot
Fille d'ambassadeur, modèle, Olga Georges-Picot (*1944) n'a pas eu la carrière qu'elle méritait au cinéma. Malgré sa brièveté, elle tourna pourtant avec Alain Resnais (*Je t'aime, je t'aime*, 1968), Woody Allen, Alain Robbe-Grillet et Michel Mitrani.

25 juin, J.-Yves Cousteau
Voir page 56

1er juillet, Annie Fratellini
Voir page 59

1er juillet, Robert Mitchum
Voir page 59

2 juillet, James Stewart
Voir page 59

5 juillet, J.-M. Domenach
Ecrivain et journaliste, Jean-Marie Domenach (*13.2.1922) fut pendant dix-neuf ans le très respecté directeur de la revue *Esprit*. Chrétien de profonde conviction, cet ancien résistant était un homme indépendant, ardent dénonciateur de tous les totalitarismes.

12 juillet, François Furet
Ce grand historien avait réussi à imposer une vision nouvelle de la Révolution française, loin des schémas simplificateurs. Né le 27 mars 1927, longtemps proche du Parti communiste, François Furet avait dénoncé ensuite la sclérose de la pensée marxiste.

15 juillet, Gianni Versace

Fils d'une modeste couturière calabraise et symbole d'une flamboyante réussite, Gianni Versace (*2.12.1946) a porté la haute couture italienne aux sommets, mariant les désirs les plus fous des vedettes à un sens esthétique baroque et coloré. Il est mort assassiné dans sa villa de Miami.

19 juillet, Maurice Roche
Ecrivain hors norme, Maurice Roche (*2.11.1924) fit parler de lui en 1966 avec *Compact*, un livre foisonnant et délirant. Drôle et désespéré, il était un magicien de la langue.

19 juillet, Jimmy Goldsmith
Voir page 65

28 juillet, André Giraud
Ancien ministre de la Défense et de l'Industrie, André Giraud (*3.4.1925) était sorti major de Polytechnique. Il fut l'un des promoteurs du choix nucléaire français et un ardent défenseur de l'indépendance nationale.

1er août, Sviatoslav Richter
Le pianiste russe Sviatoslav Richter (*20.3.1915) avait été l'un des premiers solistes de l'ancienne Union soviétique à se produire de l'autre côté du rideau de fer. Mondialement connu dès la fin des années 50 et servi par une virtuosité sans faille, Richter disposait d'un répertoire varié allant de Bach à Chostakovitch, en passant par Debussy et Prokofiev.

1er août, Bao Dai
Voir page 69

2 août, William Burroughs
Voir page 69

2 août, Fela Anikulapo Kuti

Fela Anikulapo Kuti, connu surtout sous son prénom de Fela (*15.10.1938) en France, était l'inventeur de l'afro-beat, musique qui mêle technique moderne et rythmes africains. Fela était aussi connu pour ses actions politiques prônant la démocratisation de son pays, le Nigeria.

4 août, Jeanne Calment
Voir page 70

23 août, Jean Poperen
Numéro deux des socialistes français de 1981 à 1987, Jean Poperen (*9.1.1925) fut aussi un artisan du rapprochement des différentes composantes de la gauche française. Homme de conviction, il avait participé à la fondation du PSU avant de rejoindre le PS. Son dernier combat avait été en faveur d'un contrat social européen.

25 août, Robert Pinget
Ecrivain secret, Robert Pinget (*19.7.1919) avait étudié le droit avant de s'installer, en 1946, à Paris. C'est en 1951 qu'il publie son premier recueil de nouvelles avant de rejoindre les Editions de Minuit cinq ans plus tard, recommandé par son ami Samuel Beckett. Associé à l'aventure du nouveau roman, certains de ses textes, tels que *Monsieur Songe* (1982), ont été adaptés au théâtre.

26 août, Clément Lépidis
Clément Lépidis (*2.4.1920), qui tenait son nom d'un père grec, était un amoureux de la Ville lumière. Ce « piéton de Belleville » avait exercé tous les métiers avant de se mettre à écrire. Robert Doisneau et Jo Privat, l'accordéoniste, étaient du nombre de ses amis.

31 août, Lady Diana Spencer
Voir page 77

5 septembre, mère Teresa
Voir page 79

6 septembre, Georg Solti
Chef d'orchestre britannique d'origine hongroise, réputé pour la netteté de sa direction, Georg Solti (*21.10.1912) va laisser derrière lui le plus beau et le plus complet ensemble d'enregistrements lyriques qui ait jamais été réalisé. Son art l'avait fait applaudir à Paris, Bayreuth, Londres, Chicago et Salzbourg. Epuré, son style a toujours refusé la facilité.

7 sept., Mobutu Sese Seko
Voir page 79

13 septembre, Roger Frey
Ancien ministre du général de Gaulle et ancien président du Conseil constitutionnel, Roger Frey (*11.6.1913) était l'un de ces « barons » du gaullisme et un grand serviteur de l'Etat, toujours zélé et discret dans les missions les plus difficiles et les plus délicates.

13 sept., Georges Guétary

Le plus célèbre des chanteurs d'opérette français était né à Alexandrie dans une famille grecque, le 8 février 1915. En 1937, Georges Guétary arrive en France et il fait ses débuts au Casino de Paris un an plus tard. Son premier disque est gravé en 1942. La trajectoire de sa carrière devient très vite indissociable des grands succès de Francis Lopez, compositeur et parolier.

30 sept., Roy Lichtenstein
Voir page 88

14 oct., Jacqueline Delubac
Née dans une famille de riches soyeux lyonnais, Jacqueline Delubac (*27.6.1910) monta à Paris en 1931 pour tenter sa chance au théâtre. Troisième femme de Sacha Guitry, elle tournera une dizaine de films avec lui, tirés d'autant de ses pièces. Elle met un point final à sa carrière cinématographique et théâtrale en 1955 pour se consacrer à la peinture.

16 octobre, James Michener
Orphelin, voyageur impénitent durant sa jeunesse, vétéran de la guerre du Pacifique, James Michener (*3.2.1907) était l'un des écrivains américains les plus lus dans le monde. Il s'est fait une spécialité des grandes sagas historiques consacrées à un pays ou une région, comme *Texas* ou *Caraïbes*. Généreux et philanthrope, il prônait dans ses œuvres la tolérance et le respect de la liberté.

27 octobre, F.-H. de Virieu

C'est Hubert Beuve-Méry qui accueillit le jeune François-Henri de Virieu (*18.12.1931) au *Monde* en 1958. Il y restera onze ans, se spécialisant dans les questions agricoles. Pierre Desgraupes l'appelle sur la 1re chaîne en 1969. Cinq ans plus tard, il retourne à l'écrit, au *Nouvel Observateur* puis au *Matin*. Revenu à Antenne 2, il lance « l'Heure de vérité » en 1982, où il officiera avec un professionnalisme exemplaire treize ans durant.

30 octobre, Samuel Fuller
Voir page 96

30 octobre, Paul Guth
Voir page 96

31 octobre, Aimable
Aimable Pluchart (*10.5.1922) n'avait gardé que son prénom pour la scène. Roi du « piano à bretelles », il avait commencé à Paris en faisant la manche sur les marches du Sacré-Cœur. Adoubé par Django Reinhardt et Sidney Bechet, il délaisse le jazz pour le style musette.

7 novembre, Paul Ricard
Voir page 98

16 nov., Georges Marchais
Voir page 101

24 novembre, Barbara
Voir page 104

28 nov., Georges Marchal

Georges Marchal (*10.1.1920) fut l'un des jeunes premiers les plus en vue du cinéma français de l'après-guerre. Sa carrière avait commencé au théâtre en 1941. Il tourne avec Guitry et Jean Grémillon. Le public le retrouve ensuite dans plusieurs péplums italiens. Mûri, Luis Buñuel et la télévision vont lui offrir plus tard de beaux rôles et un regain de popularité.

30 nov., Françoise Prévost
Elève de Jean Vilar et Tania Balachova, Françoise Prévost (*13.1.1930) a décroché ses premiers grands rôles avec des cinéastes de la nouvelle vague, Jacques Rivette et Pierre Kast. Elle incarnait la jeune femme moderne et indépendante avec brio. Atteinte d'un cancer dans les années 70, elle en tirera un livre et le scénario de *l'Amour nu* (1982), de Yannick Bellon.

1er déc., Stéphane Grappelli
Voir page 106

13 décembre, Claude Roy
Ce journaliste et écrivain était une figure de l'intelligentsia française. Son parcours l'avait conduit de l'Action française au Parti communiste. Claude Roy (*28.8.1915) trouva dans la littérature et l'amour de l'art un remède à ses désillusions politiques et idéologiques. Il fut un poète amer et pudique du désenchantement.

24 décembre, Jacques Fabbri
Formé à l'école du cabaret et digne héritier de la *commedia dell'arte* et de l'art du mime, Jacques Fabbri (*4.7.1925) fut autant comédien que directeur de troupe et metteur en scène. Il fut révélé au grand public par le petit écran.

Index général

A

Aamodt, Kjetil-André 16/03
Abramovic, Marina 15/06
Académie française
- Election de François Furet, 20/03
- Décès de François Furet, 12/07
- Rambaud, Grand Prix de l'Académie, 23/10

Adams, Gerry 13/10, 12/11, 11/12
Adjani, Isabelle 18/05
Afghanistan
- Deux Français en prison, 02/03
- Les talibans imposent leur loi, 20/05
- Les talibans contrôlent le pays, 25/05
- Contre-offensive de Massoud, 30/07

Afrique du Sud
- Les assassins de Steve Biko demandent l'amnistie, 28/01
- Rencontre Mandela-Kabila, 16/04
- Mandela reçoit Mobutu, 18/04
- De Klerk quitte la tête du Parti national, 09/09
- Winnie Mandela demande pardon pour ses crimes, 04/12
- Passation de pouvoirs à l'ANC, 17/12

Agenent, Henk 04/01
Agnolutto, Christophe 26/06
Aimable (Pluchart, Aimable dit) 31/10
Airbus Industries
- Commande de la Chine, 15/05
- Commande d'US Air, 03/11
- Commande de la Sabena, 18/11

Air France
- Grève du personnel au sol, 27/03
- Liaisons libéralisées dans l'UE, 01/04
- Reprise des négociations, 01/04
- Départ de Christian Blanc, 05/09
- Nomination de Spinetta, 18/09
- Résultats financiers, 18/12

AIS (Armée islamique du salut) 24/09
Alagna, Roberto 04/02
Alarcón, Fabian 06/02, 11/02
Alba (opération militaire)
- Rétablissement de l'ordre en Albanie

Albanie
- Faillites des caisses d'épargne, 19/01
- Manifestations, 26/01
- Les épargnants ruinés accusent le régime, 09/02
- Violentes émeutes à Vlora, 28/02
- L'état d'urgence est proclamé, 03/03
- Gouvernement d'union, 09/03
- Sino, Premier ministre, 11/03
- Appel à l'intervention de l'Europe, 13/03
- Le chaos touche tout le pays, 14/03
- Fatos Nano sort de prison, 16/03
- Exode massif vers l'Italie, 21/03
- Violences à Durrës, 25/03
- Début de l'opération "Alba", 29/03
- Visite éclair de Romano Prodi, 13/04
- Débarquement de l'avant-garde du contingent européen, 13/04
- Arrivée de soldats français, 15/04
- Explosion d'un dépôt d'armes à Tirana, 29/04
- Dissolution du Parlement, 14/05
- La rébellion s'aggrave, 18/06
- Elections législatives, 30/06
- Nouveau Parlement, 06/07
- Medjani est élu président, 24/07
- Fin de l'opération "Alba", 06/08

Albert II, roi des Belges 20/07, 10/12
Alboreto, Michele 15/06
Albright, Madeleine 02/05, 05/12, 06/12
Alesi, Jean 25/05, 15/06, 13/07, 24/08, 07/09, 28/09
Al-Fayed, Dodi 31/08
Al-Fayed, Mohammed 31/08
Algérie
- Massacres à Douaouda, 06/01
- Attentat à la bombe à Alger, 07/01
- Intervention télévisée du président Zeroual, 24/01
- Assassinat du chef de l'UGTA, 28/01
- Tueries pendant le ramadan, 09/02
- Ratissage contre les maquis islamistes, 03/04
- Les massacres se succèdent, 23/04
- Nouvel attentat à la bombe, 02/06
- Elections législatives, 05/06
- Massacres près de Médéa, 05/07
- Libération de Hachani, 08/07
- Libération de Madani, 15/07
- Nouveau massacre à Larbâa, 28/07
- Les tueries continuent, 10/08
- Carnage à Reis, 29/08
- Critique des autorités, 30/08
- Psychose à Alger, 05/09
- Effroyable tuerie à Bentalha, 23/09
- L'AIS appelle au cessez-le-feu, 24/09
- La barbarie touche l'Oranais, 05/10
- Le FIS appelle au boycott des élections, 14/10
- Elections locales, 23/10
- Manifestation contre la fraude électorale, 27/10
- Défilé des partis d'opposition, 30/10
- Déploiement de la police, 03/11
- Début de ramadan sanglant, 30/12

Alitalia (compagnie aérienne) 01/04
Allègre, Claude 04/06, 04/09, 17/11
Allemagne
- Faible croissance en 1996, 09/01
- Traité de réconciliation avec la République tchèque, 21/01
- 12,2 % de chômage, 06/02
- Mobilisation contre le transfert de déchets nucléaires, 05/03
- Fusion de Krupp et Thyssen, 26/03
- Fête du Travail dans la violence, 01/05
- L'affaire Elf touche le pays, 01/05
- Condamnation de l'ancien chef espion Markus Wolf, 27/05
- Polémique autour de l'euro, 04/06
- Protestations face aux hésitations françaises, 09/06
- Inondations, 18/07
- Condamnation d'Egon Krenz, 25/08
- Visite éclair de Lionel Jospin, 28/08
- Sommet avec la France à Weimar, 19/09
- Grogne des étudiants, 27/11

Allen, Woody 23/12
Allison, Luther 12/08
Alphand, Luc (dit "Lucho") 08/02, 21/02, 22/02, 02/03, 16/03, 05/06
Alpinisme
- Internationaux d'escalade à Serre-Chevalier, 26/07
- Hécatombe dans les Alpes, 29/07

American Airlines 15/02
Amiez, Sébastien 15/02
Amnesty international 18/09
Amouroux, Henri 09/12
Anase (Association des nations de l'Asie du Sud-Est) 26/07
ANC (Congrès national africain) 17/12
Andreotti, Giulio 30/07
Andrieux, Michel 07/09
Anglade, Jean-Jacques 09/02
Annan, Kofi 02/01, 27/03
Annaud, Jean-Jacques 26/11
Antilles
- Eruption de la Soufrière, 03/08

Applewhite, Marshall 26/03
Arabie Saoudite
- Explosion près de La Mecque, 15/04

Aracama Mendia, Ignacio 09/08
Arafat, Yasser
- Rencontre Netanyahou à Erez, 05/01
- Accord sur le partage d'Hébron, 15/01
- Se rend à Hébron, 19/01
- Huitième face-à-face à Erez, 09/02
- Contre un nouveau quartier juif à Jérusalem, 26/02
- Condamne l'attentat du Hamas, 21/03
- Rencontre Ezer Weizman, 06/05
- Corruption au sein de l'Autorité palestinienne, 21/07
- Pourparlers de paix suspendus, 31/07
- Face à une crise politique, 03/08
- Discute avec le Hamas, 20/08
- Lance un coup de filet contre le Hamas, 25/09
- Rencontre Madeleine Albright, 06/12

Archéologie
- Restauration du rouleau de cuivre de la mer Morte, 11/03
- Découverte en Ouganda, 18/04
- Découverte en Espagne, 02/06
- Découverte au Portugal, 22/06
- Découverte génétique allemande, 11/07
- Découverte en Espagne, 28/08
- Fouilles de la Cité des morts à Alexandrie, 08/09
- Découverte en Egypte, 08/12

Ardant, Fanny 08/02
Argentine
- Corruption dans la police, 25/02
- Visite officielle de Chirac, 18/03
- Manifestation, 11/07

Arribagé, Dominique 24/10
Arron, Christine 10/08
Arteaga, Rosalia 06/02, 11/02
Arthuis, Jean 21/04
Arts et expositions
- Décès de Victor Vasarely, 15/03
- Exposition Paris-Bruxelles, 21/03
- Rétrospective Paul Delvaux à Bruxelles, 10/04
- Anton Van Dyck au palais ducal de Gênes, 26/04
- Léger au Centre Pompidou, 29/05
- Inauguration du musée des Beaux-Arts à Lille, 07/06
- Biennale d'art contemporain à Venise, 15/06
- Réouverture de la galerie Borghèse à Rome, 28/06
- La Tour au Grand Palais, 03/10
- Ouverture du musée Guggenheim à Bilbao, 18/10
- Vente aux enchères de la collection Ganz, 10/11
- Le mime Marceau fête les 50 ans de "Bip", 18/11
- Ouverture du Centre Getty à Los Angeles, 13/12

Astronomie
- Observation de la comète Hale-Bopp, 01/07
- 7e Nuit des étoiles, 08/08

Athlétisme
- Marathon de Paris, 06/04
- Record de France de saut en longueur, 19/05
- Record du monde du 10 000 mètres, 04/07
- Championnats du monde, 10/08
- Trois records du monde tombent à Zurich, 13/08
- Les JO de 2004 à Athènes, 05/09
- Carl Lewis quitte les stades, 13/09
- Marathon de New York, 02/11

Aubry, Martine 04/06, 10/10, 31/12
Auguin, Christophe 17/02
Australie
- Excuses aux victimes de l'assimilation forcée, 26/05
- Incendies, 04/12

Automobile
- Décès du designer Bertone, 25/02
- Renault présente la Kangoo, 27/05
- La Classe A de Mercedes, 01/07
- Citroën présente la Xsara, 09/07
- Inauguration de l'usine Mercedes en Lorraine, 27/10
- Livraisons suspendues de la Classe A, 11/11
- Toyota s'implante en France, 09/12

Automobilisme
- Départ du Dakar-Dakar, 04/01
- Shinozuka remporte le Dakar, 19/01
- Victoire de Porsche aux 24 H du Mans, 15/06
- Le Bol d'or à Kawasaki, 21/09
- Green franchit le mur du son au sol, 14/10

Automobilisme (Formule 1)
- Prost rachète l'écurie Ligier, 14/02
- Coulthard gagne en Australie, 09/03
- Villeneuve gagne au Brésil, 30/03
- Villeneuve gagne en Argentine, 13/04
- Frentzen gagne à Saint-Marin, 27/04
- Schumacher gagne à Monaco, 11/05
- Villeneuve gagne en Espagne, 25/05
- Schumacher gagne au Canada, 15/06
- Schumacher gagne à Magny-Cours, 29/06
- Villeneuve gagne à Silverstone, 13/07
- Berger gagne à Hockenheim, 27/07
- Villeneuve gagne en Hongrie, 10/08
- Schumacher gagne à Spa, 24/08
- Une minute de silence en mémoire de Lady Diana à Monza, 06/09
- Coulthard gagne en Italie, 07/09
- Villeneuve gagne en Autriche, 21/09
- Villeneuve gagne au Nürburgring, 28/09
- Schumacher gagne au Japon, 12/10
- Villeneuve est sacré champion du monde à Jerez, 26/10
- Schumacher est exclu du classement de la saison, 11/11

Aviation
- Voir aussi Airbus Industries
- Liaisons libéralisées dans l'UE, 01/04
- Affaire de mœurs à l'US Air Force, 20/05
- Nouvelle affaire de mœurs, 09/06
- Fusion de Lockheed Martin et Northrop Grumman, 03/07
- Feu vert de l'UE à la fusion Boeing - McDonnell-Douglas, 23/07
- Jospin sur la base de Colmar, 28/07
- Vol d'essai du plus petit avion à réaction, 29/08
- Bicentenaire du premier saut en parachute, 22/10
- Sécurité renforcée sur les B-747 américains, 26/11

Aviron
- Championnats du monde, 07/09

Aznavour, Charles 10/02

B

Bacrot, Etienne 22/03
Baert, Claude 23/06, 30/06
Bajramovic, Mirjo 01/09
Baker, James 16/09
Ballanger, Félicia 31/08
Ballerini, Franco 06/04
Bangué, Frédérique 10/08
Banzer, général Hugo 05/08
Bao Dai 01/08
Barbara (Monique Serf, dite) 10/02, 24/11
Bar-On, Roni (affaire) Voir Israël
Barre, Raymond 27/04
Barrichello, Rubens 30/03
Bartoli, Michele 20/04
Basket
- Bourges remporte l'Euroligue, 10/04
- PSG-Racing, champion de France, 15/05
- 5e titre NBA pour les Chicago Bulls, 13/06
- Victoire des Bulls à Bercy, 18/10

Bassaïev, Shamil 28/01, 02/04
Baudis, Dominique 28/06
Bausch (Philippine, dite "Pina") 16/06
Baya, Ramazani 21/01
Bécaud, Gilbert 13/11
Bécue, Brigitte 20/08, 22/08
Beghin, Antoine 07/09
Beghin, Laurent 07/09
Belgique
- Libération de Van der Biest (affaire Cools), 02/01
- Décès de Franquin en France, 05/01
- Lenteur de la justice française dans l'affaire Dassault, 06/01
- Révélations sur la gestion de la vache folle, 06/01
- Marche pour l'emploi en Wallonie, 02/02
- Levée partielle de l'immunité parlementaire de Spitaels, 07/02
- Affaires autour du PS francophone belge, 14/02
- Fin de non-recevoir de la France dans l'affaire Dassault, 20/02
- Rejet de la requête de Dutroux, 20/02
- Dissolution de la Régie des transports maritimes, 26/02
- Renault annonce la fermeture de son usine de Vilvorde, 28/02
- Mobilisation à Vilvorde, 03/03
- Découverte du corps de Loubna à Ixelles, 05/03
- Arrestation de Decrochette, 08/03
- "Euro-marche" pour l'emploi, 16/03
- Huit tonnes d'armes à Mons, 18/03
- Des restes humains près de Mons, 24/03
- Rebondissement de l'affaire Schneider, 26/03
- La police affronte les ouvriers des Forges de Clabecq, 28/03
- D'autres cadavres à Mons, 12/04
- Reprise du travail à Vilvorde, 14/04
- Autopsie de la justice dans l'affaire Dutroux, 15/04
- Accusations contre des casques bleus belges, 16/04
- Solide rapport sur les sectes, 30/04
- Décès de Jean-Louis Stalport (RTBF), 07/05
- Levée du mandat d'arrêt international contre Dassault, 13/06
- Décès d'Edmond Leburton, 15/06
- Deux paracommandos devant le Conseil de guerre, 23/06
- Maintien de la fermeture de Vilvorde, 28/06
- Acquittement des deux ex-casques bleus, 30/06
- Trafic de viande anglaise, 04/07
- Fin de l'affaire Di Rupo, 09/07
- Visite d'Etat de Chirac, 16/07
- Discours du roi Albert II pour la fête nationale, 20/07
- Défilé de la fête nationale, 21/07
- Le pays satisfait aux critères de Maastricht, 25/07
- Les ouvriers de Vilvorde acceptent le plan social, 25/07
- Crash d'un avion jordanien au meeting d'Ostende, 26/07
- Lavage de voitures par des femmes en bikini, 02/08
- Marche du souvenir pour Julie et Mélissa, 17/08
- Réorganisation de la police, 12/09
- Rapport psychiatrique sur Decrochette, 26/09
- Vote de confiance au gouvernement, 09/10
- Manifestation policière, 12/10
- Manifestation contre la lenteur des réformes judiciaires, 19/10
- Une "maison de l'horreur" à Bruxelles, 22/10
- Des magistrats mis en cause au Luxembourg, 02/11
- Manifestation de colère, 09/11
- Cession de la Banque Bruxelles Lambert à l'étranger, 12/11
- La Sabena commande 34 Airbus A320, 18/11
- Agnès Pandy avoue ses crimes, 22/11
- Rapport de la commission d'enquête sur le Rwanda, 01/12
- Débat sur l'euthanasie, 09/12
- Liaison Paris-Bruxelles, 10/12
- Grève des transports en commun à Liège, 16/12

Belmondo, Jean-Paul 22/10
Benaïssa, Loubna 05/03, 08/03
Ben Ali, Zine 20/10
Benazzi, Abdelatif 18/01, 15/03
Benhadj, Ali 15/07
Benhamouda, Abdelhak 28/01
Berezovski, Boris 07/08
Berger, Gerhardt 27/07, 28/09
Berisha, Sali 26/01, 09/03, 11/03, 13/03, 14/05, 30/06, 23/07
Berlusconi, Silvio 08/04
Berranger, Mgr Olivier de 30/09
Bertone, Nuccio 25/02
Berzin, Evgueni 05/07
Besson, Louis 04/06
Besson, Luc 07/05, 13/05
Biélorussie
- Début d'accord avec la Russie, 02/04
- Accord d'union avec la Russie, 23/05

Binoche, Juliette 24/03
Birmanie
- L'armée défait les rebelles, 16/02

Bjorkman, Jonas 02/11, 30/11
Black, Fisher 14/10
Blair, Tony
- Elu Premier ministre, 01/05
- Présente son programme, 14/05
- Contacts avec le Sinn Fein, 21/05
- Rencontre Jospin à Malmö, 05/06
- Confronté à un attentat de l'IRA, 16/06
- Assiste à la rétrocession de Hong Kong, 30/06
- Vacances en France, 18/08
- Organise les obsèques de Lady Diana, 05/09
- Référendum en Ecosse, 11/09
- Référendum au pays de Galles, 19/09
- Rencontre Gerry Adams, 13/10
- Reçoit une délégation du Sinn Fein, 11/12

Blake, Peter 19/05
Blanc, Christian 05/09, 18/09
Blanco, Miguel Angel 10/07, 12/07, 14/07
Boardman, Chris 05/07
Bocelli, Andrea 15/12
Bodart, Gilbert 12/04
Boeing (Sté) 23/07
Boksic, Alen 28/05
Bolivie
- La dépouille de Che Guevara retrouvée à Vallegrande, 23/06
- Identification du Che, 06/07
- Retour du Che à Cuba, 12/07
- Le général Banzer au pouvoir, 05/08

Bolloré, Vincent 28/03
Bolongo, général Likulia 11/04
Bonaly, Surya 14/12
Bosnie-Herzégovine
- Déploiement de soldats à Mostar, 11/02
- Brcko reste aux mains des Serbes, 14/02
- Izetbegovic accueille le pape, 12/04
- Grand-messe au stade Kosevo, 13/04
- Biljana Plavsic dissout le Parlement de Pale, 03/07
- Le Serbe Dusan Tadic est condamné par le TPI, 14/07
- Annulation du décret de dissolution du Parlement serbe, 17/08
- La Sfor protège Plavsic, 21/08
- Humiliation des barons de Karadzic, 09/09
- Elections municipales, 12/09
- Le camp de Karadzic privé d'émetteurs radio-télé, 01/10
- Arrestation de deux criminels de guerre croates, 18/12
- Visite éclair de Clinton, 22/12

Bossi, Umberto 20/09, 26/10
Boucheron, Jean-Michel 25/03
Boudouani, Laurent 29/03
Bouras, Djamel 12/10, 24/10
Bourdet, Arnaud 12/05
Bourgnon, Laurent 25/10
Bourgnon, Yvan 25/10
Bourse
- L'indice CAC40 franchit la barre des 2 700 points, 06/03
- Tempête monétaire en Asie, 11/07
- "Jeudi noir" en Asie, 28/08
- OPA de Generali sur les AGF, 13/10
- Introduction de France Télécom, 20/10
- Chute des places asiatiques, 23/10
- Folle semaine pour les Bourses du monde, 31/10
- Série de krachs en Asie, 12/12

Boutros-Ghali, Boutros 16/11
Bouygues Télécom 15/09, 31/12
Bowie, David 14/06
Boxe
- Laurent Boudouani conserve son titre mondial, 29/03
- Tyson mord Holyfield en plein combat, 28/06
- Fabrice Tiozzo est champion du monde des lourds-légers, 08/11

Boyer, Myriam 12/05
Boyer, Paul 15/10
Bréchignac, Catherine 16/07
Brésil
- Scandale des policiers mafieux, 31/03
- Manifestation paysanne, 17/04
- Messe de Jean-Paul II à Rio, 05/10

Briones Davila, Juan 19/04
British Airways 01/04
Brochard, Laurent 12/10
Brosnan, Pierce 17/12
Bruckner, Pascal 10/11
Bruguera, Sergi 08/06
Brusca, Giovanni 30/07
Bubka, Sergueï 10/08
Bucarám, Abdala 06/02
Buffet, Marie-George 04/06
Bulgarie
- Manifestation de l'opposition, 10/01
- Stoïanov est investi président, 19/01
- Accord avec l'opposition, 04/02
- Législatives anticipées, 19/04

Bullimore, Tony 05/01, 08/01, 13/01
Burroughs, William 02/08
Burundi
- L'armée reconnaît le massacre de 126 réfugiés hutus, 10/01

Busquin, Philippe 14/02

C

Cabanes, Pierre 20/02
Cabezas, José Luis 25/01
Callado, Antonio 28/01
Calment, Jeanne 21/02, 04/08
Calvet, Jacques 09/07
Cambodge
- Combats entre factions khmers rouges, 13/06
- Arrestation de Pol Pot, 21/06
- Coup d'Etat de Hun Sen, 05/07
- Les civils fuient les combats, 06/07
- Norodom Ranarridh en France, 08/07
- Condamnation de Pol Pot, 25/07
- Intervention de l'Anase, 26/07
- Visite de Hun Sen à Norodom Sihanouk, 15/08
- Déroute des troupes royalistes, 24/08
- Retour du roi Sihanouk, 29/08

Camdessus, Michel 03/12
Campion, Jane 06/09
Canada
- Accord Fujimori-Hashimoto (otages de Lima), 01/02
- Nouveaux morts dans la secte du Temple solaire, 22/03
- Chrétien affaibli par un scrutin, 02/06
- Traité d'interdiction des mines antipersonnel, 04/12

Candeloro, Philippe 15/11, 14/12
Canetti, Jacques 07/06
Cantona, Eric 15/04, 11/05, 18/05
Cao, Jorge 17/10
Carat, Sébastien 25/01
Cardenas, Cuauthémoc 06/07
Cardin, Pierre 05/06
Carlos (Ilitch Ramirez Sanchez, dit) 12/12, 24/12
Carlos, Juan (roi d'Espagne) 04/10
Carnot, Stéphane 10/05
Casadesus, Jean-Claude 04/02
Caso, José Luis 11/12
Casolla, Giovanna 02/08
Cassignard, Pierre 12/05
Castaignède, Thomas 18/01
Castoriadis, Cornelius 26/12
Castro, Fidel 28/02, 03/03, 12/07, 13/08, 01/09, 08/10
Catastrophes (incendies)
- Un centre de déchets nucléaires au Japon, 11/03
- Le musée des Monuments français à Paris, 23/07
- Le massif de l'Etoile au nord de Marseille, 25/07
- Un million d'hectares détruits en Indonésie, 30/09
- Des forêts d'eucalyptus détruites en Australie, 04/12

Catastrophes aériennes
- Crash d'un Hawker Siddeley 748 sénégalais, 01/02
- Collision entre deux hélicoptères de l'armée israélienne, 04/02
- Révélations dans l'affaire du vol TWA 800, 12/03
- Aucune piste nouvelle pour le drame du B-747 de la TWA, 17/07
- Accident d'un XT-300 jordanien au meeting d'Ostende, 26/07
- Disparition d'un B-747 sud-coréen dans le Pacifique, 05/08
- Un Airbus s'écrase en Indonésie, 26/09
- Panne d'un Antonov 124 à Irkoutsk, 06/12
- Disparition d'un Iakovlev-42 ukrainien en Grèce, 17/12
- Crash d'un B-737 singapourien en Indonésie, 19/12
- Un mort et 100 blessés à bord d'un B-747 de United Airlines, 29/12

Catastrophes maritimes
- Marée noire au Japon, 07/01
- Mini marée noire en Normandie, 08/08
- Un ferry sombre près d'Haïti, 08/09
- Naufrage du "Toul-en-Trez" en mer d'Irlande, 24/12

Catastrophes naturelles
- Séisme au Baluchistan, 01/03
- Tempêtes de sable en Egypte, 03/05
- Séisme dans l'est de l'Iran, 10/05
- Inondations en Pologne, en Allemagne et en République tchèque, 18/07
- Crue en Arizona, 12/08
- Séisme en Italie, 26/09
- Le typhon "Linda" au Viêt-nam, 04/11
- Inondations en Somalie, 07/12

Cégétel 15/09, 31/12
CEI (Communauté des Etats indépendants) 28/03
Celant, Germano 15/06
Centrafrique
- Deux soldats français sont tués à Bangui, 04/01
- Représailles des parachutistes français, 05/01
- Tirs de mutins sur des soldats tchadiens, 23/03
- Annonce de la fermeture de deux bases françaises, 29/07
- Brouille avec Paris, 07/10

Cérez, Thierry 14/12
Cerpa, Nestor 13/01, 20/02
Chahine, Youssef 18/05
Chang, Michael 30/11
Chansons Voir Musique
Chapatte, Robert 20/01
Charette, Hervé de 06/02
Charles, prince de Galles 30/06, 06/09
Chea Sim 15/08
Chemins de fer
- Le Maglev au Japon, 05/04
- Liaison Paris-Bruxelles, 10/12

Chevènement, Jean-Pierre 04/06
Chine
- Un diplomate nord-coréen fait défection, 12/02
- Décès de Deng Xiaoping, 19/02
- Explosion dans un bus, 07/03
- Contrôles policiers, 09/03
- Visite de Charles Millon, 07/04
- Préparation de la rétrocession de Hong Kong, 21/04
- Jiang Zemin en Russie, 22/04
- Visite de Jacques Chirac, 15/05
- Question des droits de l'homme, 16/05
- Rétrocession de Hong Kong, 30/06
- Des turbines européennes pour le barrage des Trois-Gorges, 15/08
- Norodom Sihanouk reçoit Hun Sen, 15/08
- Congrès du Parti communiste, 18/09
- Dérivation du Yang-tsé, 08/11
- Accord frontalier sino-russe, 10/11
- Libération de Wei Jingsheng, 16/11
- Supervise les pourparlers entre les deux Corée, 09/12

Chirac, Bernadette 13/09
Chirac, Jacques
- Reçoit Bill Gates, 05/02
- Reçoit Yoweri Museveni, 11/02
- Choqué par la fermeture de Renault-Vilvorde, 03/03
- Fait campagne pour le multimédia, 10/03
- En visite officielle en Argentine, 18/03
- Se rend en République tchèque, 02/04
- Annonce la dissolution de l'Assemblée nationale, 21/04
- Fait paraître une tribune dans la presse régionale, 07/05
- Se rend en Chine, 15/05
- Entretien avec Jiang Zemin sur les droits de l'homme, 16/05
- S'adresse aux électeurs, 20/05
- Défaite de la droite aux législatives, 01/06
- Nomme Lionel Jospin Premier ministre, 02/06
- Premier Conseil des ministres de la cohabitation, 05/06
- Inaugure le musée des Beaux-Arts à Lille, 07/06
- Réprouve le "diktat" américain, 08/07
- Critique le gouvernement, 14/07
- Sommet avec Kohl à Weimar, 19/09
- En visite à Moscou, 26/09
- Inaugure avec Kohl l'usine Mercedes en Lorraine, 27/10
- Inaugure un mémorial dédié aux Justes, 02/11
- Veut donner une dimension politique à la francophonie, 14/11
- Soutient les jeunes en Guyane, 24/11

Chrétien, Jean 02/06
Chtcharanski, Nathan 29/01
Chu, Steven 15/10
Chypre
- Crise entre Turcs et Grecs, 12/01
- L'adhésion à l'UE est compromise, 25/02
- Echec des négociations, 15/08

Cicot, Christine 12/10
Ciller, Tansu 06/03, 18/06, 12/07
Cinéma
- Voir aussi Films
- Recettes records d'Hollywood à l'étranger, 16/01
- Nuit des Césars, 08/02
- Scandale autour de l'affiche de "Larry Flint", 20/02
- Cérémonie des Oscars, 24/03
- 50e festival de Cannes, 07/05
- Décès de Marco Ferreri, 09/05

- Gros succès du "Cinquième Elément" de Luc Besson, 13/05
- Palmarès du Festival de Cannes, 18/05
- Enorme succès pour "The Lost World" de Spielberg, 26/05
- Décès de Robert Mitchum, 01/07
- Décès de James Stewart, 02/07
- Mostra de Venise, 06/09
- Polémique autour de "Sept Ans au Tibet" d'Annaud, 26/11

CIO (Comité international olympique) 05/09
Clarke, Kenneth 19/06
Clérides, Glafcos 15/08
Clervoy, Jean-François 15/05
Clinton, Bill
- Prête serment, 20/01
- Bloque une grève des pilotes, 15/02
- Mis en cause dans l'affaire des finances occultes, 10/03
- Sommet avec Eltsine à Helsinki, 20/03
- Regrette l'impasse en Israël, 08/04
- Soutient la convention sur les armes chimiques, 24/04
- Accord sur la réduction du déficit budgétaire, 02/05
- En visite au Mexique, 06/05
- Présente ses excuses aux victimes de "l'étude de Tuskegee", 15/05
- Sera entendu dans l'affaire "Jones", 27/05
- Assiste au 50e anniversaire du plan Marshall, 28/05
- Organise le premier sommet du G8, 22/06
- Ouverture des auditions sur le financement de sa campagne, 08/07
- Critiqué pour son intransigeance, 08/07
- Désigne le nouveau chef d'état-major des armées, 17/07
- Impose ses conditions à l'ONU, 22/09
- La presse révèle les "particularités anatomiques" de son pénis, 17/10
- Présente son plan de lutte contre l'effet de serre, 22/10
- Envoie un second porte-avions en Irak, 14/11
- Rencontre Wei Jingsheng, 08/12
- En visite en Bosnie, 22/12

CNPF (patronat français) 10/10, 13/10, 16/12
Coe, Sebastian 13/08
Coelus, Kurt 23/06, 30/06
Cohen-Tannoudji, Claude 15/10
Collet, Stéphane 12/04
Collins, Eileen 15/05
Colombie
- Menace de suicide d'une tribu andine, 13/05
- La guérilla libère 60 otages, 15/06

Combe, Delphine 10/08
Comores
- Retour au calme à d'Anjouan, 31/07
- Appel à la médiation française, 01/08
- Anjouan se proclame indépendante, 03/08
- Arrivée d'un médiateur de l'OUA, 10/08
- Négociations en vue, 22/08
- Envoi de soldats à Anjouan, 02/09
- Débâcle de l'armée régulière, 05/09
- Anjouan organise un référendum sur son indépendance, 26/10

Compagnoni, Deborah 05/02, 09/02
Concerts et spectacles musicaux
- Voir aussi Musique
- Soirée Dance Machine à Bercy, 22/02
- Les amis de Rostropovitch à Paris pour ses 70 ans, 27/03
- Supertramp à Bercy, 05/05
- "Tribal Gathering" à Londres, 25/05
- Bowie au Parc des Princes, 14/06
- Premier concert au stade Roi-Baudoin à Bruxelles, 20/06
- Love Parade à Berlin, 12/07
- "Rave" géante à Montpellier, 10/08
- U2 au Parc des Princes, 06/09
- U2 à Sarajevo, 23/09
- Concert de soutien au Sous-Marin à Vitrolles, 04/10
- Gilbert Bécaud à l'Olympia, 13/11
- Harnoncourt au Châtelet, 24/11
- Andréa Bocelli à Bercy, 15/12

Congo (Rép. démocratique du)
- Voir auparavant Zaire
- Nouveau nom du Zaire 17/05
- Rapport de Médecins sans frontières, 19/05
- Manifestation, 23/05
- La rébellion impose son ordre, 24/05
- Manifestation, 28/05
- Pleins pouvoirs à Kabila, 29/05
- Kabila reconnu responsable des massacres de réfugiés, 11/07
- Décès de Mobutu au Maroc, 07/09
- Kabila accepte l'enquête de l'ONU sur les massacres, 26/10

Congo (République du)
- Rencontre au sommet entre Mobutu et Kabila, 04/05
- Affrontements à Brazzaville, 05/06
- Mort d'un soldat français, 07/06
- Début de l'opération "Pélican", 08/06
- Fin de l'opération "Pélican", 15/06
- Appel à la médiation française, 16/06
- Trêve à Brazzaville, 18/06
- Les combats reprennent, 23/06
- La guerre menace, 24/08
- Les combats s'intensifient, 21/09
- La population fuit la capitale, 30/09
- Prise de Brazzaville, 16/10
- Sassou N'Guesso prête serment, 25/10

Conk, Louis 05/10
Constantin, Jean 30/01
Conti, Anita 25/12
Corée du Nord
- Aide alimentaire de l'ONU, 08/04
- Grave situation alimentaire, 29/04
- Nouveau calendrier, 09/07
- L'ambassadeur au Caire a fui aux Etats-Unis, 25/08
- Pourparlers directs avec la Corée du Sud, 09/12

Corée du Sud
- Contestation de la loi sur le travail, 06/01
- Un ouvrier s'immole par le feu, 10/01
- Young-sam prêt à amender la loi sur le travail, 20/01
- Un diplomate nord-coréen dans l'ambassade à Pékin, 12/02
- Crash d'un B-747 en mer, 05/08
- Appel à l'aide d'urgence du FMI, 21/11
- Accord avec le FMI, 03/12
- Pourparlers directs avec la Corée du Nord, 09/12
- Chute de la devise nationale, 12/12
- Kim Dae-jung élu président, 18/12
- Avance de fonds du FMI, 24/12

Corretja, Alexandro 27/04
Corse
- Autodissolution du FLNC-canal habituel, 29/01
- "Nuit bleue", 02/02

Costa, Alberto 27/04
Côte-d'Ivoire
- Conférence sur le sida en Afrique, 07/12

Coulthard, David 09/03, 07/09
Cousteau, Jacques-Yves 25/06
Crédit Foncier de France (CFF) 17/01, 06/02
Crédit Lyonnais (banque du) 12/03
Cristina, infante d'Espagne 04/10
Croatie
- Un charnier découvert à Bacin, 02/04
- Arrestation de criminels de guerre, 01/09

Croix-Rouge 19/04, 29/04
Cuba
- Le cigare Cohiba a 30 ans, 28/02
- Visite d'Alberto Fujimori, 03/03
- Les restes du Che retrouvés en Bolivie, 06/07
- Double attentat à La Havane, 12/07
- Retour de la dépouille du Che, 12/07
- Publication du "Journal du Congo" de Che Guevara, 11/08
- Tension pour les 71 ans de Castro, 13/08
- Castro met fin aux rumeurs sur sa santé, 01/09
- Attentats contre l'industrie hôtelière, 04/09
- Congrès du Parti communiste, 08/10
- Inhumation du Che à Santa Clara, 17/10

Cunanan, Andrew 23/07
Cyclisme
- Jalabert remporte le Paris-Nice, 16/03
- Sorensen remporte la classique belge, 06/04
- Guesdon triomphe dans le Paris-Roubaix, 13/04
- Victoire de Jalabert dans la Flèche wallonne, 16/04
- Bartoli remporte le Liège-Bastogne-Liège, 20/04
- Museeuw vainqueur des Quatre Jours de Dunkerque, 11/05
- Gotti remporte le Giro, 08/06
- Agnolutto remporte le Tour de Suisse, 26/06
- Boardman remporte le prologue du Tour de France, 05/07
- Ullrich remporte le Tour de France, 27/07
- Rousseau, champion du monde en vitesse, 31/08
- Zülle remporte la Vuelta, 28/09
- Brochard, champion du monde sur route, 12/10
- Jalabert remporte le Tour de Lombardie, 18/10

DE

Danemark
- Loi contre la fessée, 28/05

Dassault, Serge 20/02, 13/06
Debré, Jean-Louis 19/02, 27/02
Decrochette, Patrick 08/03, 26/09
Deep Blue (ordinateur de jeu d'échecs) 11/05
Dehaene, Jean-Luc 20/02, 28/02, 16/07, 09/10
De Klerk, Philippe 09/09
Del Piero, Alessandro 05/02, 28/05
Delubac, Jacqueline 14/10
Delvaux, Paul 10/04
Demessine, Michelle 04/06
Demirel, Suleiman 10/06, 10/07
Deneuve, Catherine 18/05
Deng Xiaoping 19/02
Denktash, Rauf 15/08
Denver, John 12/10
Deperrois, Jean-Marc 25/05
De Santis, Giuseppe 16/05
Deschamps, Didier 05/02, 28/05
Desert, Claire 04/02
Devedjian, Patrick 12/03
Dewulf, Filip 08/06
Diagana, Stéphane 10/08
Diana, princesse de Galles 10/08, 31/08, 06/09
Dion, Céline 20/06
Dior, Christian 23/01
Di Rupo, Elio 09/07
Djorkaeff, Youri 21/05, 11/06
Domenach, Jean-Marie 05/07
Dominguez, Leonel 02/03
Dondoux, Jacques 04/06
Dorfman, Iossif 22/03
Dostom, Abdul Rashid 25/05
Douillet, David 12/10
Draskovic, Vuk 05/01, 23/09
Dréville, Jean 05/03
Drossart, Aurore 06/11
Dubois, Thierry 05/01, 08/01, 13/01
Duchable, François-René 04/02
Dugoin, Xavier 26/03
Duisenberg, Wim 04/12
Dutroux, Marc 20/02
Ebtekar, Massoumeh 23/08
Echecs
- Tournoi d'Enghien, 22/03
- Deep Blue défait Kasparov, 11/05

Ecomog (Force d'interposition ouest-africaine) 02/06
EDF (Sté) 11/03, 16/06
Egypte
- Enormes tempêtes de sable, 03/05
- Loi agraire, 01/10
- Manifestations paysannes, 05/10
- Massacres de touristes à Louxor, 17/11
- Moubarak visite les blessés, 18/11

Eizenstat, Stuart 07/05
Elizabeth II, reine d'Angleterre 05/09, 06/09, 16/10
Eltsine, Boris
- Toujours hospitalisé, 12/01
- Nomme Tchoubaïs premier vice-Premier ministre, 07/03
- Congédie son gouvernement, 11/03
- Nomme Nemtsov premier vice-Premier ministre, 17/03
- Sommet avec Clinton à Helsinki, 20/03
- Signe un préambule d'accord avec la Biélorussie, 02/04
- Signe un accord de paix avec la Tchétchénie, 12/05
- Signe l'accord d'union russo-biélorusse, 23/05
- Signe l'Acte fondateur avec l'Otan, 27/05
- Présent au sommet du G8, 22/06
- Publication des mémoires de son ex-garde du corps, 12/08
- Accuse les cosmonautes russes de mal faire leur travail, 14/08
- Sommet avec Hashimoto, 01/11

Elwood, Ron 18/01
Emmanuelli, Henri 17/12
Empereur, Jean-Yves 08/09
Ensemble (coalition d'opposition serbe) Voir Yougoslavie
Environnement et écologie
- Naufrage d'un pétrolier russe au large du Japon, 02/01
- Pics de pollution en France, 16/01
- Trop de nitrates dans l'eau, 23/01
- Inauguration d'une centrale éolienne en France, 21/02
- Contestation du canal Rhin-Rhône, 27/04
- Déficit de pluie en France, 29/04
- Un ours slovène dans l'Ariège, 02/05
- Manifestation à Paris en faveur de la bicyclette, 03/05
- Réduction du débit de la Loire, 27/05
- Jospin en faveur de l'abandon du canal Rhin-Rhône, 19/06
- Sommet de la Terre, 27/06
- Mini marée noire en Normandie, 08/08
- Une "pastille verte" sur les voitures non polluantes, 14/08
- Guerre déclarée à l'auto, 21/08
- Journée sans voitures à La Rochelle, 09/09
- Colère à l'annonce de nouvelles pistes à Roissy, 23/09
- Pics de pollution en Indonésie, 30/09
- Circulation alternée à Paris, 01/10
- Bilan alarmant de la déforestation mondiale, 08/10
- Polémique autour du lancement d'une fusée Titan, 15/10
- Expérimentation de voitures électriques en libre-service, 16/10
- Plan de lutte américain contre l'effet de serre, 22/10
- Inventaire des sites pollués en France, 06/11
- Controverse autour du chantier chinois sur le Yang-tsé, 08/11
- Accord historique contre l'effet de serre, 11/12
- Fermeture de Superphénix, 22/12

Equateur
- Destitution de Bucarám, 06/02
- Arteaga et Alarcón s'autoproclament présidents, 06/02
- Le Congrès désigne Alarcón, 11/02

Erbakan, Necmettin 06/03, 18/06
Escrime
- La France est championne du monde de fleuret par équipe, 18/07

Espace
- Retour au sol de la navette "Discovery", 21/02
- Début d'incendie sur Mir, 24/02
- La Nasa coupe la liaison avec la sonde Pioneer 10, 01/04
- Décollage d'"Atlantis", 15/05
- Dépressurisation sur Mir, 25/06
- Lancement vers Mir d'un vaisseau de secours, 05/07
- Mission de la sonde Pathfinder sur Mars, 06/07
- Amarrage réussi du Progress M-35 à la station Mir, 07/07
- Panne d'électricité sur Mir, 17/07
- Deux Russes décollent de Baïkonour, 05/08
- Retour sur terre de Tsibliev et Lazutkin, 14/08
- Panne de l'ordinateur central de Mir, 18/08
- Dépannage réussi, 22/08
- Collision évitée sur Mir, 15/09
- 100e tir d'Ariane, 24/09
- Contact rompu avec Pathfinder, 27/09
- Lancement de Titan IV, 15/10
- Lancement d'Ariane 5, 30/10
- Fin de la mission sur Mars, 04/11
- Récupération du satellite "Spartan", 25/11

Espagne
- Grève des routiers, 05/02
- Attentats de l'ETA, 10/02
- La grève des routiers se durcit, 14/02
- Fin du plus long rapt de l'ETA, 01/07
- Sommet de l'Otan à Madrid, 08/07
- L'ETA enlève Miguel Blanco, 10/07
- Blanco est abattu, 12/07
- Indignation de la population, 14/07
- Mariage de l'infante Cristina, 04/10
- 23 condamnations pour collaboration avec l'ETA, 01/12
- Défilé silencieux contre l'ETA, 13/12

Esposito, Franck 24/08
ETA (Euzkadi Ta Askatasuna)
- Organisation séparatiste basque

Etaix, Pierre 01/07
Etats-Unis
- Un fourgon blindé se renverse à Miami, 08/01
- Un émissaire à Chypre, 12/01
- Attentat contre un centre IVG, 16/01
- Bill Clinton prête serment, 20/01
- Décès de Pamela Harriman, 05/02
- O. J. Simpson condamné à payer 25 millions $, 10/02
- Clinton bloque la grève des pilotes d'American Airlines, 15/02
- Retour au sol de "Discovery", 21/02
- Record d'audience pour NBC, 23/02
- Contre un nouveau quartier juif à Jérusalem, 26/02
- Affaire des finances occultes, 10/03
- Démenti du FBI dans l'affaire du Boeing de la TWA, 12/03
- Clinton avec Eltsine à Helsinki, 20/03
- Suicides dans une cybersecte, 26/03
- Regrettent l'impasse en Israël, 08/04
- Convention internationale sur les armes chimiques, 24/04
- Une maman de 63 ans, 26/04
- Richard McLaren réclame l'indépendance du Texas, 27/04
- Accord sur la réduction du déficit budgétaire, 02/05
- Clinton au Mexique, 06/05
- Rapport sur l'or nazi en Suisse, 07/05
- Un ambassadeur dans le Viêt-nam unifié, 10/05
- Excuses publiques aux victimes de "l'étude de Tuskegee", 15/05
- Fouilles de l'épave de "la Belle", 16/05
- Affaire de mœurs au sein de l'US Air Force, 20/05
- L'affaire "Paula Jones" rattrape Bill Clinton, 27/05
- Sommet bi-annuel avec l'UE, 28/05
- Exécution d'un membre du Ku Klux Klan, 06/06
- Nouvelle affaire de mœurs, 09/06
- Décret unilatéral sur l'élargissement de l'Otan, 12/06
- 5e titre NBA pour les Bulls, 13/06
- Verdict dans l'attentat d'Oklahoma City, 13/06
- Accord entre les fabricants de cigarettes et la justice, 20/06
- Premier sommet du G8, 22/06
- Publication des éléments de "l'affaire Roswell", 24/06
- Fusion de Lockheed Martin et Northrop Grumman, 03/07
- Mission réussie sur Mars, 06/07
- Auditions dans l'affaire des finances occultes, 08/07
- Critiqués au sommet de l'Otan, 08/07
- Hit-parade des fortunes, 14/07
- Assassinat de Versace, 15/07
- Shelton, nouveau chef d'état-major des armées, 17/07
- Cérémonie en hommage aux victimes du vol TWA 800, 17/07
- Nomination d'un nouvel ambassadeur en France, 18/07
- L'assassin présumé de Versace se suicide, 23/07
- Arrestation de trois terroristes, 31/07
- Débat sur le contrôle des adresses Internet, 01/08
- Grève des routiers d'UPS, 08/08
- Crue en Arizona, 12/08
- 20e anniversaire de la mort d'Elvis Presley, 16/08
- Fin de la grève d'UPS, 21/08
- Mariage de Salman Rushdie, 28/08
- Protocole d'accord entre le Maroc et le Front Polisario, 16/09
- Sortie d'une biographie à scandale sur les Windsor, 17/09
- Chantage de Clinton à l'ONU, 22/09
- Record d'audience pour NBC, 25/09
- Défi de la société Total en Iran, 28/09
- Manifestation des "promise keepers", 04/10
- Nouveau rapport du Congrès juif mondial, 07/10
- Décollage de Titan IV, 15/10
- Suite de l'affaire "Jones", 17/10
- Microsoft accusé de pratiques monopolistiques, 20/10
- Plan contre l'effet de serre, 22/10
- Visite officielle de Jiang Zemin, 28/10
- Tensions avec l'Irak, 29/10
- US Air commande 400 Airbus, 03/11
- Réexamen de l'affaire Louise Woodward, 10/11
- Suppression de 10 000 emplois chez Kodak, 11/11
- Envoi d'un second porte-avions en Irak, 14/11
- Exil de Wei Jingsheng, 16/11
- Naissance de septuplés, 19/11
- Fin de la crise avec l'Irak, 20/11
- Sécurité renforcée sur les B-747, 26/11
- Clinton rencontre Wei Jingsheng, 08/12
- Supervisent les pourparlers entre les deux Corée, 09/12
- Accord de Kyoto contre l'effet de serre, 11/12
- L'Iran veut renouer le dialogue, 14/12
- Coca-Cola achète Orangina, 22/12
- Mort accidentelle de Michael Kennedy, 31/12

Etxebeste Arizcuren, Eugenio (dit "Antxon") 09/08

F

Fabius, Laurent 12/06, 10/07
Fabre, Gérald 25/01
Fabbri, Jacques 24/12
Fela Anikulapo Kuti 02/08
Félix, Sylviane 10/08
Ferreri, Marco 09/05
Films
- "Ridicule" de Patrice Leconte, 08/02
- "Microcosmos" de Claude Nuridsany, 08/02
- "Capitaine Conan" de Bertrand Tavernier, 08/02
- "Larry Flint" de Milos Forman, 20/02
- "Le Patient anglais" d'Anthony Minghella, 24/03
- "Fargo" des frères Cohen, 24/03
- "Shine" de Scott Hicks, 24/03
- "Le Cinquième Elément" de Luc Besson, 07/05
- "Le Goût de la cerise" d'Abbas Kiarostami, 18/05
- "L'Anguille" de Shohei Imamura, 18/05
- "Western" de Manuel Poirier, 18/05
- Sortie américaine de "The Lost World" de Spielberg, 26/05
- "Hana-Bi" de Takeshi Kitano, 06/09
- "Ovosodo" de Paolo Virzi, 06/09
- Sortie en France du "Monde perdu" de Spielberg, 22/10
- "Sept Ans au Tibet" de Jean-Jacques Annaud, 26/11
- "Demain ne meurt jamais" (James Bond), 17/12
- "Spiceworld" des Spice Girls, 24/12

Finlande
- Sommet Clinton-Eltsine à Helsinki, 20/03

FIS (Front islamique du salut)
- Voir Algérie

Fisichella, Giancarlo 15/06
Fleming, Renée 17/08
Flinn, Kelly 20/05
FMI (Fonds monétaire international) 21/11, 03/12, 24/12
FMPA (Force multinationale de protection en Albanie) 15/04
Fo, Dario 09/10
Foale, Michael 25/06, 14/08
Foccart, Jacques 19/03
Football
- Voir aussi Mondial France 1998
- Soulier d'or 1996 à Van der Elst (FC Bruges), 15/01
- La Juve remporte la Supercoupe d'Europe, 05/02
- Premier match officiel de l'équipe bosniaque, 02/04
- Scandale du dopage en France, 04/04
- Le RC Strasbourg remporte la Coupe de la Ligue, 12/04
- Qualification du PSG en finale de la Coupe des Coupes, 23/04
- Monaco, champion de France, 03/05
- L'OGC Nice gagne la Coupe de France, 10/05
- Les Reds de Manchester United, champions d'Angleterre, 11/05
- Barcelone remporte la Coupe des Coupes, 14/05
- Cantona prend sa retraite sportive, 18/05
- Schalke 04 remporte la coupe de l'UEFA, 21/05
- Le Lierse est sacré champion de Belgique, 25/05
- Victoire du Borussia Dortmund en Ligue des Champions, 28/05
- Le Germinal Ekeren remporte la Coupe de Belgique, 01/06
- L'Angleterre remporte le Tournoi de France, 11/06
- Carton jaune pour le PSG, 18/08
- Qualification du PSG en Ligue des Champions, 27/08
- Présomptions de corruption contre le club d'Anderlecht, 15/10
- Nouvelle affaire de dopage, 24/10
- Maradona quitte le football professionnel, 30/10
- 4e journée de la Ligue des Champions, 05/11
- Match sur la pelouse du grand stade, 19/11
- Ballon d'or 97 à Ronaldo, 22/12

Forman, Milos 20/02
Fournier, Laurent 13/08
France
- Arrêté ministériel sur l'appellation "boulangerie", 01/01
- Plan Orsec dans la Drôme, 03/01
- Déjà 7 morts à cause du froid, 03/01
- Inflation de 2,1 % pour 1996, 10/01
- Question de la retraite à 55 ans, 13/01
- Pics de pollution, 16/01
- Trop de nitrates dans l'eau, 23/01
- Débat sur la défense nationale, 30/01
- "Nuit bleue" en Corse, 02/02
- Chirac reçoit Bill Gates, 05/02
- Journée nationale pour la prévention du suicide, 05/02
- Catherine Mégret à la mairie de Vitrolles, 09/02
- Visite de la coalition serbe "Ensemble", 06/02
- Grève des traminots, 10/02
- Chirac reçoit Yoweri Museveni, 11/02
- Des diplômés parmi les SDF, 11/02
- Sondage sur le projet de loi Debré (immigration), 19/02
- Jeanne Calment a 122 ans, 21/02
- Inauguration de la centrale éolienne de Mardyck, 21/02
- Un jaguar atteint de l'ESB, 25/02
- Excédent record du commerce extérieur pour 1996, 25/02
- Adoption du projet de loi Debré sur l'immigration, 27/02
- Baisse de la mortalité due au sida, 28/02
- Renault annonce la fermeture de l'usine belge de Vilvorde, 28/02
- Candidature de Lille aux JO de 2004, 06/03
- Coût de la toxicomanie, 08/03
- La parité hommes-femmes en politique, 08/03
- Chirac intervient sur France 2, 10/03
- Un requin pèlerin à Cancale, 10/03
- Coût du sauvetage du Crédit Lyonnais, 12/03
- La gendarmerie de Bordeaux sur Internet, 18/03
- Chirac à Buenos Aires, 18/03
- Grève contre le plan Juppé (Sécu), 19/03
- Gain record au Loto, 20/03
- Strasbourg contre la venue du FN, 29/03
- Chirac en République tchèque, 02/04
- Durcissement des conflits sociaux, 04/04
- Baisse d'audience pour les chaînes généralistes, 05/04
- Charles Millon en Chine, 07/04
- Brest rallie Amsterdam contre le chômage, 12/04
- Fin de la grève des internes, 14/04
- Opération "Alba" en Albanie, 15/04
- Chirac décide de dissoudre l'Assemblée nationale, 21/04
- Présentation des pièces en euro, 21/04
- Manifestation contre le canal Rhin-Rhône, 27/04
- Sortie de "Marianne", 28/04
- Grave déficit de pluie, 29/04
- Un ours slovène dans l'Ariège, 02/05
- Tribune de Jacques Chirac dans la presse régionale, 07/05
- Un centre d'histoire de la guerre et des fusées à Helfaut, 10/05
- Retour au pays après 54 ans d'absence, 11/05
- Chirac fait un compromis sur les droits de l'homme, 16/05
- Chirac s'adresse aux électeurs, 20/05
- Le "tout-en-un" de France Télécom, 21/05
- Premier tour des législatives, 25/05
- Juppé annonce qu'il démissionnera après les élections, 26/05
- Réduction du débit de la Loire, 27/05
- Meeting de la majorité à Chambéry, 28/05
- 50e anniversaire du plan Marshall, 28/05
- Excédent record du commerce extérieur, 30/05
- Manifestation contre la centrale nucléaire du Carnet, 01/06
- Victoire de la gauche au deuxième tour, 01/06
- Jospin, Premier ministre, 02/06
- Gouvernement de cohabitation, 04/06
- Sortie de "la Provence", 04/06
- Jospin à Malmö (Suède), 05/06
- Premier Conseil des ministres de la cohabitation, 05/06
- Opération "Pélican" au Congo, 08/06
- Délai de réflexion sur le pacte de stabilité, 09/06
- Fabius, président de l'Assemblée nationale, 12/06
- Championnat d'Europe de tir à l'arc préhistorique aux Eyzies, 15/06
- Fin de l'opération "Pélican", 15/06
- Refuse la médiation au Congo, 16/06
- Manifestation contre l'arrêt de Superphénix, 16/06
- Discours de politique générale de Jospin, 19/06
- Un instituteur se suicide, 24/06
- Des nains de jardin en Limousin, 24/06
- Un million d'"Internautes", 24/06
- Décès de Cousteau, 25/06
- Inauguration de la Cité de l'espace à Toulouse, 28/06
- Lâcher de pigeons, 29/06
- Séguin à la tête du RPR, 06/07
- Visite de Norodom Ranarridh, 08/07
- Chirac critique le "diktat" américain à Madrid, 08/07
- Fabius reçoit Salman Rushdie, 10/07
- Statistiques démographiques, 10/07
- Intervention télévisée de Chirac, 14/07
- 77,1 % de réussite au bac, 15/07
- Une femme à la tête du CNRS, 16/07
- Jacques Chirac en Belgique, 16/07
- Premier accroc dans la cohabitation, 16/07
- Hohatyn, nouvel ambassadeur des Etats-Unis, 18/07
- Rapport sur le saturnisme, 22/07
- Abandon du "rendez-vous citoyen", 24/07
- Incendie à Marseille, 25/07
- Des arrêtés "couvre-feu", 27/07
- Jospin à Colmar, 28/07
- 3e Jamboree national des Scouts de France, 28/07
- Décès d'André Giraud, 28/07
- Hécatombe dans les Alpes, 29/07
- Embellie du tourisme, 29/07
- Redéploiement des soldats français en Afrique, 29/07
- 12,6 % de chômage, 31/07
- Crise aux Comores, 01/08
- Décès de Bao Dai, 01/08
- Décès de Jeanne Calment, 04/08
- Rapatriement des soldats français d'Albanie, 06/08
- Mini marée noire en Normandie, 08/08
- 7e Nuit des étoiles, 08/08
- Hold-up "musclé" à Nancy, 12/08
- Grave accident sur la RN 10, 13/08

- Une "pastille verte" sur les voitures non polluantes, 14/08
- Tony Blair dans l'Ariège, 18/08
- Un silo à grains explose à Blaye, 20/08
- Guerre déclarée à l'auto, 21/08
- Décès de Jean Poperen, 23/08
- Projet de Jospin sur le multimédia, 25/08
- Jospin à Bonn sans Chirac, 28/08
- Marche vers Paris sur des échasses, 31/08
- Décès tragique de Lady Diana, 31/08
- Un encadrement des délinquants sexuels, 03/09
- L'absentéisme des enseignants en question, 04/09
- Accident mortel sur un passage à niveau, 08/09
- Journée sans voitures à La Rochelle, 09/09
- Controverse autour des stérilisations, 10/09
- Résultats de Renault, 11/09
- Fin du monopole de France Télécom au 1er janvier 1998, 15/09
- Spinetta à la tête d'Air France, 18/09
- Les bizutages en question, 19/09
- Sommet avec l'Allemagne à Weimar, 19/09
- Enquête sur les hôpitaux, 24/09
- Jacques Chirac à Moscou, 26/09
- L'ourse Mellba a été abattue, 28/09
- Total investit en Iran, 28/09
- L'Eglise demande pardon aux Juifs, 30/09
- Dernière messe à Ouessant, 05/10
- Fermeture du Sous-Marin à Vitrolles, 06/10
- Brouille avec la Centrafrique, 07/10
- Conférence sur l'emploi, 10/10
- Thomson-CSF s'associe à Alcatel, Dassault et l'Aérospatiale, 13/10
- Démission de Jean Gandois, 13/10
- Expérimentation de voitures électriques, 16/10
- Rapport sur le chômage, 16/10
- Visite du président Ben Ali, 20/10
- France Télécom en Bourse, 20/10
- Inauguration de l'usine Mercedes en Lorraine, 27/10
- Un mémorial dédié aux Justes, 02/11
- Grève des routiers, 02/11
- Inventaire des sites pollués, 06/11
- Grève des avocats, 06/11
- Exhumation du corps d'Yves Montand, 06/11
- Levée des barrages routiers, 07/11
- Mobilisation en faveur des Algériens, 10/11
- Menace de suppression d'emplois à Chalon-sur-Saône, 11/11
- Visite de Gerry Adams, 12/11
- Rapport sur l'amiante, 13/11
- Sommet francophone au Viêt-nam, 14/11
- Décès de Georges Marchais, 16/11
- De nouvelles technologies dans les écoles, 17/11
- Congrès socialiste à Brest, 23/11
- Indignation du syndicat de la boucherie, 24/11
- Jacques Chirac en Guyane, 24/11
- Grève des conducteurs de bus, 24/11
- Baisse du pouvoir d'achat des retraités, 25/11
- Des mesures contre les grands excès de vitesse, 26/11
- Rapport de la Cour des comptes, 27/11
- Feu vert à la culture du maïs transgénique, 27/11
- Fermeture programmée des houillères de Forbach, 03/12
- Nouveau billet de 100 francs, 03/12
- Tirage au sort des groupes du Mondial 1998, 04/12
- Conférence sur l'or nazi à Londres, 04/12
- En lice pour la présidence de la banque européenne, 04/12
- Record de dons au Téléthon, 07/12
- 59 % de la population satisfaits de la cohabitation, 09/12
- Toyota s'implante près de Valenciennes, 09/12
- Seillière à la tête du CNPF, 16/12
- Résultats d'Air France, 18/12
- Coca-Cola achète Orangina, 22/12
- Naufrage d'un chalutier en mer d'Irlande, 24/12
- Emeutes urbaines, 29/12
- Fermeture de Superphénix, 22/12
- Mouvement des chômeurs, 31/12
- Nouveaux opérateurs téléphoniques, 31/12
- Actes de vandalisme à Strasbourg, 31/12

France (Justice et affaires)
- Voir aussi Papon, Maurice
- La justice belge dénonce la lenteur dans l'affaire Dassault, 06/01
- Scandale de l'hormone de croissance, 09/01
- Crise de confiance, 30/01
- Affaire des avoirs juifs à la Caisse des dépôts, 31/01
- Tapie se constitue prisonnier, 03/02
- Tapie reste en prison, 04/02
- 400 magistrats contre la corruption, 06/02
- Audience sur l'avenir du TNDI de Châteauvallon, 13/02
- Affaires autour du PS francophone belge, 14/02
- Suite de l'enquête sur les écoutes téléphoniques de l'Elysée, 19/02
- Fin de non-recevoir à la justice belge (affaire Dassault), 20/02
- Quatre jeunes filles retrouvées mortes à Boulogne, 21/02
- Condamnation du pirateur du réseau informatique du FBI, 25/02
- Relaxe à Poitiers pour "état de nécessité supérieur", 27/02
- Vaste opération contre les pédophiles, 12/03
- Incarcération de Jean-Michel Boucheron, 25/03
- Mouillot et Dugoin à nouveau entendus, 26/03
- Maintien du secret défense sur les écoutes de l'Elysée, 04/04
- Dopage dans les milieux du football, 04/04
- Inculpation pour "privation de soins", 06/04
- Débat sur les écoutes et le secret défense, 10/04
- Révélations dans l'affaire des écoutes de l'Elysée, 11/04
- Disparition de documents dans l'affaire Elf, 25/04
- L'enquête sur Elf s'étend à l'Allemagne, 01/05
- Scandale pédophile dans la Nièvre, 06/05
- Deperrois condamné (procès de la Josacine), 25/05
- Investigations en Suisse dans l'affaire Elf, 26/05
- Le parquet de Liège lève le mandat d'arrêt contre Dassault, 13/06
- Procès d'un réseau pédophile, 16/06
- Coup de filet dans les milieux pédophiles, 17/06
- Annulation de l'instruction contre les époux Tiberi, 04/07
- Chirac lève le différend sur l'affaire Dassault, 16/07
- Verdict dans l'affaire de la scientologie lyonnaise, 28/07
- Suite de l'affaire du TNDI de Châteauvallon, 29/09
- Enquête explosive sur Yann Piat, 07/10
- Première scientifico-judiciaire à Pleine-Fougères, 10/10
- Nouvelle affaire de dopage, 24/10
- Procès pour tourisme sexuel, 27/10
- Un ingénieur condamné pour espionnage industriel, 30/10
- Procès du terroriste Carlos, 12/12
- Audition du garde du corps de Dodi al-Fayed, 19/12
- Epilogue de l'affaire Urba, 17/12
- Bavure policière à Lyon, 19/12
- Carlos condamné à perpétuité, 24/12

France Télécom 22/04, 21/05, 15/09, 20/10, 31/12
Franquin, André 05/01
Françaix, Jean 22/09
François, Guy-Claude 12/05
Fratellini, Annie 01/07
Frentzen, Heinz Harald 27/04, 29/06, 28/09
Frey, Roger 13/09
Fujimori, Alberto 13/01, 01/02, 03/03, 22/04
Fuller, Samuel 30/10
Furet, François 20/03, 12/07
Fusai, Alexandra 05/10

G

G8 (Sommet des pays les plus industrialisés)
- Allemagne, Canada, France, G.-B., Italie, Japon, USA, Russie, 22/06

Gabon
- Visite d'Alain Richard, 29/07

Gacoms, Karel 14/04, 25/07
Galfione, Jean 10/08
Galliano, John 23/01, 11/07
Galouzine, Vladimir 02/08
Gandhi, Mohandas (dit le "mahatma") 30/01
Gandhi, Tushar 30/01
Gandois, Jean 13/10
Gantxegui Arruti, José Maria 09/08
Garcion, David 04/04
Gates, Bill 05/02, 20/10
Gaudin, Jean-Claude 07/10
Gaultier, Jean-Paul 23/01, 11/07
Gayssot, Jean-Claude 04/06, 23/09, 26/11
Gebreselassié, Hailé 04/07, 13/08
Gehry, Frank 18/10
Gens, Véronique 04/02
Georges-Picot, Olga 19/06
Gerets, Eric 25/05

Ghana
- Vols d'organes génitaux, 23/01

Ghedina, Christian 08/02
Ghezali, Salima 17/12
GIA (Groupe islamique armé) 07/01, 18/03, 10/08
Gil-Roblès, José Maria 14/01
Ginsberg, Allen 05/04
Giraud, André 28/07
Glas, Stéphane 31/05
Goddard, Peter 21/09
Godinot, Maurice 15/04
Goldsmith, Jimmy 19/07

Golf
- Masters à Augusta, 13/04
- Trophée Lancôme, 14/09

Gore, Al 11/12
Gotti, Ivan 08/06
Goussinski, Vladimir 07/08

Grande-Bretagne
- Débat télévisé sur l'avenir de la monarchie, 07/01
- Scandale pédophile au pays de Galles, 20/01
- Libération des "Quatre de Bridgewater", 21/02
- Annonce de législatives, 17/03
- Des billets sur l'autoroute, 10/04
- Alertes à la bombe dans les transports, 21/04
- Tony Blair élu Premier ministre, 01/05
- Major quitte la direction du Parti conservateur, 02/05
- Suspension des expulsions vers l'Algérie, 12/05
- Blair présente son programme, 14/05
- Premiers contacts officiels avec le Sinn Fein, 21/05
- Loi sur les armes à feu, 12/06
- Attentat de l'IRA à Belfast, 15/06
- Suspension des pourparlers avec le Sinn Fein, 16/06
- Hague à la tête du Parti tory, 19/06
- McDonald's gagne son procès contre deux écologistes, 19/06
- Centenaire de l'Association colombophile, 29/06
- Rétrocession de Hong Kong à la Chine populaire, 30/06
- Affrontements en Irlande, 06/07
- Ventes aux enchères de clichés de Lady Diana, 10/08
- Débat télévisé en Ulster, 13/08
- Blair en vacances en France, 18/08
- Sortie du 3e album d'Oasis, 21/08
- Décès tragique de Lady Diana à Paris, 31/08
- La reine s'adresse au peuple, 05/09
- Obsèques de Lady Diana, 06/09
- Le Sinn Fein s'engage à respecter la "non-violence", 09/09
- Un Parlement pour l'Ecosse, 11/09
- Interdiction d'un livre sur les Windsor, 17/09
- Pourparlers difficiles en Ulster, 17/09
- Un Parlement pour les Gallois, 19/09
- Révélation d'un trafic de viande bovine, 29/09
- Poignée de main historique entre Gerry Adams et Tony Blair, 13/10
- Visite perturbée d'Elizabeth II en Inde, 16/10
- Mary McAleese élue présidente de l'Irlande, 31/10
- Gerry Adams en France, 12/11
- Réouverture du château de Windsor, 17/11
- Dernier voyage du "Britannia", 22/11
- Ouverture de la nouvelle British Library, 24/11
- Conférence sur l'or nazi, 04/12
- Blair reçoit une délégation du Sinn Fein, 11/12
- Assassinat en Irlande, 27/12

Grappelli, Stéphane 01/12

Grèce
- Menace de l'UE à propos de l'adhésion de Chypre, 25/02
- Mission de paix en Albanie, 15/04
- "Disqualifiée" pour l'euro, 23/04
- Les JO de 2004 à Athènes, 05/09
- Crash d'un avion ukrainien, 17/12

Green, Andy 14/10
Greenpeace 12/03
Grimaldi (famille) 08/01
Grumbach, Antoine 07/01
Guérin, Vincent 24/10
Guesdon, Frédéric 13/04
Guétary, Georges 13/09
Guigou, Elisabeth 04/06, 16/07, 03/09
Gujral, Inder Kumar 20/04, 15/08
Guth, Paul 30/10

Guyane
- 100e tir d'Ariane à Kourou, 24/09
- Lancement réussi d'Ariane 5, 30/10
- Visite du président français, 24/11

HI

Hachani, Abdelkader 08/07
Hague, William 19/06
Haine, Malou 07/04

Haïti (République d')
- Eric Pierre, Premier ministre, 28/07
- Naufrage d'un ferry, 08/09

Hakkinen, Mika 09/03, 26/10
Halard, Julie 05/10
Hale-Bopp (comète) 01/07
Halfen, Eric (juge d'instruction) 04/07
Hallier, Jean-Edern 12/01
Hamas 21/03, 20/08, 25/09, 01/10, 06/10
Hamburger, Bo 12/10

Handball
- Championnats du monde, 31/05
- Affaire du dopage en France, 24/10

Harnoncourt, Nikolaus 24/11
Harrelson, Woody 20/02
Harriman, Pamela 05/02
Harris, André 08/06
Harry (fils de Charles et Diana) 06/09
Hashimoto, Ryutaro 01/02, 22/04, 01/11, 17/12

Haute couture
- Défilés printemps-été, 23/01
- Défilés automne-hiver, 11/07
- Assassinat de Versace, 15/07

Havel, Vaclav 04/01, 03/04, 16/12
Hayden, Diana 22/11
Hendricks, Barbara 02/08
Hénin, Justine 08/06
Higher Source (secte) 26/03
Hingis, Martina 29/03, 06/07, 07/09, 23/11

Hippisme
- Prix d'Amérique, 26/01
- Prix de l'Arc-de-Triomphe, 05/10

Hollande, François 23/11
Holyfield, Evander 28/06

Hong Kong
- Préparatifs de la rétrocession, 21/04
- Rétrocession à la Chine, 30/06
- Recul des indices boursiers, 28/08
- Publication d'une interview de Pol Pot, 23/10
- Krach boursier, 23/10
- Epidémie de grippe de poulet, 29/12

Hongrie
- Choisie pour entrer à l'Otan, 12/06
- Adhésion officielle à l'Otan, 08/07

Howard, John 26/05
Hrabal, Bohumil 03/02
Hubert, Laetitia 15/11, 14/12
Hun Sen 21/06, 05/07, 15/08
Hussein, roi de Jordanie 26/02, 01/10
Hussein, Saddam 28/04, 29/10, 03/11, 20/11
Huster, Francis 07/10
Huyghe, René 04/02
Hybert, Fabrice 15/06
Hyun-chul, Kim 17/05
Ibanez, Raphaël 22/11
Imamura, Shohei 18/05

Inde
- Immersion des dernières cendres de Gandhi, 30/01
- Sœur Nirmala à la tête des Missionnaires de la charité, 13/03
- Gujral, Premier ministre, 20/04
- Un intouchable pour président, 14/07
- 50e anniversaire de l'indépendance, 15/08
- Deuil national pour le décès de mère Teresa, 07/09
- Obsèques nationales pour mère Teresa, 13/09
- Visite perturbée d'Elizabeth II, 16/10

Indonésie
- Escroquerie à la mine d'or, 04/05
- Crash d'un Airbus, 26/09
- Immenses incendies, 30/09
- Crash d'un avion singapourien, 19/12

Indurain, Miguel 02/01

Internet
- Chirac en campagne pour le multimédia, 10/03
- Commerce pédophile sur le Web, 12/03
- La gendarmerie de Bordeaux crée son site, 18/03
- Suicide collectif dans une cybersecte américaine, 26/03
- "Libération" et "le Monde" consultables sur le Web, 10/04
- Un site pour les 60 ans de Saddam Hussein, 28/04
- Un million d'"internautes" en France, 24/06
- Débat sur le contrôle des adresses, 01/08
- Projet de Jospin, 25/08
- Utilisé comme réseau téléphonique mondial, 28/09
- Pratiques monopolistiques de Microsoft, 20/10
- Chronique a son site, 21/12

IRA (Armée républicaine irlandaise)
- Voir Grande-Bretagne

Irak
- Convoi de vivres de l'ONU, 20/03
- Saddam Hussein sur Internet, 28/04
- Tensions avec les Etats-Unis, 29/10
- Tension accrue avec l'ONU, 03/11
- Expulsion des experts de l'ONU, 13/11
- Les Etats-Unis envoient un second porte-avions, 14/11
- Fin de la crise, 20/11
- Des sites interdits à l'Unscom, 27/11
- Renouvellement de l'accord "pétrole contre nourriture", 04/12

Iran
- Séisme au Baluchistan, 01/03
- Appel à l'aide internationale, 04/03
- En froid avec l'UE, 01/05
- Séisme dans l'est du pays, 10/05
- Khatami est élu président, 23/05
- Une femme vice-présidente, 23/08
- Total investit dans le Golfe, 28/09
- Convention sur l'interdiction des armes chimiques, 05/11
- Fin du sommet de l'OCI, 11/12
- Appel au dialogue avec les Américains, 14/12

Irvine, Eddy 27/04

Israël
- Un soldat tire sur la foule arabe à Hébron, 01/01
- Rencontre Arafat-Netanyahou, 05/01
- Accord sur le partage d'Hébron, 15/01
- Révélation de l'affaire Bar-On, 22/01
- Nathan Chtcharanski à Moscou, 29/01
- Netanyahou au Vatican, 03/02
- Collision entre deux hélicoptères de l'armée, 04/02
- Création de commissions mixtes de négociations, 09/02
- Netanyahou entendu dans l'affaire Bar-On, 18/02
- Tollé à l'annonce d'un nouveau quartier juif à Jérusalem, 26/02
- Démission du négociateur de l'OLP en Cisjordanie, 10/03
- Un soldat jordanien tire sur des lycéennes, 13/03
- Début de la construction du nouveau quartier juif, 18/03
- Attentat-suicide à Tel-Aviv, 21/03
- Le processus de paix est bloqué, 08/04
- Netanyahou échappe à l'inculpation dans l'affaire Bar-On, 20/04
- Ezer Weizman rencontre Arafat, 06/05
- Shimon Pérès refusé à la tête du Parti travailliste, 13/05
- Révélations sur le partage de la Cisjordanie, 29/05
- Heurts à Hébron, 04/07
- Attentat-suicide à Jérusalem, 30/07
- Suspensions des pourparlers avec la Palestine, 31/07
- L'armée fait le siège de Bethléem, 31/07
- Opération-commando de Tsahal contre le Hezbollah, 04/08
- Echange de tirs avec le Liban, 08/08
- Levée du blocus de Bethléem, 27/08
- Attentat-suicide à Jérusalem-Ouest, 04/09
- Opération ratée de Tsahal au Liban, 05/09
- Gestes de bonne volonté à l'égard de la Palestine, 14/09
- Reprise des pourparlers avec l'Autorité palestinienne, 28/09
- Libération du cheik Yassin, 01/10
- Retour du cheikh Yassin à Gaza, 06/10
- Affaire du faux espion, 04/12
- Rencontre Netanyahou-Albright à Paris, 05/12

Italie
- Réforme du service militaire, 22/01
- Des réfugiés albanais à Brindisi, 21/03
- Le traité de Rome a 40 ans, 25/03
- L'envoi de soldats en Albanie en question, 08/04
- Romano Prodi en Albanie, 13/04
- Opération "Alba" en Albanie, 15/04
- "Disqualifiée" pour l'euro, 23/04
- Réouverture de la galerie Borghèse, 28/06
- Arrestation de Toni Negri, 01/07
- Condamnation de l'ex-officier SS Priebke, 22/07
- Déploiement de l'armée contre la mafia napolitaine, 22/07
- Procès d'Andreotti, 30/07
- Manifestations en Padanie, 20/09
- Fin du procès des assassins du juge Falcone, 26/09
- Séisme en Ombrie, 26/09
- Démission du gouvernement Prodi, 09/10
- Législatives "fantômes" en Padanie, 26/10
- Rejoint l'espace Schengen (libre circulation des personnes), 27/10
- Des Kurdes réclament l'asile politique, 27/12

Izetbegovic, Alija 12/04

JK

Jackson, Michael 19/04
Jacquet, Aimé 11/06
Jagland, Thorbjorn 16/09
Jalabert, Laurent 02/01, 16/03, 06/04, 16/04, 20/04, 12/10, 18/10
Janin, docteur Christine 05/05

Japon
- Naufrage d'un pétrolier russe, 02/01
- Toujours 74 otages dans l'ambassade du Japon au Pérou, 13/01
- Succès du "Tamagotchi", 26/01
- Entretiens Hashimoto-Fujimori au Canada (otages de Lima), 01/02
- Début des négociations à Lima, 20/02
- Incendie d'un centre de déchets nucléaires à Tokai, 11/03
- Mise en service du Maglev, 05/04
- Peine capitale pour le pédophile cannibale, 14/04
- Fin de la prise d'otages à Lima, 22/04
- Le Parlement reconnaît la spécificité des Aïnous, 08/05
- Une Maison du Japon à Paris, 13/05
- Arrestation d'un assassin de 14 ans, 28/06
- Inquiétude face à la crise monétaire en Asie du sud-Est, 11/07
- Risques de récession, 17/09
- Réchauffement des relations avec la Russie, 01/11
- Toyota s'implante en France, 09/12
- Conférence sur la réduction de l'effet de serre, 11/12
- Un dessin animé provoque des crises d'épilepsie, 15/12
- Plan de relance massif, 17/12
- Turbulence mortelle dans un Boeing 747, 29/12

Jean-Paul II 03/02, 12/04, 10/05, 31/05, 24/08, 05/10
Jiang Zemin 22/04, 16/05, 30/06, 18/09, 28/10, 08/11

JMJ (Journées mondiales de la jeunesse)
- A Paris, du 18 au 24 août

Johanson, Stefan 15/06
John, Elton 06/09
Joly, Eva 26/05
Jones, Paula 27/05, 17/10
Jordan, Michael 18/10

Jordanie
- Crash d'un XT-300 en Belgique, 26/07
- Exil du cheikh Yassin, 01/10

Jospin, Lionel
- Nommé Premier ministre, 02/06
- Rencontre Blair à Malmö, 05/06
- Premier Conseil des ministres à l'Elysée, 05/06
- Réaffirme son attachement à l'euro, 17/06
- Discours de politique générale, 19/06
- Répond aux critiques de Chirac, 16/07
- Visite la base de Colmar, 28/07
- Présente son projet sur le multimédia, 25/08
- En visite éclair à Bonn, 28/08
- Entrevue avec Christian Blanc, 05/09
- Sommet avec Kohl à Weimar, 19/09
- Projet de loi sur les 35 h, 10/10
- Hollande lui succède à la tête du PS, 23/11

Josselin, Charles 04/06

Judo
- Championnats d'Europe, 11/05
- Championnats du monde, 12/10
- Affaire du dopage en France, 24/10

Juppé, Alain
- Opposé à la retraite à 55 ans, 13/01
- Juge légitimes les réactions des salariés de Vilvorde, 03/03
- Favorable à un quota de femmes en politique, 08/03
- 12 CHU contre son plan de réforme de la Sécurité sociale, 19/03
- Maintient le secret défense sur les écoutes de l'Elysée, 04/04
- Nomme une commission dans l'affaire des écoutes, 10/04
- Soutient le projet de canal Rhin-Rhône, 27/04
- Annonce qu'il démissionnera après les législatives, 26/05
- Démissionne, 02/06

Kabbah, Ahmad Tejan 25/05

Kabila, Laurent-Désiré
- Ses troupes sont à 100 km de Kisangani, 09/02
- Accepte le plan de paix de l'ONU mais pas le cessez-le-feu, 08/03
- Arrive à Kisangani, 21/03
- Refuse les portefeuilles offerts par Tshisekedi, 06/04
- Lance un ultimatum à Mobutu, 10/04
- Rencontre Mandela au Cap, 16/04
- Veut négocier le départ de Mobutu, 19/04
- Ultimatum à l'ONU sur la question des réfugiés, 27/04
- Ses troupes massacrent les réfugiés hutus, 29/04
- Rencontre Mobutu au large du Congo, 04/05
- Refuse une enquête de l'ONU sur les massacres, 09/05
- Kinshasa est aux mains de ses troupes, 17/05
- Impose son ordre, 24/05
- Obtient les pleins pouvoirs, 29/05
- Reconnu responsable des massacres de réfugiés, 11/07
- Accepte l'enquête de l'ONU, 26/10

Kagwe, John 02/11
Kahn, Jean-François 28/04
Kaisergruber, Danielle 28/06
Karadzic, Radovan 03/07, 17/08, 09/09
Karimov, Islam 28/03
Kasparov, Gary 11/05
Kelley, Kitty 17/09
Kemboi, John 06/04
Kennedy, Michael 31/12
Kernen, Bruno 08/02
Kersauson, Olivier de 19/05
Khaled 10/02
Khatami, Mohammad 23/05, 23/08
Kiarostami, Abbas 18/05
Kim Dae-jung 18/12
Kim Young-sam 06/01, 20/01, 17/05, 18/12
Kipketer, Boit 13/08
Kipketer, Wilson 13/08
Kiptanui, Moses J. 13/08
Kirk-McDonald, Gabrielle 18/11
Kitano, Takeshi 06/09
Kjus, Lasse 08/02
Klaus, Vaclav 21/01, 30/11
Kleiber, Günther 25/08
Klouchi, Kader 19/05
Kohl, Helmut 21/01, 28/08, 19/09, 27/10
Koller, Arnold 31/01, 05/03
Kooning, Willem de 19/03
Korjakov, Alexandre 12/08
Kouchner, Bernard 04/06
Krenz, Egon 25/08
Kristensen, Tom 15/06
Kuerten, Gustavo 08/06
Kulti, Nicklas 30/11
Kwasniewski, Aleksander 02/04, 31/05

L

Lacroix, Christian 23/01, 11/07
Lagarfeld, Karl 23/01
Lama, Bernard 04/04
Lamaison, Christophe 01/03, 27/09
Lamorandière, Jean-Claude 31/08
Lang, Jack 10/07, 12/11
Laroque, Pierre 21/01
Larsson, Magnus 30/11
Laurent, Hervé 26/02
Lavieille, Christian 21/09
Lazutkin, Alexandre 25/06, 14/08
Leblanc, Luc 16/04
Lebranchu, Marylise 04/06
Leburton, Edmond 15/06
Leconte, Patrice 08/02
Leflamand, Laurent 01/03, 15/03
Le Floch-Prigent, Loïk 26/05
Legrand, François 26/07
Legrand, Michel 12/05
Le Guillou, Philippe 03/11
Leonardo 27/08
Léotard, François 07/10
Lepage, Corinne 16/01, 29/04
Le Pensec, Louis 04/06
Lépidis, Clément 26/08
Les Innocents 10/02
Lesne, Gérard 04/02
Lewis, Carl 13/09

Liban
- Visite de Jean-Paul II, 10/05
- Tension avec Israël, 04/08
- Tirs de roquettes sur un village israélien, 08/08
- Echec à Tsahal, 05/09

Lichtenstein, Roy 30/09
Ligier, Guy 14/02
Lilic, Zoran 23/09
Li Peng 30/06, 08/11
Lipinski, Tara 22/03, 15/11
Lissouba, Pascal 05/06, 16/06, 16/10

Littérature
- Décès de Jean-Edern Hallier, 12/01
- Des romans policiers dans des distributeurs, 04/03
- Grève des ouvriers du Livre, 10/04
- "Le Journal du Congo" de Che Guevara, 11/08
- "Boris Eltsine: de l'aube au crépuscule" de Korjakov, 12/08
- "The Royals" de Kitty Kelley, 17/09
- "L'Affaire Yann Piat" de Verne et Rougeot, 07/10
- Prix Nobel à Dario Fo, 09/10
- Grand Prix du roman de l'Académie française à Rambaud, 23/10
- Le Fémina à Noguez et le Médicis à Le Guillou, 03/11
- Publication du "Livre noir du communisme", 05/11
- Le Goncourt à Rambaud et le Renaudot à Bruckner, 10/11

– L'Interallié à Eric Neuhoff, 19/11
– Décès de Paul Guth, 30/10
– Chronique sur Internet, 21/12
Lockheed Martin (Sté) 03/07
Loko, Patrice 14/05
Longo, Jeannie 12/10
Loukachenko, Alexandre 02/04, 23/05
Lufthansa 01/04
Luxembourg (grand-duché de)
– Assure la présidence de l'UE, 01/07
– Un cas de vache folle, 02/11

M

Madagascar
– Ratsiraka est élu président, 31/01
Madani, Abassi 15/07
Madelin, Alain 28/05
Madiot, Marc 13/04
Maginnis, Ken 13/08
Magne, Olivier 15/03
Magny, Colette 12/06
Maigret, Catherine 09/02
Maillart, Ella 27/03
Major, John 17/03, 01/05, 02/05
Malaisie
– Flottement de la monnaie, 11/07
– Réunion de l'Anase sur la crise au Cambodge, 26/07
– Recul des indices boursiers, 28/08
Malik, général Abdul 25/05
Malizewski, Vincent 07/09
Malte (île de)
– Conférence euro-méditerranéenne, 15/04
Mandela, Nelson 16/04, 18/04, 04/05, 17/12
Mandela, Winnie 04/12
Maracineanu, Roxana 24/08
Marceau (Marcel Mangel, dit Marcel) 18/11
March, Aleida 12/07
Marchais, Georges 16/11
Marchal, Georges 28/11
Marchand, Xavier 24/08
Marche, Roger 01/11
Maroc
– Décès de Mobutu à Rabat, 07/09
– Protocole d'accord avec le Front Polisario, 16/09
– Premières élections démocratiques, 14/11
Marsal, Catherine 12/10
Martin, Agnès 15/06
Martin, Ariane 24/09
Martin, Todd 30/11
Maskhadov, Aslan 28/01, 12/02, 12/05
Masseret, Jean-Pierre 04/06
Massoud, Ahmed Shah 30/07
Maurice, Florian 27/08
Mayeu, Max (dit "Sirius") 01/05
Mazen, Abou 10/03
Mbeki, Thabo 17/12
McAleese, Mary 31/10
McCaughey, Bobby 19/11
McDonnell-Douglas (Sté) 23/07
McDormand, Frances 24/03
McGuinness, Martin 13/08
McLaren, Richard 27/04
McQueen, Alexander 23/01, 11/07
McVeigh, Timothy 13/06
Médecine
– Directive européenne contre le thermomètre à mercure, 12/02
– Baisse de la mortalité due au sida en France, 28/02
– Grève contre le plan Juppé, 19/03
– Polémique autour de l'accouchement d'une femme de 63 ans, 26/04
– Le saturnisme en France, 22/07
– Scandale des stérilisations forcées en Suède, 21/08
– Controverse autour des stérilisations en France, 10/09
– Enquête alarmante sur les hôpitaux français, 24/09
– L'ESB est transmissible de la vache à l'homme, 29/09
– Rapport sur l'amiante, 13/11
– Des septuplés aux Etats-Unis, 19/11
– Journée contre le sida, 01/12
– Conférence sur le sida en Afrique, 07/12
Médecins du monde 22/07
Médecins sans frontières 19/05
Medjani, Rexhep 24/07
Meier, Richard 13/12
Ménage, Gilles 11/01
Menem, Carlos 11/07
Mercy, Dominique 16/06
Merton, Robert 14/10
Mexique
– Visite de Bill Clinton, 06/05
– Revers historique du PRI, 06/07
– Fin de la marche zapatiste, 12/09
– Massacre de paysans indiens, 24/12
Michel, Claude 10/05
Michener, James 16/10
Microsoft (Sté) 05/02, 20/10
Mifune, Toshiro 24/12
Miller, Nat 08/11
Millon, Charles 07/04
Milosevic, Slobodan 08/01, 21/02, 04/02, 23/07, 23/09, 21/12
Milutinovic, Milan 21/12
Mir (station orbitale) Voir Espace
Miss France 13/12
Miss Monde 22/11
Mitchell, Eddy 10/02
Mitchell, George 09/09
Mitchum, Robert 01/07
Miyasaki, Tsutomu 14/04
Mobutu (Joseph Désiré, dit "Sese Seko")
– Met fin aux fonctions de son ambassadeur en France, 21/01
– Rentre à Kinshasa, 21/03
– Nomme Tshisekedi Premier ministre, 02/04
– Déclare l'état d'urgence, 07/04
– Ultimatum de Kabila, 10/04
– Remplace Tshisekedi par le général Bolongo, 11/04
– Rencontre Nelson Mandela, 18/04
– Rencontre Kabila au Congo, 04/05
– Quitte le Zaïre, 16/05
– Estimation de ses avoirs en Suisse, 03/06
– Décède en exil au Maroc, 07/09
Monaco (Principauté de)
– 700e anniversaire de la dynastie des Grimaldi, 08/01
Moncassin, Frédéric 06/04
Mondial France 1998
– Enquête sur l'appel d'offres du Stade de France, 22/01
– Pose de la pelouse du grand stade, 11/09
– Qualification de l'Iran, 29/11
– Tirage au sort des groupes, 04/12
Monory, René 01/06
Morrison, Brian 21/09
Moscovici, Pierre 04/06
Moubarak, Hosni 18/11
Mouillot, Michel 26/03
Moya, Carlos 27/04
MRTA (Mouvement révolutionnaire Tupac Amaru) Voir Pérou
Mugler, Thierry 23/01, 11/07
Muller, Marc 18/03
Munsch, Jean 11/05
Museeuw, Johan 13/04, 11/05
Museveni, Yoweri 11/02
Musique
– Voir aussi Concerts et spectacles
– Voir aussi Opéra
– Ouverture du musée de la Musique à Paris, 18/01
– Victoires de la musique classique, 04/02
– Victoires de la musique de variétés, 10/02
– "Aïcha" de Khaled, 10/02
– Phénomène des "boys bands", 22/02
– Découverte d'une œuvre de Franz Liszt, 07/04
– Michael Jackson au musée Grévin, 19/04
– 20e anniversaire de la mort d'Elvis Presley, 16/08
– Conférence de presse des Rolling Stones, 18/08
– 3e album d'Oasis, 21/08
– "Candle in the Wind" d'Elton John, 06/09
– Fermeture du Sous-Marin à Vitrolles, 06/10
– Nouvel album de Sardou, 14/10
– Réouverture de l'Olympia, 13/11
– Décès de Barbara, 24/11
– Décès de Stéphane Grappelli, 01/12

NO

Nano, Fatos 17/03, 30/06
Narayanan, Kocheril Raman 14/07
Natation
– Championnats d'Europe à Séville, 22/08, 24/08
Nawaz Shariff, Mohammed 15/08
Negri, Toni 01/07
Nelias, Jean-Luc 25/10
Nemtsov, Boris 17/03, 20/11
Netanyahou, Benyamin
– Rencontre Arafat à Erez, 05/01
– Accord sur le partage d'Hébron, 15/01
– Rencontre Koller en Suisse, 31/01
– En visite au Vatican , 03/02
– Huitième face-à-face à Erez, 09/02
– Entendu dans l'affaire Bar-On, 18/02
– Décide d'implanter un nouveau quartier juif à Jérusalem, 26/02
– Tient Arafat pour responsable de l'attentat de Tel-Aviv, 21/03
– Bloque le processus de paix, 08/04
– Echappe à l'inculpation dans l'affaire Bar-On, 20/04
– Suspend les pourparlers avec Arafat, 31/07
– Rencontre Madeleine Albright à Paris, 05/12
Netanyahou, Sarah 03/02
Neuhoff, Eric 19/11
Nigeria
– Affrontements interethniques, 22/04
– Intervention en Sierra Leone, 02/06
– Négociations avec les mutins en Sierra Leone, 01/06
Nirmala (sœur) 13/03
Noah, Yannick 05/10
Nobel (prix)
– Médecine à Prusiner, 06/10
– Littérature à Dario Fo, 09/10
– Paix à la campagne internationale contre les mines, 10/10
– Economie à Robert Merton, Myron Sholes et Fisher Black, 14/10
– Physique à Cohen-Tannoudji, Chu et Phillips, 15/10
– Chimie à Paul Boyer, John Walker et Jens Skou, 15/10
Noguez, Dominique 03/11
Nori, princesse 13/05
Norman, Greg 14/09
Norodom Ranariddh (fils du roi Sihanouk) 21/06, 05/07, 08/07
Norodom Sihanouk (ancien roi du Cambodge) 15/08, 29/08
Northrop Grumman (Sté) 03/07
Norvège
– Conférence internationale contre les mines antipersonnel, 01/09
– Crise politique, 16/09
– Signature du "traité Diana", 18/09
Nour, reine de Jordanie 11/03
Novotna, Jana 06/07, 23/11
Nucléaire
– Opposition allemande au transfert de déchets, 05/03
– Incendie dans un centre de retraitement au Japon, 11/03
– Taux d'irradiation excessifs à La Hague, 12/03
– Une chaîne humaine contre la centrale du Carnet, 01/06
– Manifestation contre l'arrêt de Superphénix, 16/06
– Les missiles français n'auront plus pour cible la Russie, 26/09
Nuridsany, Claude 08/02
Oasis (groupe musical) 21/08
OCDE (Organisation de coopération et de développement économiques) 10/01, 28/02, 19/07
OCI (Organisation de la conférence islamique) 11/12
Ogorodnikov, Serguei 05/05
Okoudjava, Boulat 12/06
Okuda, Hiroshi 09/12
Olano, Abraham 02/01
Oligschlager, Ariane 24/09
O'Malley, Petar 14/09
OMC (Organisation mondiale du commerce) 15/02
O'Meara, Mark 14/09
OMS (Organisation mondiale de la santé) 18/02, 05/07
ONG (Organisations non gouvernementales) 02/03, 27/04, 09/05, 19/06
ONU (Organisation des Nations unies)
– Kofi Annan, secrétaire général, 02/01
– Envoi d'un médiateur en Afrique centrale, 10/02
– Adoption du plan de paix pour l'Afrique centrale, 19/02
– Accord "Nourriture contre pétrole" avec l'Irak, 20/03
– Sommet de l'OUA sur le Zaïre, 27/03
– Opération "Alba" en Albanie, 29/03
– Question des droits de l'homme en Chine, 03/04
– Aide alimentaire d'urgence à la Corée du Nord, 08/04
– Problème des réfugiés au Zaïre, 27/04
– Refus de Kabila à une enquête sur les massacres au Zaïre, 09/05
– Rapport sur la pauvreté, 11/06
– 2e sommet de la Terre, 23/06
– Les aides à l'environnement en baisse, 27/06
– Rapport sur les massacres au Zaïre, 11/07
– Echec des négociations chypriotes, 15/08
– Don de 1 milliard de $ du patron de CNN, 18/09
– Les Etats-Unis imposent leurs conditions, 22/09
– Sanctions plus dures contre l'Irak, 23/10
– Tension accrue avec l'Irak, 03/11
– L'Unscom expulsée d'Irak, 13/11
– Fin de la crise avec Bagdad, 20/11
– Volte-face de Bagdad, 27/11
– Renouvellement de l'accord "pétrole contre nourriture", 04/12
Opéra
– "Nur Du" de Pina Bausch, 16/06
– Chorégies d'Orange, 02/08
– Festival de Salzbourg, 17/08
Ordre du Temple solaire (secte) 22/03
Orgeix, Jehan d' 21/09
Ortega Lara, José Antonio 01/07
Otan (Organisation du traité de l'Atlantique Nord)
– Sommet Clinton-Eltsine, 20/03
– Rencontre Primakov-Albright, 02/05
– Acte fondateur avec la Russie, 27/05
– Accord et charte de coopération avec l'Ukraine, 29/05
– Décret sur son élargissement, 12/06
– Elargissement à l'Est, 08/07
– Soutient Plavsic en Bosnie, 17/08
– Maintien du dispositif en République serbe, 21/08
OUA (Organisation de l'unité africaine) 19/02, 27/03, 10/08, 22/08, 26/10
Ouganda
– Visite du président Museveni en France, 11/02
– Rapport sur des enlèvements d'enfants, 18/09
Ousland, Borge 18/01
Ozawa, Seiji 27/03

P

Pakistan
– 50e anniversaire de l'indépendance, 15/08
Palestine
– Un soldat israélien tire sur la foule à Hébron, 01/01
– Accord sur le partage d'Hébron, 15/01
– Arafat se rend à Hébron, 19/01
– Contre un nouveau quartier juif à Jérusalem, 26/02
– Attentat du Hamas à Tel-Aviv, 21/03
– Le processus de paix est bloqué, 08/04
– Révélations sur le partage de la Cisjordanie, 29/05
– Heurts à Hébron, 04/07
– Corruption au sein de l'Autorité palestinienne, 21/07
– Attentat-suicide à Jérusalem, 30/07
– Suspensions des pourparlers avec Israël, 31/07
– Crise politique, 03/08
– Arafat rencontre les chefs du Hamas, 20/08
– Attentat-suicide du Hamas à Jérusalem, 04/09
– Gestes de bonne volonté d'Israël, 14/09
– Coup de filet contre le Hamas, 25/09
– Reprise des pourparlers avec Israël, 28/09
– Rencontre Arafat-Albright à Genève, 06/12
Pandy, Agnès 22/11
Pandy, Andras 22/10
Panis, Olivier 14/02, 30/03, 25/05, 15/06
Paola, reine des Belges 10/12
Papon, Maurice
– Renvoyé devant les assises, 23/01
– Placé sous contrôle judiciaire, 07/08
– Ouverture et suspension de son procès, 08/10
– Comparaît libre, 10/10
– Les assises s'intéressent à sa carrière, 16/10
– Hospitalisé, 17/11
– Examen des pièces à charge du dossier, 09/12
Paquet, Gérard 13/02, 29/09
Paris
– Voir aussi France
– Arrivée des billets Mickey, 17/01
– Occupation du CFF, 17/01
– Enquête européenne sur l'appel d'offres du grand stade, 22/01
– Décès de Pamela Harriman, 05/02
– Fin de l'occupation du CFF, 06/02
– Un médiateur pour les intermittents du spectacle, 20/02
– Des romans policiers dans des distributeurs, 04/03
– Le CAC40 franchit la barre des 2 700 points, 06/03
– EDF restitue le rouleau de cuivre de la mer Morte, 11/03
– Réouverture du rocher du zoo de Vincennes, 17/03
– Grève du personnel au sol d'Air France, 27/03
– Bolloré prend le contrôle du groupe Rivaud, 28/03
– Une horloge sur la tour Eiffel, 05/04
– Manifestation en faveur de la bicyclette, 03/05
– Inauguration de la Maison du Japon, 13/05
– Maxim's met aux enchères une partie de sa cave, 05/06
– Europride, 28/06
– Une ligne de tramway la Défense - Issy-les-Moulineaux, 01/07
– 37 chars Leclerc au défilé du 14 Juillet, 14/07
– Incendie au palais de Chaillot, 23/07
– Arrivée du Tour de France, 27/07
– Début des JMJ, 18/08
– Arrivée du pape Jean-Paul II, 21/08
– Messe de clôture des JMJ, 24/08
– Gros déficit des JMJ, 26/08
– Décès tragique de Lady Diana, 31/08
– Enquête sur la mort accidentelle de Diana, 01/09
– Construction de deux nouvelles pistes à Roissy, 23/09
– Circulation alternée, 01/10
– Suite de l'enquête sur la mort de Diana, 04/11
– Carambouille au Sentier, 18/11
– Manifestation des retraités, 25/11
Paris-Bruxelles en 85 min, 10/12
– Fin du chantier du Grand Louvre, 19/12
Parlier, Yves 31/10
Patassé, Ange-Félix 07/10
Patinage artistique
– Championnats du monde, 22/03
– Trophée Lalique, 15/11
– Championnats de France, 14/12
Patten, Chris 30/06
Paul, Henri 31/08, 07/09
Pauwels, Louis 28/01
Paxton, Robert 09/12
Pays-Bas
– Assurent la présidence de l'UE, 01/01
– Tour des onze villes, 04/01
– Négociations de Noordwijk, 06/04
– Sommet de l'UE à Amsterdam, 17/06
– Traité européen d'Amsterdam, 02/10
– En lice pour la présidence de la banque européenne, 04/12
Pélican (opération militaire)
– Evacuation des ressortissants français au Congo
Penaud, Alain 25/01
Perafan, Juan Pastor 17/04, 23/05
Pérec, Marie-José 10/08
Pérès, Shimon 13/05
Pérou
– Sept otages libérés à Lima, 01/01
– Toujours 74 otages dans l'ambassade du Japon, 13/01
– Le MRTA accepte de négocier, 20/02
– Appui de Saint-Domingue, 02/03
– Soutien de Castro, 03/03
– Démission du ministre de l'Intérieur, 19/04
– Fin de la prise d'otages, 22/04
Peslier, Olivier 05/10
Pestiaux, André 30/04
Peterhansel, Stéphane 19/01
Peterson, Douglas 10/05
Philip, duc d'Edimbourg 06/09, 16/10, 30/11
Philippines (République des)
– Flottement de la monnaie, 11/07
Phillips, Williams 15/10
Phuc, Kim 10/11
Piccard, Leila 09/02
Pierce, Mary 05/10, 23/11
Pierre, Eric 28/07
Pierret, Christian 04/06
Pineau-Valencienne, Didier 26/03
Pinget, Robert 25/08
Pioline, Cédric 06/07
Pitt, Brad 26/11
Planckaert, Jo 13/04
Plasson, Michel 02/08
Plavsic, Biljana 03/07, 17/08, 21/08, 09/09
Poirier, Manuel 18/05
Poliakov, Léon 08/12
Polisario (Front)
– Mouvement nationaliste sahraoui (Voir Sahara occidental)
Pologne
– Nouvelle Constitution, 02/04
– Visite de Jean-Paul II, 30/04
– Fin de la visite du pape, 10/05
– Choisie pour entrer à l'Otan, 12/06
– Adhésion officielle à l'Otan, 08/07
– Inondations, 18/07
– Elections parlementaires, 21/09
Pol Pot (Saloth Sar, dit) 13/06, 21/06, 25/07, 23/10
Poperen, Jean 23/08
Potanine, Vladimir 07/08
Pouget, Cyrille 24/10
Préboist, Paul 04/03
Prestia, Giacomo 02/08
Prêtre, Georges 04/02
Préval, René 28/07
Prévost, Françoise 30/11
PRI (Parti révolutionnaire institutionnel) Voir Mexique
Priebke, Erich 22/07
Primakov, Evgueni 02/05, 20/11
Prodi, Romano 22/01, 13/04, 09/10
Prost, Alain 14/02
Prouteau, Christian 19/02
Prusiner, Stanley B. 06/10
Py, Olivier 02/08

QR

Qiao Shi 18/09
Queyranne, Jean-Jack 04/06
Rafter, Patrick 07/09
Rai 05/02, 14/05, 27/08
Ralston, Joseph 09/06
Rambaud, Patrick 23/10, 10/11
Ratsiraka, Didier 31/01
Reali, Cristiana 07/10
Rees-Jones, Trévor 19/12
Refah (Parti de la prospérité)
– Voir Turquie
Reid, John R. 15/05
Renault (constructeur automobile)
– Annonce la fermeture de l'usine belge de Vilvorde, 28/02
– Mobilisation à Vilvorde, 03/03
– "Euro-manifestation" devant le siège social, 11/03
– Reprise du travail à Vilvorde, 14/04
– Fermeture maintenue de Vilvorde, 28/06
– Plan social accepté à Vilvorde, 25/07
– Résultats financiers, 11/09
Republika Srpska
– Entité serbe de Bosnie (Présidente: Biljana Plavsic)
Revaux, Jacques 14/10
Reza, Yasmina 12/05
Ricard, Paul 07/11
Ricardo 13/08
Richard, Alain 04/06, 24/07, 29/07, 13/12
Richter, Gerhard 15/06
Richter, Sviatoslav 01/08
Ricken, Lars 28/05
Riedle, Karlheinz 28/05
Riina, Toto 26/09
Rimer, Terry 21/09
Rios, Marcelo 27/04
Roche, Bernard 07/09
Roche, Maurice 19/07
Rohatyn, Felix 18/07
Rolland, Jean-Christophe 07/09
Rolling Stones 18/08
Ronaldo 14/05, 22/12
Rosenthal, Manuel 04/02
Ross, Dennis 05/01
Rossouw, Peter 22/11
Rostropovitch, Mstislav 27/03
Roufs, Gerry 08/01
Rougeot, André 07/10
Rousseau, Florian 31/08
Roy, Claude 13/12
Royal, Ségolène 04/06, 19/09, 17/11
Rugby
– Le CA Brive remporte la Coupe d'Europe, 25/01
– Le Stade Toulousain est champion de France, 31/05
– Rixe après le match Brive-Pontypridd, 13/09
– Match retour entre Brive et Pontypridd, 27/09
– Le XV français remporte la Coupe latine, 26/10
– Les Springboks battent les Français, 15/11
– Les "Boks" écrasent les Français, 22/11
Rugby (Tournoi des Cinq Nations)
– Le XV de France bat l'Irlande, 18/01
– Le Pays de Galles bat l'Ecosse, 18/01
– Le XV d'Angleterre écrase l'Ecosse, 01/02
– L'Irlande bat le Pays de Galles, 01/02
– La France bat le Pays de Galles, 15/02
– L'Angleterre écrase l'Irlande, 15/02
– Le XV français bat les Anglais, 01/03
– Le XV de France bat l'Ecosse (Grand Chelem), 15/03
Rusedski, Greg 07/09
Rush, Geoffrey 24/03
Rushdie, Salman 14/02, 10/07, 28/08
Russie
– Nouveau code pénal, 01/01
– Eltsine toujours hospitalisé, 12/01
– Bilan du conflit avec la Tchétchénie, 15/01
– Visite de Chtcharanski, 29/01
– Espérance de vie en baisse, 18/02
– Tchoubaïs, premier vice Premier-ministre à l'économie, 07/03
– Eltsine congédie le gouvernement, 11/03
– Nemtsov, premier vice-Premier ministre au social, 17/03
– Eltsine rencontre Clinton à Helsinki, 20/03
– Sommet de la CEI, 28/03
– Début d'accord avec la Biélorussie, 02/04
– Visite de Jiang Zemin, 22/04
– Rencontre Primakov-Albright, 02/05
– Accord de paix avec la Tchétchénie, 12/05
– Accord d'union avec la Biélorussie, 23/05
– Acte fondateur avec l'Otan, 27/05
– Membre à part entière du G8, 22/06
– Négociations suspendues avec la Tchétchénie, 29/07
– Industriels et banquiers en guerre, 07/08
– Korjakov règle ses comptes avec Eltsine, 12/08
– Accusations contre les cosmonautes russes (station Mir), 14/08
– 850e anniversaire de la fondation de Moscou, 05/09
– Visite de Jacques Chirac, 26/09
– Réchauffement des relations avec le Japon, 01/11
– Convention sur l'interdiction des armes chimiques, 05/11
– Anniversaire de la révolution d'Octobre, 07/11
– Accord frontalier sino-russe, 10/11
– Limogeage de Tchoubaïs, 20/11
– Médiation entre l'Irak et les Etats-Unis, 20/11
– Crash d'un Antonov 124, 06/12

S

Sabena (Société anonyme belge de navigation aérienne) 18/11
Sachs, Alain 12/05
Sahara occidental
– Protocole d'accord entre le Front Polisario et le Maroc, 16/09
Sahnoun, Mohamed 10/02, 19/02
Saint-Domingue
– Visite d'Alberto Fujimori, 02/03
– Extradition de trois chefs de l'ETA vers l'Espagne, 09/08
Salvayre, Lydie 10/11
Samaranch, Juan Antonio 05/09
Samphan, Kieu 21/06
Sampras, Pete 06/07, 02/11, 30/11
Sansoz, Liv 26/07
Santer, Jacques 18/02
Sardou, Michel 14/10
Sassou N'Guesso, Denis 05/06, 16/10, 25/10
Sautter, Christian 04/06
Savary, Jérôme 07/10
Schabowski, Günter 25/08
Schneider (groupe industriel) 26/03
Schumacher, Michael
– Deuxième en Australie, 09/03
Battu par Villeneuve au Brésil, 30/03
– Deuxième à Imola, 27/04
– Gagne à Monaco, 11/05
– Gagne au Canada, 15/06
– Vainqueur à Magny-Cours, 29/06
– Second à Hockenheim, 27/07
– Gagne en Belgique, 24/08
– Abandonne au Nürburgring, 28/09
– Vainqueur au Japon, 12/10
– Collision avec Villeneuve à Jerez, 26/10
– Exclu du classement en F1, 11/11
Schumacher, Ralph 28/09
Schweitzer, Louis 28/02, 03/03, 14/04
Sciences et techniques
– Le Mono pour enregistrer soi-même sa facture, 29/01
– Premier clonage d'un mammifère adulte, 23/02
– Le "tout-en-un" de France Télécom, 21/05
– Mission de la sonde Pathfinder sur Mars, 06/07
– Naissance d'un clone transgénique, 24/07
– Le vidéodisque numérique, 28/08
Séguin, Philippe 28/05, 12/06, 06/07, 09/12
Seillière, Ernest-Antoine 16/12
Seles, Monica 29/03
Sénégal
– Crash d'un Hawker Siddeley 748, 01/02
Seselj, Vojislav 23/09
Severin, Jean-Marie 07/02
Sfor (Force de stabilisation)
– Voir Bosnie
Shahar, David 02/04
Shelton, Hugh 17/07
Shinohara, Shinichi 12/10
Shinozuka, Kenjiro 19/01
Sholes, Myron 14/10
Sibierski, Antoine 24/10
Sicot, Julien 24/08
Sierra Leone
– Putsch militaire, 25/05
– Intervention armée du Nigeria, 02/06
– Négociations avec la délégation nigériane, 04/06
Simone, Marco 27/08
Simpson, O. J. 10/02
Singapour
– Elections générales, 02/01
– Recul des indices boursiers, 28/08
– Crash d'un b-737 en Indonésie, 19/12
Siniavski, Andreï 25/02
Sinn Fein ("Nous seuls", en gaélique)
– Voir Grande-Bretagne
Sino, Bashkim 11/03, 13/03
Sirius Voir Mayeu, Max

Ski
- Surf hors piste à Chamonix, 05/01
- Victoire de Kernen aux championnats du monde, 08/02
- Doublé de Compagnoni en slalom, 09/02
- Stiansen, champion du monde en slalom, 15/02
- Alphand remporte le Super-G à Garmish, 21/02
- Victoire d'Alphand en descente à Garmish, 22/02
- Alphand remporte la descente en Coupe du monde, 02/03
- Alphand gagne la Coupe du monde de ski alpin, 16/03
- Alphand prend sa retraite sportive, 05/06

Skou, Jens 15/10
Soloviev, Anatoli 22/08
Somalie
- Pluies diluviennes, 07/12

Sorensen, Ralf 06/04
Soon Yi 23/12
Sousa, Paulo 28/05
Spencer, Charles (frère de Lady Diana) 06/09
Spencer, Diana Frances
- Voir Diana, princesse de Galles

Spice Girls 24/12
Spielberg, Steven 26/05, 22/10
Spinetta, Jean-Cyril 18/09, 18/12
Spitaels, Guy 07/02
Sports
- Voir rubriques individuelles

Spragett, Kevin 22/03
Stalport, Jean-Louis 07/05
Stark, Jonathan 30/11
Stewart, James 02/07
Stiansen, Tom 15/02
Stoïanov, Petar 19/01, 04/02
Strauss-Kahn, Dominique 04/06
Strehler, Giorgio 25/12
Suède
- Congrès socialiste à Malmö, 05/06
- Electrolux supprime 12 000 emplois sur 2 ans, 12/06
- Attentat dans un stade de Stockholm, 08/08
- Scandale des stérilisations forcées, 21/08

Suisse
- Rencontre Koller-Netanyahou (avoirs juifs), 31/01
- Un fonds pour indemniser les Juifs, 05/02
- Une Fondation de solidarité pour les survivants juifs, 05/03
- Rapport sur l'or nazi, 07/05
- Investigations dans l'affaire Elf, 26/05
- L'argent caché de Mobutu, 03/06
- Rapport américain sur le transit de l'or nazi, 07/10
- Solde du compte de Lénine, 25/11
- Naissance de la United Bank of Switzerland, 08/12
- Pourparlers historiques entre les deux Corée, 09/12

Superphénix 16/06, 22/12
Supertramp 05/05
Swartbooi, Luckertz 06/04

T

Tabarly, Eric 31/10
Tabitha's Place (secte) 06/04
Tadic, Dusan 14/07
Tajan, Jacques 05/06
Tapie, Bernard 03/02, 04/02
Tarallo, André 25/04
Tauziat, Nathalie 05/10, 23/11
Tavernier, Bertrand 08/02
Tchèque (République)
- Vaclav Havel épouse l'actrice Dasa Veskrnova, 04/01
- Traité de réconciliation avec l'Allemagne, 21/01
- Visite de Jacques Chirac, 02/04
- Choisie pour entrer à l'Otan, 12/06
- Adhésion officielle à l'Otan, 08/07
- Inondations, 18/07
- Bilan des inondations, 13/08
- Démission de Vaclav Klaus, 30/11
- Tosovsky, Premier ministre, 16/12

Tchernomyrdine, Victor 11/03
Tchétchénie
- Bilan du conflit avec la Russie, 15/01
- Maskhadov est élu président, 28/01
- Maskhadov prête serment, 12/02
- Bassaiev, premier vice-Premier ministre, 02/04
- Accord de paix avec la Russie, 12/05
- Suspension des négociations avec Moscou, 29/07
- Attentat à la bombe à Grozny, 30/07

Tchoubaïs, Anatoli 07/03, 20/11
Teichmann, Gary 22/11
Teitgen, Pierre-Henri 06/04
Télévision
- TPS lance trois nouvelles chaînes de cinéma, 09/01
- Décès de Robert Chapatte, 20/01
- M6 fête ses 10 ans, 01/03
- Jacques Chirac sur France 2, 10/03
- Baisse d'audience pour les chaînes généralistes, 05/04
- Chirac annonce la dissolution de l'Assemblée nationale, 21/04
- Chirac s'adresse aux électeurs, 20/05
- Chirac intervient sur la cohabitation, 14/07
- Décès de François-Henri de Virieu, 27/10

Temperville, Francis 30/10
Tennis
- Victoire d'Hingis en Floride, 29/03
- Rios remporte l'Open de Monte-Carlo, 27/04
- Victoire de Kuerten à Roland-Garros, 08/06
- Sampras et Hingis, vainqueurs à Wimbledon, 06/07
- Victoire de Rafter et Hingis dans l'US Open, 07/09
- La Fed Cup aux Françaises, 05/10
- Victoire de Sampras à l'Open de Paris, 02/11
- Novotna gagne en finale des Masters, 23/11
- La Coupe Davis à la Suède, 30/11

Teresa (Agnès Gonxha Bojaxhiu, dite mère) 13/03, 05/09, 13/09
Testud, Sandrine 05/10
Thaïlande
- Grave crise monétaire, 15/05
- Flottement de la monnaie, 11/07
- Krach boursier, 28/08

Thalmann, Sophie 13/12
Thayer, Nate 25/07
Théâtre
- "Toc en stock" des avocats du barreau lyonnais, 08/01
- Mobilisation des artistes à Châteauvallon, 13/02
- Nuit des Molières, 12/05
- "Art" de Yasmina Reza, 12/05
- "Le Passe-Muraille" (comédie musicale), 12/05
- "Kinkali" d'Arnaud Bourdet, 12/05
- Festival d'Avignon, 02/08
- "Le Visage d'Orphée" d'Olivier Py, 02/08
- "Eclipse" de la troupe Zingaro, 02/08
- "Cyrano de Bergerac" de Jérôme Savary, 07/10

Thiercelin, Marc 26/02
Tiberi, Jean 04/07
Tiberi, Xavière 04/07
Tiozzo, Fabrice 08/11
TNDI (Théâtre national de la danse et de l'image) 13/02
Togo
- Sommet de l'OUA sur le Zaïre à Lomé, 27/03

Tonkov, Pavel 08/06
Topor, Roland 16/04
Torreton, Philippe 08/02
Tosovsky, Josef 16/12
Tournaire, Franck 15/03
TPI (Tribunal pénal international) 14/07, 18/11, 13/12
TPS (Télévision par satellite) 09/01
Tran Duc Luong 14/11
Trautmann, Catherine 29/03, 04/06, 07/06, 16/10
Trichet, Jean-Claude 03/12, 04/12
Trimble, David 17/09
Tsahal (Force de défense d'Israël)
- Voir Israël

Tshisekedi, Etienne 02/04, 11/04, 23/05
Tsibliev, Vassili 25/06, 18/07, 14/08
Tudjman, Franjo 01/09
Tung Chee Hwa 30/06
Tunisie
- Le président Ben Ali en France, 20/10

Turner, Ted 18/09
Turquie
- Mesures pour défendre la laïcité, 06/03
- Tansu Ciller, Premier ministre, 18/06
- Retour au pouvoir des laïcs, 12/07
- Le Refah menacé de dissolution, 11/11
- L'UE rejette sa candidature, 13/12

Tutu, Mgr Desmond 04/12
Tyson, Mike 28/06

UV

U2 (groupe musical) 06/09
UGTA (Union générale des travailleurs algériens) 28/01
Ukraine
- Accord et charte de coopération avec l'Otan, 29/05
- Crash d'un Iakovlev-42 au large de la Grèce, 17/12

Ullrich, Jan 02/01, 05/07, 27/07
Ung Huot 15/08
Union européenne
- Présidence des Pays-Bas, 01/01
- Le froid a fait 160 morts, 01/01
- Rapport accablant sur la gestion de la vache folle, 06/01
- Gil-Roblès, président du Parlement, 14/01
- Sondage sur la confiance en l'Europe, 14/01
- Enquête sur l'appel d'offres du Stade de France, 22/01
- Rushdie dénonce la complaisance de l'Europe envers Téhéran, 14/02
- Pas de sanctions pour la Commission européenne, 18/02
- Menace d'Athènes à propos de l'adhésion de Chypre, 25/02
- Contre un nouveau quartier juif à Jérusalem, 26/02
- "Euro-marche" pour l'emploi à Bruxelles, 16/03
- 40e anniversaire du traité de Rome, 25/03
- Libéralisation des transports aériens, 01/04
- La France bloque l'adoption d'une résolution, 03/04
- Négociations de Noordwijk, 06/04
- Des délégations rallient Amsterdam contre le chômage, 12/04
- Opération "Alba" en Albanie, 13/04
- Conférence euro-méditerranéenne à Malte, 15/04
- Un article dénonce les violences des casques bleus belges, 16/04
- Liste des pays retenus pour l'euro, 23/04
- En froid avec l'Iran, 01/05
- Victoire des travaillistes en Grande-Bretagne, 01/05
- Sommet bi-annuel avec les Etats-Unis, 28/05
- Gouvernement de cohabitation en France, 04/06
- Hésitations françaises sur le pacte de stabilité, 09/06
- Désaccord à Amsterdam, 17/06
- Présidence du Luxembourg, 01/07
- Nouveau trafic de viande bovine anglaise, 04/07
- Feu vert à la fusion Boeing - McDonnell-Douglas, 23/07
- Inquiétudes des télécoms face à Internet, 28/09
- Traité d'Amsterdam, 02/10
- L'Italie applique la convention de Schengen, 27/10
- Sommet sur l'emploi, 21/11
- Compromis sur la présidence de la banque centrale, 04/12
- Accord de Kyoto contre l'effet de serre, 11/12
- Rejet de la candidature turque, 13/12

Unscom (Commission d'enquête de l'ONU en Irak) Voir ONU
UPS (United Parcel Service) 08/08, 21/08
Urdangarin, Inaki 04/10
Vaillant, Daniel 04/06
Valdez, Ramiro 12/07
Valencony, Bruno 10/05
Van Bon, Léo 12/10
Van Cauwelaert, Didier 12/05
Vande Lanotte, Johan 12/09
Vandenbroucke, Franck 11/05
Vandenhende, Séverine 12/10
Van der Biest, Alain 02/01
Van der Elst, Franky 15/01
Van de Weghe (colonel de l'armée belge) 23/06
Van Rompuy, Herman 25/07
Van Schalkwyk, Martinus 09/09
Varaut, Jean-Marc (avocat de Maurice Papon) 10/10
Vasarely, Victor 15/03
Vasquez, Julio Cesar 29/03
Vasseur, Cédric 10/07
Vatine, Paul 25/10
Vedova, Emilio 15/06
Védrine, Hubert 04/06
Vendée Globe
- Localisation de Thierry Dubois, 05/01
- Bullimore reste introuvable, 05/01
- Disparition de Gerry Roufs, 07/01
- Sauvetage de Dubois et Bullimore, 08/01
- Victoire de Christophe Auguin, 17/02
- Arrivée de Thiercelin et Laurent, 26/02

Venditti, David 18/01
Venezuela
- Arrestation de Perafan, 17/04
- Extradition de Perafan vers les Etats-Unis, 23/05

Verbeeck, Jos 26/01
Verne, Jean-Michel 07/10
Versace, Gianni 23/01, 15/07, 23/07
Verwilghen, Marc 20/02, 15/04
Veskrnova, Dasa 04/01
Viars, Sébastien 25/01
Vidal, général Ketin 19/04
Viêt-nam
- Entrée en fonction d'un ambassadeur des Etats-Unis, 10/05
- Décès en France de Bao Dai, 01/08
- Ravages du typhon "Linda", 04/11
- Sommet de la francophonie, 14/11

Villeneuve, Jacques
- Abandonne en Australie, 09/03
- Gagne au Brésil, 30/03
- Vainqueur en Argentine, 13/04
- Abandonne à Imola, 27/04
- Gagne en Espagne, 25/05
- Gagne en Angleterre, 13/07
- Vainqueur en Hongrie, 10/08
- Sixième en Belgique, 24/08
- Gagne en Autriche, 21/09
- Gagne au Nürburgring, 28/09
- Cinquième au Japon, 12/10
- Sacré champion du monde à Jerez, 26/10

Vinogradov, Pavel 22/08
Virenque, Richard 27/07
Virieu, François-Henri de 27/10
Virzi, Paolo 06/09
Voile
- Voir aussi Vendée Globe
- Trophée Jules-Verne à Olivier de Kersauson, 19/05
- Départ de la Whitbread, 21/09
- Transat Le Havre-Carthagène aux frères Bourgnon, 25/10
- Victoire de Tabarly et Parlier sur monocoques, 31/10

Voynet, Dominique 04/06, 14/08, 21/08, 06/11

WXYZ

Wa Dondo, Kengo 21/01
Waigel, Theo 04/06
Walesa, Lech 10/06
Walker, John 15/10
Wei Jingsheng 16/11, 08/12
Weizman, Ezer 06/05
Widerberg, Bo 01/05
William (fils de Charles et Diana) 06/09
Williams, Jody 10/10
Williams, Venus 07/09
Willis, Bruce 13/05
Wolf, Markus 27/05
Woods, Tiger 13/04
Wright, Billy 27/12
Yagudin, Alexei 15/11
Yassin, cheikh Ahmed 01/10
Yeoh, Michelle 17/12
Yepes, Narciso 03/05
Yilmaz, Mesut 12/07
Yougoslavie (République fédérale de)
- Les Serbes manifestent en voiture dans Belgrade, 05/01
- Recul de Milosevic, 08/01
- Manifestation pour le nouvel an orthodoxe, 13/01
- Les manifestants défilent avec leurs chiens, 19/01
- Milosevic tient tête à l'opposition, 21/01
- Le clergé orthodoxe descend dans la rue, 27/01
- Milosevic lâche du lest, 04/02
- "Ensemble" en visite en France, 06/02
- Nouveau mandat présidentiel pour Milosevic, 23/07
- Elections législatives et présidentielle, 21/09
- Résultats des élections, 23/09
- Annulation du scrutin présidentiel, 06/10
- Milutinovic est élu président, 21/12
- Dénonciation de fraudes, 22/12

Zaïre
- Mobutu met fin aux fonctions de Baya en France, 21/01
- Des réfugiés entre deux feux, 21/01
- Violents combats entre rebelles et forces armées, 27/01
- Avancée des troupes rebelles, 09/02
- Arrivée d'un médiateur de l'ONU, 10/02
- Réserve de Kinshasa face au plan de paix de l'ONU, 19/02
- Le gouvernement accepte le plan de l'ONU, 05/03
- Kabila accepte le plan de paix mais pas le cessez-le-feu, 08/03
- Les rebelles prennent Kisangani, 15/03
- Mobutu à Kinshasa et Kabila à Kisangani, 21/03
- Vers un cessez-le-feu, 27/03
- Mobutu nomme Tshisekedi Premier ministre, 02/04
- Les rebelles avancent, 06/04
- Mobutu déclare l'état d'urgence, 07/04
- Ultimatum de Kabila à Mobutu, 10/04
- Le général Balongo remplace Tshisekedi, 11/04
- Journée ville morte à Kinshasa, 14/04
- Kabila rencontre Mandela, 16/04
- Mobutu rencontre Mandela, 18/04
- Kabila veut négocier le départ de Mobutu, 19/04
- Crise sanitaire et alimentaire des réfugiés hutus, 24/04
- Question du rapatriement des réfugiés, 27/04
- Massacres dans les camps de réfugiés, 29/04
- Rencontre au sommet Mobutu-Kabila au Congo, 04/05
- Kabila refuse une enquête de l'ONU sur les massacres, 09/05
- Annulation d'un nouveau sommet avec Mandela, 14/05
- Mobutu quitte le pays, 16/05
- Les rebelles prennent Kinshasa, 17/05
- Voir maintenant Congo (République démocratique du), 17/05

Zamorano, Ivan 21/05
Zeroual, Liamine 24/01, 08/07
Zidane, Zinedine 28/05, 11/06
Zimbabwe
- Convention sur le commerce des espèces protégées, 10/06
- Compromis sur le commerce de l'ivoire, 19/06

Zingaro (troupe de théâtre) 02/08
Zinnemann, Fred 14/03
Zuccarelli, Emile 04/06
Zuniga, Christophe 24/10æ

Index icono

Malgré toute l'attention qui a été apportée à cet index, certaines erreurs ont pu échapper à notre contrôle. Nous demandons au propriétaire du copyright de bien vouloir nous signaler l'éventuelle erreur aux fins de rectifications. La position des images est donnée par des lettres : h = haut, b = bas, m = milieu, d = droite, g = gauche.

Couverture

De haut en bas et de gauche à droite : Sygma/Robert, Sygma/Ellis Richard, Sygma/Polak, Sygma/Uimonen, Sygma/Bisson, Sygma/Langevin, Sygma/Caron, Sygma/Bisson, TempSport/Quemener, Sygma/Forestier, Sygma/Grochowiak.

Annebicque/Sygma
- Collection Musée de la Musique/Cité de la Musique, 9 hd

Archives Smeets/DR, 32 b, 37 bd, 89 m
Bac Films, 15 h
DR/Giuseppe Lo Bartolo, 78 m
Éditions Chronique, 23 bd, 45 h, 48 b, 58 bg
Editions Dalix
- Franquin, 5 hd

Jacques Legrand SA, 111 b
Kipa Interpress
- Lefranc, 69 bd
- P.A. News, 103 bd

PPCM, 19 m, 24 , 46 h, 69 bg, 75 b, 77 bd, 80 h, 80 bg, 80 bd, 81 hg, 81 hd, 81 bg, 81 bd, 88 hd
Sipa Press, 88 bd, 100 bg
- Abd Rabbo, 77 mg
- Abramson, 88 bg
- Argus Leader, 110 bd
- Benaroch, 114 mmd
- Christensen, 97 b
- Durand, 85 m, 105 m
- Ezer, 63 hg
- Fotogramma, 112 b
- Gaff, 63 bd
- Gromik, 72 m
- Isopress, 34 h, 67 bg, 94 h
- Itar Tass, 114 md
- Job, 71 bd
- Kawana, 61 b
- Meigneux, 112 h
- NTB, 84 h
- New Press, 87 h
- Nicolas, 55 md
- Niviere, 108 b, 110 bg
- Perin, 70 b
- Pica Pressfoto, 105 bd
- Rickerby, 103 m
- South China Morning Post, 113 m
- Sunshine International, 113 h
- Sutcliffe News Features, 84 m
- Timur, 55 h
- Tito, 86 b
- Tschaen, 70 h
- Witt, 85 b

Sygma, 6 m, 9 bd, 11 m, 11 bd, 14 b, 36 h, 37 h, 42 m, 43 bd, 52 h, 57 h, 63 hd, 64 h, 65 m, 70 m, 77 h, 85 h, 87 m, 92 m, 94 m, 105 h, 115 d, 106 h, 107 h, 109 h, 110 m
- ABC Press-Hofst, 5 hg
- Abraityte, 72 h
- Amat, 67 h
- Amet, 98 bg
- Andanson, 27 bg, 35 h, 42 h, 50 mbg, 50 bmg, 69 h
- Annebicque, 7 h, 11 h, 36 m, 83 bg
- Arici, 53 md, 79 md
- Astier, 19 h, 22 bg
- Atlan, 69 m
- Attar, 41 bd
- Auge, 82 m
- Balaguer, 8 h
- Baldev, 73 m
- Banks KA, 57 m
- Bassouls, 31 h, 114 mg, 97 m, 102 m
- Bisson, 10 h, 20 bg, 23 h, 25 bd, 50 mbmg, 50 bd, 51 hmd, 54 b, 115 mg
- Bisson/Forestier, 50 mhm
- Bisson/Forestier/Langevin, 50 mhd, 51 hg, 51 m
- Bisson/Langevin, 50 hg
- Bossu, 22 h, 59 b, 76 b, 105 bg
- Boustani, 26 b
- Boutin/France Soir, 9 bg
- CNES, 108 m
- Cardinale, 10 bd, 13 m, 16 h, 29 b, 50 bg, 53 bg, 100 bd
- Caron, 8 b, 50 mbmd, 75 md
- Charles, 30 b
- Claude Petit-Sud Ouest, 74 h
- Compoint, 109 m
- Cuartoscuro, 83 h
- Dan Groshong, 7 m, 18 b
- Despotovic, 62 h
- Dorantes, 60 bg
- Durand, 6 b
- Ellis, 32 h, 61 h
- Eranian, 43 bg, 49 bg, 111 h
- Etheridge, 38 hd
- Forestier, 26 m, 40 b, 50 hm, 56 m, 90 b
- Franck, 77 bg
- Frank, 96 md
- Gorgoni, 20 bd
- Grazia Neri, 91 hg
- Grochowiak, 52 m, 65 bg
- Grossman, 15 bg, 31 bg
- Gyori, 90 h, 115 md
- Hagerty, 44 m
- Hamed, 49 h
- Harford, 71 bg
- Hekimian, 50 mbd, 51 hmg, 75 h, 89 h
- Hoslet/Van Parys Media, 93 bd
- Huang/China Features, 99 b
- Ivo Lorenc, 22 m, 27 hd
- Judet, 59 h
- Keystone, 7 bd, 114 hg, 115 mm
- King, 45 bg
- Klein, 82 h, 99 h
- Koren, 5 md
- Langevin, 9 mg, 34 m, 46 b, 48 h, 50 bmd, 58 h, 66 b
- Le Secretain, 49 bd, 104 h
- Les Stone, 84 b
- Liz Gilbert, 38 b, 73 bg
- Los Angeles Daily New, 16 m
- Malyshev-RPG, 16 b
- Markow, 12 bg
- Mati Stein, 68 b
- Mc Namee, 55 b
- Nation, 40 mg
- Neema, 102 h
- Neuhaus Nadav, 20 m
- Nogues, 41 bg, 64 b, 86 m, 93 bg, 96 mm
- Noshir Desai, 12 bd
- Orban, 51 hd, 114 mmg, 63 bm, 101 bg, 115 g
- Orban-Cardinale, 6 h
- Origlia, 13 b, 33 md
- Ozanne, 79 bd
- Parrot, 17 hg, 67 bd, 98 h, 98 bd, 106 b
- Pasquini, 113 b
- Pavlovsky, 17 bg, 68 h, 93 h
- Pelletier, 96 mg
- Pelletier/Rosenstiehl, 50 hd
- Pitchal, 47 bg, 56 h, 62 b
- Pizzoli, 87 b
- Poderni/RPG, 73 h
- Poincet, 101 bd
- Polak, 19 b, 39 h, 65 bd
- Prat, 25 mg
- RAAF, 5 b
- RPG, 26 h
- Robert, 22 bd, 25 md, 29 h, 39 b, 43 m, 47 m, 55 mg, 83 bd, 107 m, 109 bg
- Ruet, 4 b, 7 bg, 17 hd, 54 m
- Ruet/Klein, 91 hd
- Russell, 23 mg, 60 hd
- SCMP, 95 h
- Setboun, 58 bd
- Shone, 107 bd
- Smith-Rodden, 72 b
- St Hélier/HPSH, 102 b
- Sunset Boulevard, 59 mg, 59 md
- Sven Creutzmann, 21 b
- Tannenbaum, 28 b, 74 b
- Tim Matthews, 103 bg
- Tomislav Peternek, 5 mg, 12 h, 14 h, 73 bd
- Touhig, 15 bd
- Trapper, 28 h
- Tronnel, 66 m
- US Navy, 101 hg
- Uimonen, 25 hg, 41 m, 79 h
- Van Parys, 65 h
- Vauthey, 10 bg, 63 bg, 104 b
- Vernier, 36 b, 100 h, 107 bg, 110 h
- Ziv Koren, 27 hg

TempSport
- Boisson, 11 bm
- Coudert, 4 m
- Empics, 23 bg, 29 mg, 29 md, 33 mg, 34 b, 37 bg, 38 hg, 41 h, 53 mg, 60 bd
- Fotocrona, 44 b
- Guichaoua/Wake Up, 75 mg
- Iundt, 27 bd, 30 m, 31 bd, 33 h, 43 h, 52 b, 83 mg, 93 m, 101 hd, 109 bd
- Iundt/Prevost, 91 bd
- Iundt/Rusznewski, 25 bg, 71 h, 71 m, 78 h
- Labalette, 67 m
- Liewig, 11 bg, 21 h, 47 h
- Madison, 92 b
- Mathis, 79 mg
- Photo Presse Service, 88 hg, 95 b
- Pichon, 91 bg
- Prevost, 15 m, 17 bd, 33 b, 40 md, 42 b, 45 bd, 49 mg, 89 b
- Quemener, 18 h, 44 h
- Reporters, 31 m, 35 mg, 35 bd, 95 m
- Richiardi Fotocronache SNC, 14 m
- Rusznewski, 49 md, 53 bd, 60 hg
- Seguin, 9 hg, 25 hd, 47 bd, 57 b, 76 h, 83 md, 97 h, 103 h

Tréma
- Jean-Marie Périer, 94 b